이승만 현대사

위대한 3년

1952~1954

이승만 현대사

위대한 3년

1952~1954

인보길 지음

기파랑

건국 대통령
이 승 만

1875. 3. 26~1965. 7. 19

동양학자
언론인
정치사상가
미국 전문가
국제외교가
기독교사상가
교육자
시인
서예가
저술가
웅변가
&
임정 대통령
건국 대통령
자유혁명가

대한민국임시정부 대통령 이승만(1919년, 44세)

23세 언론인 1년에 한글전용 신문 3개 창간

협성회 회보
배재학당 학생회장 이승만, 최초의 한국인 주
간지 창간(1898. 1. 1)

매일신문
최초의 한국인 일간신문 창간(1898. 4. 9)

제국신문
일간신문 추가 창간(1898. 8. 10)

독립신문
독립협회 청년 지도자 이승만이 기사와 논설
을 썼던 〈독립신문〉. 미국 시민 서재필이 한국
에 돌아와 1896년 4월 7일 창간한 격일간지

하와이 독립운동 『태평양 잡지』『태평양 주보』

1912년 미국에 망명한 이승만이 하와이에 정착, 1913년 9월 창간한 『태평양 잡지(The Korean Pacific Magazine』. 곧이어 〈태평양 주보(Korean Pacific Weekly)〉도 창간했다.

1904년(29세) 첫 도미 기념 가족사진
오른쪽부터 첫 부인 박씨, 이승만, 모자 쓴 아들 봉수, 아버지 이경선 옹, 누나. 뒤쪽 소년은 조카

옥중 저서 『독립정신』

1904년 29세 한성감옥 집필
1910년 LA 첫 출판 표지

『독립정신』은 국내서 출판하지 못하고, 옥중
동지 박용만이 일그른 노끈지검 꼬아서 가방에
숨겨 미국으로 반출했다. 프린스턴대 박사과정
중의 이승만이 꼬인 원고 뭉치를 펴 보는 모습

종신죄수 24~29세 이승만

현대어로 풀어쓴 『독립정신』 3종 표지들

책의 표지 사진은 조지 워싱턴 대학생 제복 차림의 이승만

『독립정신』을 집필할 무렵인 1904년 한성감옥에서 감옥 동지들, 아들 봉수와 함께한 이승만 (왼쪽 세 번째). 왼쪽 위에 자필로 'Prison group, 1904'라 썼다.

'기록의 왕' 이승만, 놀라운 옥중 활동

감옥에서 지은 한시 모음 『체역집』. '체역(替役)'은 기독교의 '희생 봉사'를 의미한다.

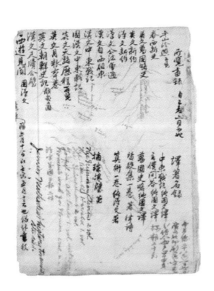

한성감옥에서 읽은 500여 권 두서 목록 첫 장(왼쪽), 오른쪽 사형되니 글내다 등으로 사망한 죄수들 영어 명단의 첫 장

조지 워싱턴 대학을 졸업하고 하버드대 석사를 거쳐 프린스턴대에서 박사학위를 받은 이승만
(1910년, 35세). 오른쪽은 프린스턴 대학에서 출판한 이승만 박사학위 논문

하버드 대학 윌슨 교수(앞 중앙) 등과 함께(뒷줄 맨 왼쪽 이승만)

1910년 한성감옥에서 몰래 중국인의 역사책을 들여다가 번역한 청일전쟁 국제문서 기록 『청일전기』(김용삼 옮김)

1912년 기독교와 독립운동 지도자들을 일제 검거한 '105인 사건'을 중심으로 일본의 한국 교회 핍박을 고발한 이승만의 기독교사상서 『한국교회핍박』

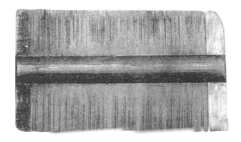

어머니의 참빗

어린 시절부터 이승만의 머리를 빗겨 준 어머니의 참빗을 이승만은 항상 품에 지니고 다녔고, 프란체스카와 결혼할 때 결혼 서물로 주었다. 이화장에 전시 중

'일본의 진주만 기습'을 예언한 베스트셀러
Japan Inside Out

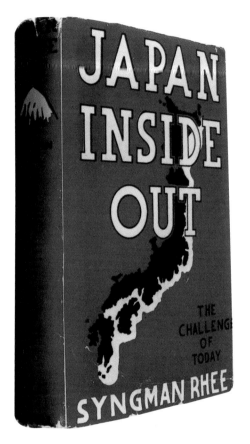

1941년 8월 1일 뉴욕에서 출판. 4개월 뒤인 12월 7일 일본의 진주만 기습이 일어났다(오른쪽은 국역, 비봉출판사, 2015). 오른쪽 아래는 이승만과 두번째 부인 프란체스카 도너 리

이승만이 주고받은 '동문(東文)', 즉 한글과 한문 편지 666통을 정리, 번역한 『이승만 동문 서한집』(전 3권, 유영익 외 옮김, 연세대 출판부, 2009)

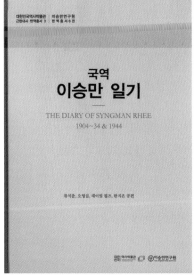

이승만의 영문 일기를 번역한 『국역 이승만 일기』(류석춘·오영섭·데이빗 필즈·한지은 공편, 대한민국 역사박물관 – 연세대 이승만연구원, 2015)

1904년 첫 도미 유학 때부터 1944년까지 쓴 이승만의 영문 일기장과 수첩들

이승만의 민족통합론 '일민주의'를 설명한
『일민주의 개술』(1949)

1949년 대통령 이승만이 구술하고 시인 서
정주가 지은 『우남 이승만전』

한복 차림의 이승만-프란체스카 내외

이승만의 한시와 한글시 210수를 모은 『우
남 이승만 한시선』(박기봉 편역, 비봉출판사,
2019)

한국 현대사 연구의 보물창고… 아직도 '정리 중'

『우남 이승만 문서: 동문(東文)편』, 전 18권. 이승만이 남긴 엄청난 문서 자료 중에서 1948년 건국 전까지 동문(국한문) 문서만 연세대 한국학연구소(당시 소장 유영익)가 정리해 1998년 8월에 발행했다. 대형 상자 100개도 넘게 남아 있는 미정리 문서들 및 정부 수립 이후의 문서들을 이승만연구원(원장 김명섭)이 출판 준비 중이다.

영문·불문 편지, 전보 원문

(왼쪽) 이승만의 영문 서한집 *The Syngman Rhee Correspondence in English, 1904~1948*, 전 8권. 한성감옥에서 선교사들에게 보낸 영문 편지부터 루스벨트(FDR) 대통령 등 미국 정치 지도자들, 국제연맹 등 각국 지도자들과 교환한 영문 편지들, 그리고 상하이임정 등 독립운동가들과 나눈 대화 등, 한국 독립운동 역사의 생생한 1차 자료들이다. 영어 편지 2,886통, 불어 편지 68통, 총 2,954통(연세대 한국학연구소, 2009)

(오른쪽) 총 2,107통의 전보를 영인한 *The Syngman Rhee Telegrams 1918~1948*, 전 4권(연세대 한국학연구소, 2000)

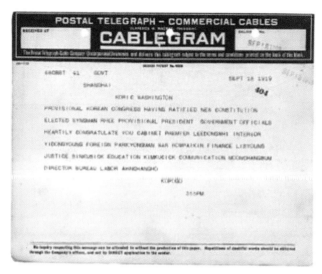

이승만 앞 영문 전보 원문. 1919년 9월 18일자로 타전한, 상하이의 대한
민국 임시의정원(국회 해당)이 대통령 이승만을 비롯해 이동녕·박용만·김
규식 등 각료들을 선출했음을 알리는 내용이다.

(왼쪽) 1933년 3월 23일 제네바 주재 미국 영사 프렌티스 B. 길버트에게 보낸 편지
(오른쪽) 1943년 12월 9일 F. 루스벨트 미국 대통령에게 보낸 편지

왜 '위대한 3년'인가

위대한 생애 이승만李承晩(1875~1965)의 90 평생은 그 삶 전체가 한국 근현대사 연구의 거대한 보물산山이다.

이 보물산을 올라가 보지도 않고 탐사하지도 않고 멀리서 독재자의 산이라 손가락질만 해 온 역사가 오늘의 대한민국의 위기를 장기간 쌓아 올려 왔다. 그 독립정신, 건국 역사를 모르기 때문에 우리 생명줄을 파괴하고 우리의 미래를 봉쇄하는 자유의 적들이 누구인지 그 실체를 모르게 되었으며, 알았어도 적을 무찔러야 할 역사적 사명감과 투지의 에너지를 거의 상실해 가고 있기 때문이다.

최근 이승만에 대한 책들이 많이 나오고 있으나 대한민국 건국 이전의 역사에 집중되는 경향이고, 그 산비탈을 벗어나 계곡마다 속살을 파헤치고 정상까지 올라가 '하늘의 눈'으로 보물산 전체를 파헤치고 연구하여 세계사적으로 대한민국을 해명하는 글은 좀처럼 나오지 않고 있다. 지금 이 순간에도 이승만을 매장시켜 놓고 얼씬도 못하게 칼을 휘두르는 반反 대한민국 세력의 공격이 두렵기 때문일 것이다.

이승만이 직접 남겨 놓은 방대한 기록들은 엄청나다. 정치, 역사, 문화, 경제, 사회, 군사, 외교 등, 학자가 아니라도 연구해 보고 싶은 충동을 절로 불러내는 문화재급 사료들이다. 무엇보다, 급변하는 국제 정세 속에서 도전과 응전을 거듭해 온 새 역사 창조의 전략 전술은 토인비가 말하는 '창조적 소수'의 리더십 그 면모를 경이롭게 보여 주고 있다.

"창조적 소수의 창조적 비전을 집단이 받아들이면 응전에 성공하고 문명은 도약한다. 그 지도자는 뛰어난 정치적 자질과 용기를 필수로 하며, 카리스마를 갖춘다면 그 전염력은 극대화된다."

토인비의 이 말에 딱 들어맞는 인물상이, 전체주의 황야를 방황하는 식민지 노예 집단을 자유와 민주의 젖과 꿀이 흐르는 땅으로 이끌어내는 이승만의 모습 위에 투영되곤 한다. 『독립정신』, 『한국 교회 핍박』, 『일본의 가면을 벗긴다Japan Inside Out』(일명 『일본내막기』) 등 독립운동 기간 이승만의 저서들과, 통치 기간 10여 년 동안 토로한 말과 글들, 수십만 건 기록들을 있는 그대로 읽어 보면 누구나 그렇게 느낄 수밖에 없다는 말이다. 부정한다면 편견에 오염된 눈이리라.

이 책은 처음에는 건국 후 6·25전쟁 중 1952년에 일어난 '부산 정치파동'의 진정한 내막을 알고 싶어 시도되었다. 부산 정치파동을 파들어 가 보니, 그것은 곧바로 다음해의 한미동맹 체결, 또 그다음 해의 '사사오입 개헌 파동'으로 연결되는 한 묶음의 거대한 역사 파노라마였다. 즉, 대한민국의 건국자 이승만이 혼자의 힘으로 국가를 재창조하는 '제2의 건국 투쟁'을 건국 4년째부터 3년에 걸쳐 전개하는 현장이 한눈에 보였다는 말이다.

소위 '부산 정치파동'이란 호칭부터 잘못된 것이다. '대통령 직선제 개헌', 또는 '직선제 개헌 파동'쯤으로 불러야 사건의 본질에 맞는 호칭이다. '사사오입 파동' 역시 '자유시장경제 도입 개헌'이 본질이다. 그 두 사건의 중간에서 한미동맹 체결이 이루어진다. 그래서 책의 제목을 '이승만의 위대한 3년'으로 택하였다.

1945~48 대한민국 건국혁명

거대한 이승만의 생애 자체가 파란만장의 대하드라마다. 해방 이후인 '이승만 현대사'만 보면, 새로운 역사 창조의 결정적 클라이맥스는 두 차례 전개되었다. 그 두 번이 다 공교롭게 3년씩이었다.

첫 번째 클라이맥스 '위대한 3년'은 1945년 해방부터 1948년까지 걸치는 '건국혁명 3년'이다.

대한민국 건국을 혁명이라 함은, 투쟁의 대상이 식민 제국 일본을 넘어서 당대 세계 최강의 미국과 소련 연합국으로 급변하여, 이들을 극복하지 않고는 약소민족의 운명은 또다시 패권경쟁의 제물이 될 수밖에 없는 상황이었기 때문이다. 이 새로운 절벽 앞에 누가 어떻게 대응할 것인가?

북한 공산당과 좌우합작 정부를 세우라는 미국과 소련의 협박, 북한에 일찌감치 소비에트 위성국을 세운 스탈린, 사분오열된 독립운동가들의 우왕좌왕, 특히 김일성과 손잡은 임시정부 주석 김구의 남북협상 고집…. 그러나 반세기 동안 자유 민주 공화주의 사상가로 단련된 이승만은 이 압도적인 사면초가를 물리치고 자유의 반석 위에 대한민국을 건국하고야 만다. 그것도 피 한 방을 안 흘리고 총알 한 방 안 쏘고, 순전히 이승만 1인의 신념과 외교적 전략으로 이루어

낸 독립국가의 탄생. 그의 평생 지론 '외교독립론'의 위대한 승리를 기적처럼 보여 준 것이다.

무슨 외교? 미국과 유엔 외교! 장차 몰려올 '냉전의 신질서'를 전 세계에서 이승만이 맨 먼저 알아보았다. 스탈린의 동유럽 공산화 도미노 전략을 뻔히 보면서도 이를 깨닫지 못하고 스탈린의 함정에 빠진 미국의 손에 이승만은 절묘한 '유엔 감시 총선' 카드를 쥐여 준다.

"한국을 자유의 보루로 만들라."

결과는 미국이 한반도 수렁에서 구원을 얻고, 이승만은 3·1운동 이래 민족의 숙원인 자유공화국을 탄생시켰다. 그것이 '다윗과 골리앗의 세계대전'이었음을 알아챈 우리 독립운동가들이 당시 과연 몇이나 있었을까? 이 '외교의 신의 한 수'는 아무리 높이 평가해도 지나치지 않다.

△약소국 지도자가 세계 최강국들의 식민주의, 패권주의를 굴복시킨 사상 초유의 건국혁명

△5천 년 대륙 전체주의의 굴레에서 탈출, 근대화된 자유세계 해양 문명권의 중심으로 진출

△성리학의 노예 체제에서 해방, 개인의 독립과 자유 확립, 원시적 '백성'이 근대적 '국민'으로 재탄생

△세계를 휩쓴 신(新) 식민독재 공산주의 저지, 북한 스탈린 체제 축출을 위한 '자유 기지' 구축

△농지개혁과 의무교육 제공, 농업에서 상공업으로 전환, 국민의 민주주의 결정력 극대화

1952~54 국가 독립 체제 완성

두 번째 '위대한 3년'은 6·25전쟁 중반부터 시작된다. 나는 이를 '제 2의 건국혁명'으로 부른다. 왜냐하면, 건국 당시 북한의 위협에 쫓겨 서두르다 보니 사상 최초의 5·10 총선에서 정부 수립까지 불과 3개월 동안에 대충 세웠던 국가 체제를 이 3년 동안 이승만 대통령 혼자 힘으로 재건축했기 때문이다.

1950년 스탈린과 마오쩌둥(모택동), 김일성의 연합군의 침략으로 시작된 국제공산주의 전쟁 3년째인 1952년은 제2대 대통령 선거의 해였다. 이를 계기로 여든을 바라보는 '할아버지 대통령' 이승만은 놀라운 국제정치적 사건을 3년 연속으로 일으켜 성공시킨다.

> △1952년(77세) 부산 정치파동: 미국과 대결, 대통령 간접선거제를 직선제로 개헌
> △1953년(78세) 한미동맹 결성: 휴전 반대, 반공 포로 석방, 한미 상호방위조약 체결
> △1954년(79세) 사사오입 파동: 자유시장경제 체제로 헌법 경제 조항 전면 개정

공교롭게 이 세 번의 '파동' 모두 국내외에서 '독재자 이승만' 규탄을 불러일으켰다. 부산 정치파동 때는 야당이 먼저 독재 타도대회를 열고, 미국은 휴전을 반대하는 이승만을 제거하는 군사작전을 준비하고, 한국군 일부가 이에 호응하기도 한다. 반공 포로 석방 때는 미국이 또 이승만을 제거하려 하였고, 공산권도 이승만 규탄에 나섰다. 사사오입 개헌 파동에 이르자 반독재투쟁이 한국 야당이 깃발이 되고 정치판에 양당 체제가 나타난다.

이승만은 고집한다. "이것만은 내가 대통령인 동안에 반드시 고쳐 놓고야 말겠다."

개헌안이 통과되자 말한다. "진리는 항상 승리하는 법, 나는 이제 죽어도 여한이 없다."

미국에게 호통 친다. "죽일 테면 죽여라. 우리의 운명은 우리가 결정할 테니."

목숨까지 건 고군분투 3년, 이승만이 이루고자 한 것은 진정 무엇이었나? 왜 3년 연속 무리수를 두어 가며 '독선'의 길을 질주했나? 야당 주장대로 그는 '자기가 대통령 하려고 헌법 고치고 야당 탄압하는 독재자'였나?

이제부터 이 책은 이승만의 '두 번째 위대한 3년'에 집중한다. 나는 1952~54년 3년에 걸쳐 이승만이 강행한 3가지 사건을 독재자의 권력욕과는 차원이 다른 '창조적 지도자'의 혁명적 역사 창조 행위, 미완의 국가 독립 체제를 완성시킨 '제2의 독립투쟁'으로 평가하고자 한다.

첫째, 부산 정치파동. 대통령을 국회가 선출하는 간접선거제에서 국민이 직접투표로 뽑는 직접선거제로 헌법을 바꾼 것은 미국, 일본, 중국, 소련 등 강대국 및 적대국들의 내정 간섭을 원천봉쇄하고, 정치계를 비롯해 사회 곳곳에 도사린 고질적인 사대주의를 뿌리 뽑아 주권을 확립하기 위한 필수 조건 중 하나였다. 동시에 건국헌법 제2조(현행 헌법 제1조 2항) "대한민국의 주권은 국민에게 있고 모든 권력은 국민으로부터 나온다"는 주권재민主權在民의 헌법 정신을 명실상부하게 실현한 것이다.

둘째, 한미동맹. 한국에 영토적 야심이 없는 기독교 최강국 미국과의 동맹은 구한말부터의 숙원이었다. 고종이 잃은 조미朝美 수호조약(1882~1905)을 이승만은 거의 반세기 만에 현대판 기독교 자유동맹으로 업그레이드시켰다. 북쪽의 공산 세력은 물론 남쪽의 일본 침략까지 막는 안보의 만리장성, 지미知美·친미親美·용미用美의 전략적 지혜를 갖춘 자만이 성공시킬 수 있는 분단국의 영구평화 체제다.

셋째, 사사오입 개헌 파동. 건국헌법의 경제 조항을 전면 개정, 공산주의 및 사회주의식 통제 규정들을 일소하고 자유시장경제 조항으로 바꾼 역사적인 경제혁명이다. 사상 최초로 개인의 경제적 자유와 사유재산권 보호, 자유무역통상을 선포한 것은 경제혁명을 넘어 오늘의 경제대국을 이루게 한 새 역사의 창조였다.

이로써 이승만은 자유민주주의 직선제, 한미동맹, 자유시장경제까지 3년간 해마다 한 가지씩 대한민국 지붕 아래 기둥과 서까래를 모두 바꾸고 철벽 담장까지 둘러치는 데 성공했다. 부산 정치파동이 끝났을 때 이승만 스스로 평가한 그대로 '무혈혁명'이었다.

특히 맨 마지막 사사오입 개헌이야말로 직선제 개헌보다 더욱 중요한 경제 자유 개헌, 진정한 자유민주공화국으로 재탄생한 것이다. 사회주의 공산당식 경제를 자유시장경제로 바꾸는 것만큼 국가의 체제와 본질, 국민의 자주독립 능력을 혁신하는 혁명은 없다. 다만, 이 때 이승만 대통령의 중임 제한을 철폐함으로써 야당이 들고일어나 '정치파동'으로 격하해 부른다. 왜 그랬는지는 제3부에서 다룬다.

이로써 1948년 한 달 만에 부랴부랴 제정된 미완의 건국헌법을 전쟁 중과 전쟁 직후 미국과 싸우면서 전면 교체, 이승만은 20대 시절부터 꿈꾸던 나라를 50년 만에 실현시키고야 만다. 이와 같은 체제 혁신으로 "대한민국의 독립 체제는 1954년에 완성되었다"고 평가받을 만하다.

감사의 말씀

저자는 이른바 4·19 세대에 속한다. 올해로 꼭 60년 전 4월 19일 '부정선거 다시 하라'는 플래카드를 들고 경무대(현 청와대) 앞까지 갔다가 총탄에 친구를 잃었다. 그 후 조선일보 기자로 입사하여 30년 뒤인 1995년 조선일보가 개최한 광복(해방) 50주년 기념 '이승만과 나라 세우기' 전시회를 계기로 이승만을 다시 보게 되고 대한민국 건국사의 진실을 깨닫는다. 그 전시회를 주관하였던 당시 조선일보 부사장 안병훈 선배(현 기파랑 대표)에게 두고두고 감사하며 살고 있다. 그때부터 이승만에 관하여 공부하였고, 10여 년 전부터 현재까지 인터넷 종합 미디어 뉴데일리와 함께 매달 '이승만 포럼'을 진행하고 있다. 학계 원로 유영익, 이주영 박사를 비롯하여 각 분야 전문가와 연구자 등 그동안 발표와 토론에 나서 주신 78분께 심심한 감사말씀을 드린다. 이 책의 제1부 '직선제 개헌' 부분은 2016년 8월 제66회 이승만 포럼에서 필자가 발표한 것임도 밝혀 둔다.

건국이념보급회 김효선 사무총장의 노고와 우남소사이어티 김영수 회장의 성원에 깊은 사의를 바친다. 또한 연세대 이승만연구원(원장 김명섭)과 이승만 건국대통령 기념사업회(회장 신철식), 그리고 정동제일교회(담임목사 송기성) 여러분에게 엎드려 감사의 기도를 올린다.

이 책을 묶어 준 도서출판 기파랑 여러분의 격려와 김세중 편집장의 도움이 무엇보다 이 책을 빛나게 해 주었음을 감사한다.

2020년 6월
인보길

3·1운동의 기획자 이승만

대한민국임시정부 초대 대통령
'현상 붙은 사나이' 45세 이승만 임시정부 초대 대통령은 1920년
중국인 복장으로 위장, 하와이에서 시체 운반 화물선 창고에 숨어
호놀룰루를 출발하여 상하이 임시정부를 찾아 밀항, 태평양을 건
넜다.

01

독립만세 운동의 지령
'이승만 밀서'

한국인 최대의 독립만세 투쟁, 3·1운동의 역사는 보완하여 다시 써야겠다. 지금까지 민족 대표 33인 또는 48인을 중심으로 벌인 3·1운동사를 배워 왔지만, 정작 만세운동을 기획하고 결정적인 동인動因을 제공한 우남雩南 이승만 박사의 역할은 송두리째 배제되어 있기 때문이다.

하와이에 있던 이승만이 3·1운동 1년 전인 1918년 봄부터 인편을 통하여 본국에 만세운동 등 독립 시위를 일으키도록 여러 차례 요청했던 사실은 자료들이 말해 준다.

제1차 세계대전 마지막 해인 1918년 1월, 미국 대통령 윌슨Thomas Woodrow Wilson이 국회 연두 교서 연설에서 '민족자결주의'를 주장하는 것을 들은 이승만은 즉각 뛰쳐 일어났다. 자신이 윌슨에게 여러 차례 주장하였던 '약소민족 해방론'이 드디어 민족자결주의의 이름으로 세계만방에 선포된 것이었다.

'이 전쟁이 끝나면 대한 독립의 기회가 온다!'

이렇게 직감한 이승만은 "약소민족들이 다 일어설 터인데 우리도 늦기 전에 지금부터 궐기 준비를 해야 한다"는 메시지를 동지들에게 띄운다. 그리고 전쟁 추이를 주시하면서, 10월에도 하와이에 온 동지들에게 시위운동을 대대적으로 벌여야 한다고 당부하였다는 기록들이 전해진다.

11월, 세계대전이 끝나고 파리에서 열릴 강화회의에서 약소민족 문제가 의제로 정해지자 이승만은 "드디어 기회가 왔다"는 밀서와 밀령을 반복하여 본국과 중국에 급송했다.

먼저 두 사람의 증언을 보자.

김성수와 임영신의 증언

중앙학교의 숙직실은 새로 지은 교사 앞 운동장의 동남편에 있었다. 조그만 기와집이었다. 오늘날에는 화강암 석조 대강당이 있는 터였다. 지금은 다른 곳에 옮겨서 옛날의 숙직실을 복원했고 원래 숙직실 자리에는 '3·1운동 책원지(策源地)'라는 기념비가 서 있다.

이 숙직실은 일제 초기 가장 우수했던 민족의 수재들이 드나들었던 아지트였을 뿐 아니라 후에는 3·1운동의 모의 장소가 되기도 했고 인촌(仁村. 김성수)과 고하(古下. 송진우)의 살림집이기도 했다. (…)

1918년 12월 어느 날 워싱턴에서 재미 동포들과 구국운동을 하고 있던 우남 이승만이 밀사를 보내 왔다.

"윌슨 대통령이 미족자견론이 인기가 김니으고 세흘빌 이빈 상화회의를 이용하여 한민족의 노예 생활을 호소하고 자주권을 회복시켜

야 한다. 미국에 있는 동지들도 이 구국운동을 추진시키고 있으니
국내에서도 이에 호응해 주기 바란다."

이런 내용의 밀서를 휴대하고 있었다.

인촌, 고하, 기당(幾堂, 현상윤) 등 세 사람은 이제야말로 가만히 있을
수 없다는 절박감을 느끼고 숙직실 방 안에 머리를 맞대고 앉아 어
떻게 할까를 논의했다. 그러나 당장 묘안이 없었다.

거국적인 항일 독립운동을 주도해야 된다는 목표는 설정되었다.

(『인촌 김성수: 사상과 일화』, 동아일보사, 1985, 121쪽)

3·1운동 석 달 전 겨울, 이승만이 보낸 밀서를 가져온 밀사를 만
나고서야 만세운동을 벌이기로 결심하였다는 인촌 김성수金性洙
(1891~1955)의 회고다.

당시 김성수(27세)는 중앙학교 소유자, 송진우宋鎭禹(1890~1945, 28세)
는 공동소유자이자 교장, 현상윤玄相允(1893~1950, 25세)은 교사, 모두
일본 와세다대학 유학 선후배로서 20대 중·후반의 팔팔한 애국 지사
들이었다. 그들에게 미국 대통령 윌슨의 민족자결주의 선언은 '가만
히 있을 수 없는 복음'이었기에, 이승만의 밀서는 젊은 피를 폭발시
키는 뇌관이나 다름없었다. 왜냐하면 이승만 박사는 젊은이들의 우
상, 독립운동의 최고 지도자, 더구나 윌슨 대통령이 프린스턴 대학
총장 때 이승만에게 박사모를 씌워 준 은사이므로, 사제지간인 두 지
도자의 힘이면 조선 독립을 가져다줄 것만 같은 기대감이 식민지 전
체를 부풀게 하는 희망의 등불이었던 것이다.

세 청년은 천도교와 손잡기로 작정하고, 손병희孫秉熙(당시 58세)의
측근 최린崔麟(당시 40세, 보성학교 교장)을 찾아 그의 제자인 현상윤이 달
려간다. 국내 최대 조직과 재정의 천도교를 끌어들이는 지하 작업으

로 다음해 1919년 1월 권동진權東鎭·오세창吳世昌·최린이 동대문 밖 천도교 소유의 상춘원常春園(현 숭인동)에서 손병희를 만나 적극적으로 독립운동을 전개하기로 합의하였고, 그다음 달 이승훈李昇薰·함태영咸台永 등 개신교 대표들이 합류해 3월 1일 궐기를 결정하게 된다.

'이승만 밀서'에 대한 기록 가운데 승당承堂 임영신任永信(1899~1977)이 자서전『나의 40년 투쟁사』(민지사, 2008)에 남긴 보다 상세한 상황 설명이 볼만하다. 임영신은 3·1운동 몇 해 후 이승만과 합류해 독립운동을 벌였고 해방 후엔 이승만의 유엔 외교에 앞장섰으며 건국 정부에서 초대 상공부 장관을 맡은 여걸이다.

교사 생활을 시작한지 얼마 안 되어 산 밑에 있는 공지에서 기도회를 열기 시작했다.

교편을 잡고 있는 동창생들에게 편지로 이런 모임을 갖도록 권유했다. 그들의 반응은 열렬했으며 수개월 내로 9개의 모임이 되었다. (…)

하루는 서울에서 온 행상 하나가 집에 왔다. 그가 보따리를 풀었을 때 나는 밑에 삐라가 있는 것을 보았다. 나는 서울의 지하운동본부에서는 행상들이 연락원이 되고 있다는 말을 들은 것이 생각났다. 그것이 무엇이냐고 물었더니 행상은 주저하였다. 그의 정체를 알고 싶은 나는 이런저런 지하운동 이야기를 남한테 전해 들은 말처럼 나누던 중에 '이승만 박사'라는 이름을 슬쩍 던지는 순간 그의 눈이 빛나는 것을 보았다. 천천히 아주 천천히 "당신은 지하운동본부에서 왔지요?"라고 말하자 그는 끄덕였다. 나는 몹시 흥분하였다. 그는 밑 장의 삐라를 꺼내주었고 나는 열심히 읽었다. (…)

1918년에는 두 개의 중요한 사건이 일어났다. 1차대전이 끝난 것과 유행성 감기가 전국에 퍼진 일이다. 얼마 전부터 지하운동 단체에서는 전국적인 통신망을 개척하여 나도 어떤 사업가의 도움으로 상하이(상해)와 접촉을 가지게 되었다. 그때 상하이를 통하여 우리는 이승만 박사로부터 이런 메시지를 받았다.

"미국의 윌슨 대통령은 세계 평화를 위하여 14조문을 선언하였다. 그중 한 조문이 민족자결권이다. 여러분은 이 조문을 최대한으로 이용해야만 된다. 여러분의 의사 표시가 국제적으로 알려져야만 한다. 윌슨 대통령은 확실히 여러분을 도울 것이다."

그해 겨울 내내 이 메시지는 여러 사람의 손을 거쳐 전달되었다.

상하이에 있는 한국 지하운동본부는 프랑스 조계(租界) 안에 있다고 알려졌다. 이승만 박사의 메시지는 남경(난징)으로 전달되고 그곳엔 제2의 비밀 본부가 있었다. 다른 연락원이 두만강까지 와서 대기 중인 연락원에게 메시지를 전달하였다. 한국으로 메시지를 가져오기에는 겨울이 가장 안전하였다. 강이 얼어서 다리에 있는 일본군 순찰대를 피할 수 있기 때문이다. (…)

독한 감기에 걸려 이틀이나 코피를 흘린 2월 어느 날 연락원이 서울에서 내려왔다.

"3월 1일 큰 시위를 결정하였소. 정오에 종이 울리면 모든 한국인은 자유를 위하여 절규할 것이오. 우리의 시위가 파리 베르사이유 회의에 알려지면 세계의 민주 국가들이 우리를 자유로 만들어 줄 것이오."

교사로서 전라북도 지하운동 대표였던 20세 임영신은 부랴부랴 몇 날 밤을 새우며 태극기를 만들어 전주에서 만세운동을 주도한다.

이승만 "기회 왔다, 궐기하라"

김성수와 임영신의 기록보다 이승만 자신의 회고담이 가장 확실한 증언이 될 것이다.

다음은 1949년 출간된 전기 『우남 이승만전』 가운데 '3·1운동 전후' 장(211~219쪽)에서 '밀서' 관련 내용만 요약한 것이다.

> 윌슨이 국회에서 연두교서로 '민족자결주의 원칙'을 발표하였을 때 이승만이 세상의 누구보다 기뻐한 것은 당연하다. 프린스턴 대학 총장 시절 윌슨이 집으로 불러 만찬을 즐기며 토론할 때마다 이승만이 주장하였던 '약소민족 해방론'이 마침내 미국 대통령의 공식연설로 공표되었던 것. 또한 그 후 망명한 이승만이 바로 지난해 '한국독립을 세계에 호소하는 선언문'에 서명해달라고 요청하였을 때 윌슨 대통령이 "지금은 때가 아니오. 때를 기다리시오. 그때가 반드시 올 것"이라던 '그때'가 마침내 눈앞에 열린 것이었다.
>
> "많은 약소민족들이 일어날 테니 한국이 먼저 윌슨대통령 연설에 호응해야 한다."
>
> 이승만은 임박한 '종전에 대비하여 궐기할 준비를 갖추라'는 밀서를 국내외 동지들에게 보내기 시작하였다. 이 지시를 서면으로도 보내고 밀사를 통하여 보내고 전신으로도 보내어 뜻있는 동지들의 인식을 새롭게 하였다.
>
> 11월 11일 독일의 항복으로 세계 1차대전이 끝나고 파리강화회의 예비회담 의제 속에 '민족자결주의'가 포함되었음을 확인한 이승만은 곧바로 주구과 일본에 있는 동지들에게 "민족 흥밀서의 때가 왔다"는 지령과 밀서를 다시 한 번 곳곳에 보냈다.

그리고 미국의 프랭클린 내무장관과 폴크 국무장관을 만나 "한국 대
표가 파리회의에 참석할 길을 열어 달라"고 요청하였다.

한편 중국 동지들은 상하이에 모여 이승만의 지시에 따라 파리회의
대표(김규식)를 선정하고, 조선 본국과 일본에서 대대적인 항일투쟁을
전개하기로 결정하였다. 즉시 본국에 장덕수를, 일본에 김철, 선우
혁, 서병호 등을 파견하고 여운형을 소련에 보낸다.

이에 따라 2월 8일 일본 도쿄의 조선인 청년회관에 학생들이 모여
독립선언서와 결의문을 낭독하고, 손가락을 깨물어 '독립요구서' 혈
서를 써서 일본 국회와 정부에 제출하려다가 경찰의 칼끝에 유혈의
참극을 당하였다.

(서정주[이승만 구술], 『우남 이승만전』, 삼팔사, 1949; 재출간 화산문화기획, 1995)

이승만이 진술한 대로 윌슨의 '민족자결주의'는 프린스턴 대학원
시절 이승만의 '약소민족 해방론'에 의기투합했던 스승과 제자 두 사
람의 합작품이나 다름없다는 추론이 나온다. 이승만도 "그때 나의 주
장에 윌슨이 어디까지 동감했는지…"라는 단서를 붙이고 있긴 하지
만, 윌슨의 발표문에 '전 세계의 약소민족 자결권'으로 나타났으니
다툴 여지도 없지 않은가.

이승만의 3·1운동 기획은 누구보다, 밀서를 몇 차례나 보냈다는
이승만 본인의 진술로써 확증이 된다. 그 밀서들은 일본 유학생들의
2·8 독립선언과 파고다공원의 3·1 독립만세운동을 폭발시키는 결정
타 폭약이었던 것이다.

역사적 사실이 이러한데도 3·1 독립운동의 역사에서 이승만 이
름 석 자는 여태까지 깡그리 무시되어 왔다. 내가 2019년 3월 유튜브
'뉴데일리TV'에 '3·1운동의 기획자는 이승만'이라는 꼭지를 올리자

어김없이 반박하는 글들이 붙었다. 반박 이유들이 웃음을 자아낸다. "밀서의 실물을 찾을 수 없다", "이승만은 당시 하와이에 있었다", "제3자의 기록도 기억력도 믿을 수 없다", "다 죽었으니 확인할 길도 없다" 등등. 억지와 일방적인 부정이다. 어느 좌파 학자는 소위 '직접사료'는 발견되지 않았고 '간접사료'는 신빙성이 없다며 거짓이라고 막말을 터트렸다.

그렇다면 한국사 5천 년의 기록은 몽땅 거짓이란 말인가? 『삼국사기』, 『삼국유사』, 『고려사』 등은 직접사료인가 간접사료인가? 왕들의 말과 행동을 기록해 놓은 『조선왕조실록』은 어떻게 믿을 수 있나? 왕들의 음성 녹음이나 사진이라도 보고 들어야 믿겠다는 것인가? 3·1운동에 대한 이승만의 직접진술을 못 믿겠다면 5천 년 민족사는 공중분해되고 만다. 일본 경찰의 감시망 속에서 극비의 항일운동 밀서를 누가 언제까지 보관할 수 있었을까? 즉석에서 불태웠을 것이다.

이런 상황을 교묘하게 악용하는 좌파나 친북 세력의 '대한민국 죽이기' 작전은 이토록 집요하게 '이승만 없애기' 거짓 선동을 오랜 세월 계속하고 있는 중이다.

양남兩南의 3·1운동과 한성임시정부 수립

'양남'이란 우남雩南 이승만과 월남月南 이상재李商在(1850~1931)의 호를 합쳐 내가 붙여 본 호칭이다. 양남을 빼고 3·1운동과 대한민국 임시정부를 이야기할 수 없기 때문이다. 그만큼 두 사람의 인연은 멀고도 깊다.

서재필, 윤치호, 이승만과 독립협회 설립에 동참한 이상재는 특히 이승만과 〈독립신문〉을 함께 만들고 거리 민중집회 '만민공동회'에서 사회자로 연설자로 투쟁하면서 부자 같고(월남이 25살 연상) 형제 같은 동지가 되었다. 입헌군주제를 주장, 시위와 농성을 벌이다가 반역자로 몰려, 독립협회도 해산되고 이승만은 감옥행, 이상재는 낙향하였다.

양남이 다시 만난 것은 3년 후인 1902년 한성감옥. 개혁당 사건으로 이상재와 아들이 잡혀 왔을 때다. 그사이 열성 기독교인이 된 이승만은 전도하였고, 월남은 누구보다 신앙 깊은 개신교인이 된다.

김성수가 이승만의 밀사를 만나던 그때, 미국 망명(1912) 후 하와이 정착 6년째를 맞은 이승만은 한인기독학원과 한인기독교회를 세우고 『태평양잡지』(1913 창간)를 발간하면서 '기독교 교육을 통한 자유독립' 구상을 실험, 실천하고 있었다. 왜 하와이를 택하였나? 당시 미국 본토엔 한국 교민이 500명도 안 되었으나 하와이엔 사탕수수농장 이민자들이 4천 명을 넘어 계속 늘어나고 있었다.

1918년 1월 윌슨 대통령이 '민족자결주의'를 제창하자 누구보다 반가워한 사람은 이승만이다. 윌슨은 프린스턴 대학 총장 시절 이승만을 총애하며 개인 접촉이 잦았으며 자기 집으로 초대하여 세 딸들과 피아노 치고 노래하고 만찬과 대화를 즐기곤 하였다. 이때 윌슨에게 대한 독립을 주창하는 이승만의 논리의 뼈대가 민족자결주의와 다를 바 없는 '약소민족 해방론'이었다. 윌슨은 지인들에게 이승만을 소개할 때마다 "닥터 리는 코리아를 독립시킬 지도자"라고 말했다.

1914년 사라예보의 총성에서 시작된 제1차 세계대전의 막바지, 윌슨 대통령은 '유럽 전쟁'이라며 중립을 표방하다가 미국 함선이 독일 잠수함의 기습을 받자 뒤늦게 참전했다(1917). 일본은 영일동맹을 핑계 삼아 일찌감치 독일에 선전포고를 하고 중국 산둥(산동) 반도의 독일령 칭다오(청도)와 태평양의 독일령 섬까지 먹어 버렸다. 전세가 연합국(영국, 프랑스, 러시아, 일본, 이탈리아, 미국 등) 쪽으로 확연히 기울었을 때 미국이 발표한 전후처리 원칙이 민족자결주의다. 식민지 약소국들은 너도 나도 나서기 시작하였다.

1918년 윌슨의 연두 교서 발표 후부터 이승만은 본국과 중국, 일본에 산재한 지하망을 통하여 '만세운동'을 지령, 당부하였다. 10월에 하와이에 들른 유학생과 평안북도 선교사 샤록스(Alfred M. Sharrocks, 사락수謝樂秀)에게 '가능한 한 빠른 항일 궐기' 요구를 전달했다는 기록도 있다. 독일이 11월 11일 항복하자 이승만은 즉각 "기회가 왔다: 일어나라"는 밀사, 밀령, 밀서를 보낸다. 그러나 이듬해(1919) 정월이 다 가도록 국내에선 궐기 소식이 없었다.

이쯤 해서, 앞의 임영신의 증언에 나오는 지하 독립운동 조직 사람들은 누구인지 찾아보자.

제1 그룹은 이승만의 '한성감옥 동지 43명'이다.

1899년 1월 이승만이 기독교로 회심回心하는 정신혁명을 체험하고 옥중 예배와 전도 활동을 펴고 있을 때, 개혁당 사건(1902)에 연루된 개화파 지식인들이 대거 한성감옥에 들어왔다. 이들은 이승만의 성경 공부와 설교에 감화되어 기독교에 입교한다. 이상재, 유성준, 신흥우, 김정식 등 43명이다. "기독교 정신이 독립정신"이라는 이승만의 설교에 한 덩어리로 '영성靈性 형제' 그룹이 된 이들은 석방된 후 외국 선교사들과 함께 교회를 세우고 백성 계몽 전도 활동에 투신하였고, 특히 이상재는 한성 YMCA의 교육부장이 되어 청년운동에 몰입하였다.

이승만이 미국에 유학할 때 그 가족 생계를 책임진 사람이 이상 재다. 갑부 윤치호尹致昊(1865~1945) 저택에 월남이 나타나면 윤치호는 "또 우남이오?" 하고 웃으며 지갑을 열었다고 한다. 독립협회 시절부터 청년 이승만을 지원한 두 사람은 평생 우남의 후원자다.

지하조직 제2 그룹은 유학 5년 만에 미국 명문대 학사·석사·박사가 되어 귀국한 우남이 YMCA 학감學監을 맡아 한반도 삼천리를 누비며 20여 개 지역에 조직한 YMCA 청년들이다. 일본 총독부가 이를 가만두고 볼 리가 없다.

"저놈 잡아라. 개신교를 박살 내라."

총독 암살 음모로 날조한 총독부는 대대적인 검거 작전을 벌여 개신교와 반일 인사 600여 명을 체포하고 고문하여 105인을 기소한다(105인 사건, 1911). 주모자로 찍힌 이승만은 미국 감리교 본부의 도움으로 체포 직전에 탈출, 1912년 3월 26일 생일날 부산을 떠난다. 귀국 1년 반 만에 다시 기약 없는 망명길, 이승만은 조강지처 박朴 부인에게 부랴부랴 과수원 살 돈을 마련해 주었다고 한다. 일본이 강요한 37세 부부의 이별은 결국 영원한 이혼이 되어 버렸고, 과수원은 위자료가 된 셈이었다.

전국에 확산되던 YMCA 조직도 풍비박산해 만주로 상하이로 흩어지고, 이승만은 망명길에 일본에 들러서 분산된 유학생 조직을 재일 조선 YMCA로 통합시키고 YMCA 회관 건립 모금도 한다. 훗날 이들이 3·1 독립선언에 앞서 그 회관에서 2·8 독립선언을 선포한 주역들이다.

이승만이 학수고대하던 3·1 만세운동이 마침내 폭발하였다.

개신교 16명, 천도교 15명, 불교 2명의 민족대표 33인(일부 불참)은 명월관 종로 분점 태화관에 모여 독립선언서를 읽고 독립만세를 부른 뒤 일본 경찰에 연락하여 스스로 잡혀갔다.

이 과정에서 구심점 역할을 담당한 것이 서울 정동교회를 비롯한 개신교와 '양남의 조직'이다. 일제의 탄압에도 이상재가 사수해 온 YMCA 세력은 이때 1,500여 명. 월남은 함태영, 이승훈 등과 전략을 짜고 대표들을 선발하고 자신은 뒤로 빠져 연속투쟁을 독려한다. 정작 중요한 일이 남아 있었기 때문이다.

바로 4월 23일 공표(公表)한 '한성(서울)임시정부'의 출범이 그것이다.

독립선언서가 선포한 '독립국'을 세우기 위해 이상재, 신흥우 등 개신교 세력은 국내에 임시정부 설립을 주도한다. 13개도道 대표 25명이 인천 만국공원에서 국민대표자대회를 열기로 하였으나, 일본 경찰에 쫓겨 종로네거리에서 만세를 부르고 「국민대회 취지서」와 「임시정부 선포문」을 대량 살포하였다. 105인 사건 폭압에도 살아남은 개신교 조직이 마침내 만세운동을 일으키고 임시정부까지 세웠다. 그래서 한성임시정부 '대표 집정관총재'는 이승만 박사인 것이다. 이상재는 한성정부 수립에 관한 일체의 서류를 신흥우를 시켜 미국의 이승만에게 보낸다.

이승만은 한성정부의 국호를 '대한공화국'이라 했다. 자유 민주 공화주의자 이승만의 건국이념을 반영한 것이다. 근대 정치이념인 공화주의를 체득한 독립운동가는 당시 거의 없었다.

그리하여 이승만은 국내 국민 대표들이 세운 한성임시정부의 대표성과 정통성을 끝까지 고수하며 상하이 통합임시정부가 한성정부 체제를 헌법과 조직의 근간으로 채택하게 하였으며, 뒷날 대한민국 건국헌법 전문前文에 3·1정신의 정체성을 명문화하였던 것이다.

필라델피아 독립선언과 시위

3·1만세 후, 서울의 한성임시정부 선포에 일주일 앞서 1919년 4월 14일부터 16일까지 미국 필라델피아 중심가의 리틀 시어터The Little Theater에서는 '대한인 총대표회의The First Korean Congress(제1회 한국 의회)'가 열렸다. 국내의 만세운동 소식을 기다리다 지친 이승만이 2월부터 준비해 미국 현지에서 전개한 양동작전이다. 1919년 1월 파리 연합국 강화회의에 참석하려던 이승만 등 대표 일행은 삼선국이 아니라는 이유로 거부당하였고, 기대하였던 민족자결주의조차 패전국들의 식민지에만 적용할 뿐, 일본 등 승리한 연합국들은 식민지를 내놓을 생각이 전혀 없었기 때문이다. 사흘간 진행한 필라델피아 총대표대회는 사실상 미국판 대한민국 임시정부 선포식이나 다름없었다.

이승만은 그동안 맺어 놓은 미국 기독교계 지도층을 대거 초청하였다. 새로 독립할 한국의 비전이 미국과 똑같은 기독교 자유국가라는 인식을 확산시켜서 기독교 최강국 미국의 힘을 빌려 '우상 숭배 신권국가 일본'을 물리치려는 이승만의 오래된 구상, 즉 외교독립론의 전략전술 중 하나다.

이 대회가 통과시킨 결의안은 대한공화국 임시정부 메시지, 미국 국민에게 보내는 호소문, 파리 강화회의에 대한 청원서 등 6개였다. 이 가운데 핵심은 「한국인의 목표와 열망The Aims and Aspirations of Koreans」이다. 자유민주공화국 그림이 10개항으로 요약된 결의 문서로, 미국판 임시정부 헌법 대강大綱이라 할 만하다. 그 주요 내용들인 대통령중심제, 10년간 강력한 중앙집권제, 의무교육 등은 뒷날 건국 때 그대로 시행된다.

이어 워싱턴에 임시정부 사무실을 차린 이승만은 한성정부의 '대한공화국' 국호를 채용해 'President of the Republic of Korea(대한공화국 대통령)'라는 영문 직함을 처음 사용한다. 임정 대통령으로서 윌슨 대통령을 비롯, 멸망한 대한제국과 국교를 맺었던 영국, 프랑스, 이탈리아 등 열강의 정부 수반들에게 '한국에 완벽한 민주 정부가 수립되었음'을 알리고 한성임시정부의 각료 명단까지 통보하였다. 또한 윌슨에게는 김규식을 강화회의 대표로 통보, 발언권을 달라면서 미국은 "1882년에 맺은 조미 수호조약에 따라 그럴 의무가 있다"고 강력히 촉구한다.

잇따라 일본 국왕에게도 국가원수의 격식을 갖춘 공문을 보냈다.

"4월 23일 한국 국민의회가 구성되어 대통령을 선출하고 정부를 수립하였으므로 일본 정부는 주권국가를 승인할 것이며 최소한의 외교관을 제외한 모든 일본인들을 즉각 철수시키라."

이 공문을 주미 일본 대사관에 가져간 비서 임병직은 일부러 오랜 시간 대화를 끌었다. 예상대로 미국 언론과 각국 기자들이 달려와 크게 보도하였다. 미국 언론이 이승만에게 독립 구상을 질문하였다. 임정 대통령 이승만은 기다렸다는 듯 응답한다.

"아시아에서 처음으로 예수교 국가를 세울 것이오."

미국 국민들에게 일본 지지를 버리고 미국과 같은 기독교 국가 대한공화국을 도와달라는 호소이다.

이승만은 임정의 외무부로 워싱턴에 '구미위원부'를 설치, 자신의 외교독립론을 현실화하기 위한 활동을 본격화한다.

독립선언서 인쇄하고 낭독한 이종일

3·1운동과 관련하여 이승만과 떼려야 뗄 수 없는 또 한 사람의 이야기를 소개한다. 바로 33인 중 독립선언서를 낭독한 대표 묵암黙庵 이종일李鍾一(1858~1925)이다.

이승만과 함께 〈독립신문〉 필진이던 이종일은 23세 이승만이 한국 최초의 민간 일간지 〈매일신문〉을 창간(1898. 4. 9)하자 의기투합해 힘을 합하여 똑같은 순한글 일간지 〈제국신문〉을 창간한다. 이 두 신문의 역사적 가치는 매우 크다. 특히 이종일은 자기네 신문 주필이자 인기 논객인 이승만이 감옥에 갇히자 기발한 아이디어를 발동하여, 죄수 이승만이 옥중에서 논설을 몰래 쓰게 하고 수백 편의 논설을 무기명으로 게재하기까지 했다. 이는 세계 언론사상 유례없는 기록이다.

장장 2년 3개월간 감시를 피해 감방에서 논설을 쓰는 일이 얼마나 힘들었을까? 아니다. 이승만의 필봉은 화산처럼 폭발한다. 개신교의 재발견과 더불어 엄청난 독서량으로 미국 신문·잡지를 읽으며 『만국공법(국제법)』 등 여러 책의 번역을 통하여 근대 정치사상가, 기독교사상가로 변신한 이승만은 "창자에 북받치는 울분의 피"를 분출시키듯이 새로운 자유국가 건설 구상들을 폭포처럼 쏟아 낸다. 「상업이 천하의 근본」, 「기독교로 백성의식 개혁」, 「국부國富의 관건은 자유통상」, 「버려진 옥토 70% 개발해야」, 「미국 인민의 권리」(5회 연재), 「외국 공사들에게 휘둘리는 정부」, 「국제법 강의」, 「철갑군함과 수뢰포를 많이 만들자」, 「미신 타파」, 「공중위생」 등등 종횡무진 붓을 휘두르며 「크리스마스를 축하하자」라는 논설까지 쓰고 있다. 그 주요 내용들은 1904년 몰래 쓴 옥중 저서 『독립정신』에 정리되어 있다.

천도교인 이종일은 1910년 망국에 따라 〈제국신문〉을 접은 뒤 천도교 기관지 출판사 보성사普成社를 맡아 운영한다. 3·1운동 전날 밤 독립선언서를 3만 5천 부 찍어 전국에 밀송한 것이 바로 보성사와 이종일이다. 만세운동 당시 지하신문들이 여러 개 나왔을 때 이종일도 〈조선독립신문〉을 발행해 항일운동과 독립 방안, 일제의 만행 들을 보도하였는데, 이승만의 하와이 유품에서 이 신문들이 뒤늦게 다량 발견되었다. 너무나 자연스럽게도 두 언론인은 옛날처럼 독립운동의 최전선에 앞장선 3·1운동의 배후 동지였던 것이다.

02

임정 대통령 이승만,
레닌과 대결

세계 최초로 공산주의 비판

3·1운동 두 해 앞선 1917년 러시아(소련) 공산화 쿠데타(10월[11월] 혁명, 1917)에 성공한 레닌은 1919년 한국에서 3·1운동이 일어난 다음날 3월 2일, 모스크바에서 국제공산당 '코민테른Commintern: Communist International'을 발족시킨다. 미국 윌슨 대통령의 민족자결주의에 맞서 해방되는 약소국들을 공산권으로 묶으려는 세계 공산화 전략에서 특히 아시아 극동지방을 중시한 레닌은 당 기구로 '중국부'와 함께 '고려부(한국부)'를 설치한다. 제정帝政 러시아의 마지막 황제 니콜라이 2세가 고종의 아관파천俄館播遷을 이용해 먹으려다가 러일전쟁 패전으로 일본에게 빼앗긴 한반도를 이번에는 레닌 정권이 공산주의 전술로 먹겠다는 신식민주의 공작이다.

한편 도산島山 안창호(安昌浩, 1878~1938)는 3·1운동이 일어나고 블라

디보스토크와 상하이 등에 임시정부들이 생겨나자 이승만의 필라델피아 대한인 대회 참석 요청도 뒤로한 채 중국으로 달려간다. 이승만의 독주를 뒤집을 호기라고 판단한 듯, 도산은 상하이임정에 관여하며 중국 지역 흥사단 조직에 나선다. 이승만이 '대통령' 임무 수행에 나서자 제동을 걸었다. 당시 상하이임정에서는 국가원수 직함이 국무총리이므로 대통령 직함은 쓰지 말라는 것이었다.

당시 유형, 무형의 임시정부는 7개쯤 난립하여 통합할 필요성이 높아졌다. 이런저런 갈등 속에 5개월이 흘러 마침내 9월에 통합임시정부가 상하이에서 출범하게 된다. 이승만이 동의하였기 때문이다. '대통령' 쓰지 말라는 도산의 견제에도 이승만은 "한성정부가 국내 대표자들의 헌법 절차를 거친 유일한 정통 정부이고 이미 전 세계에 통보된 대통령 정부"라는 자세를 고수하였다. 이번에도 안창호는 이승만의 국제적 전략과 카리스마를 따를 수밖에 없다. 재미 한인 절대다수인 하와이 교민을 장악한 이승만 앞에서 미국 전체 교민 단체 대한인국민회 회장 도산인들 어쩌겠는가.

1919년 9월 6일의 개헌으로 대통령제로 바꾸고 11일 구성한 통합임시정부는 결국 대통령에 이승만, 국무총리에 이동휘를 앉혀 놓았다. 성재誠齋 이동휘李東輝(1873~1935)는 무력투쟁 독립운동가로, 1917년 레닌의 공산혁명에 고무되어 한인사회당을 조직하고 3·1운동 직후 가장 먼저 3월 21일 연해주에서 소련식 임시정부 '대한국민의회'를 설립한 바 있다. 그랬던 공산당식 무력혁명주의자가 미국식 자유민주주의자 이승만 아래 2인자로 결합되었으니, 통합임시정부는 출발부터 폭탄을 짊어진 좌우합작의 괴물이 되었다.

처 공세는 역시 자금 문제였다. 미국 교민들이 임정에 내는 '애국금'의 수집권을 독점하겠다는 안창호파와 당장 '철혈鐵血투쟁'을 주장하는 이동휘파가 대통령이 상하이에 오지 않으면 '불신임 결의'를 하겠다는 성화에, 견디다 못한 이승만은 상하이 밀항 길에 오른다. '30만 달러 현상 붙은 사나이', 무국적자 이승만은 일본의 눈을 피해 중국인으로 가장하여 중국인 시체운반선 창고에 숨어 태평양 겨울 바다를 20일 만에 건너 상하이에 도착했다.

이승만을 기다리고 있는 것은 사면초가였다.

"정부 체제를 소련 소비에트식 위원제로 바꾸라." 이동휘는 단도직입적이다.

"대통령은 외국인들 공채公債만 챙기고, 교민들 애국금은 우리에게 맡겨라." 도산파의 요구다.

공산혁명론에 자유민주주의 원칙론으로 대응하는 이승만은 테러리스트들의 암살 기도로 생명까지 위험했다.

레닌은 국제공산당 코민테른의 고려부 임무를 상하이에 집중시키고 소위 '독립 자금' 200만 루블을 제공하여, 이동휘는 고려공산당 확대와 임시정부 해체 공작에 동분서주하였다. 여운형, 김규식, 김원봉(약산), 신채호 등등에 갖가지 명목으로 사용된 이 공작금은 "그때 거기 젊은 사람치고 그 돈 안 써 본 자 별로 없을 것"이란 증언을 남길 정도였다.

가장 집중된 자금의 목표는 역시 임정 해체를 위한 '국민대표자회의 개최'다. 이것은 의회가 있는데도 제헌 국민대표회의를 소집한 프랑스 혁명과, 러시아 혁명 때의 모스크바 국가회의와 같은 방식을 채용한 것이었다. 이승만의 임시정부를 '개조'하느냐 '창조'하느냐 말만 다를 뿐, 미국식 자유민주 정부를 전복하려는 공산당의 혁명전술이다.

하와이로 돌아온 이승만은 임정 요인들에게 "공산당을 조심하시오. 공산당과 혼잡하지 마시오"라는 경고를 연발하며 공산 분자들의 반민족적 반역성을 경고하였다. 이승만은 마침내 유명한 논문을 발표한다. 세계 최초의 공산주의 비판 논설 「공산당의 당부당當不當」(『태평양잡지』 1923년 3월호. 전문은 자료 1)이 그것이다.

레닌 혁명 6년째, 전 세계가 공산주의에 열광할 때였다. 이승만은 한마디로 "소련의 속임수에 속지 말라"고 단언한다. 이승만은 '평등주의' 한 가지만 빼놓고 공산주의의 모든 주장이 인간의 자유를 억압하는 새로운 독재 체제임을 낱낱이 지적하고 있다. '재산 분배, 자본가 추방, 지식 계급과 종교 타파, 무정부 국가소멸론' 등은 모두 타국을 파멸시켜 소련의 지배권에 편입시키려는 식민주의라는 것, 공산주의로 전 국민이 백만장자가 된다 해도 소련의 노예가 된다는 것, 한민족은 국가 독립부터 찾아야 한다는 것을 역설한다. '인터내셔널리즘이 내셔널리즘보다 높다'는 국제공산주의 원칙이란 게 바로 식민주의라는 것이다.

「공산당의 당부당」 논설 이후 3년간 잇따라 발표한 공산주의 비판 논설들이 몇 편 남아 있다.

> 한인이여, 그대의 배가 고프거든, 몸이 춥거든, 뼈가 저리거든, 피가 끓거든, 남의 탓이나 하며 당장에 일어나서 분풀이나 하고 말겠다는 생각도 말고, 합동단결이 되어 우리민족의 살길을 찾기를 결심하라.

공산주의 비판 글에서 이승만은 29세 때 감옥에서 쓴 『독립정신』에서 이미 주창한 자유세계의 경쟁 원리와 민족 단합이라는 최우선 과제를 거듭 강조하고 있다. "지금 우리가 추구할 것은 공산주의나 사회주의가 아니라 공화주의"이다. 또한 새로운 외세인 공산주의의 힘을 빌려 독립운동 하자는 것은 새로운 사대주의일 뿐이므로 "철저한 공화 정신으로 한 덩어리가 되어 우리 손으로 목적을 구현해야" 함을 시종일관 주장한다. 동시에 "공화주의와 공산주의는 한 민족 간에 충돌이 없이 될 수 없는 주의들이기 때문에 그것은 곧 민족 자살"이라고 동족상잔의 위험성을 이때 벌써 경고하고 있다. 이승만 특유의 통찰력과 인식능력이 알기 쉽게 설명하는 공산당 비판 논문들은 너무나 간단명료하게 핵심을 찌른다. 이에 견줄 만한 공산주의 비판서는 오늘날까지도 찾아보기 힘들다.

유럽은 물론 세계의 지식인들이 너도 나도 공산주의를 찬양할 때, 어찌하여 이승만에게는 공산주의 악마성이 한눈에 들어왔을까 (마무리 '자유의 십자가' 참조).

레닌식 쿠데타로 이승만 탄핵

공산 측 이동휘가 "이승만 밑에서 못 하겠다"며 국무총리를 던지고 시베리아로 가 버리고 이승만은 하와이로 돌아가자, 임정 수호 세력의 반대를 무시하고 우여곡절 끝에 소집한 국민대표자회의는 부분 개편을 주장하는 '개조파'와 임정 해체·재구성을 주장하는 공산 측 '창조파'가 대결한다. 그러나 양파는 임정 개편의 첫째 목적이 '이승만 축출'임에는 이견이 없었다.

이승만은 『태평양잡지』에 국민대표자회의가 임시정부를 전복하려는 불법적 적색 공작임을 경고 비판하고 안창호 등의 책임을 묻는 글을 발표한다.

안창호가 의장을 맡은 국민대표자회의는 진통에 갈등을 거듭하다가 1925년 3월 14일 임시의정원(임정 국회)에 '이승만 대통령 탄핵안'을 제출한다. 그동안 의회는 보선을 통해 안창호의 서북파(평안도)와 이동휘·여운형의 고려공산당이 다수를 차지하고 나서 임정 전복 카드를 들이댄 것이다.

△1924년 12월 17일 박은식 국무총리(대통령대리) 선출
△1925년 3월 10일 임시대통령령 제1호 '구미위원부(주미 외교부) 폐지령' 공포
△3월 18일 밤 임시의정원 의원 10명이 탄핵안 가결
△3월 21일 이승만의 대통령 면직 결정
△3월 23일 박은식 대통령 선출
△3월 30일 밤, 대통령중심제에서 내각책임제로 바꾸는 헌법개정안 가결
△4월 7일 새 헌법 공포

이와 같은 일련의 결정들은 이승만 지지파가 국회 출석을 보이코트한 바람에 정족수도 못 채운 채 일사천리로 진행되었으므로 위헌이었다. 그래서 '명백한 쿠데타'라고 하는 것이다.

"안창호가 공산당과 한통속이 되어 시국을 농락하더니… 결국 이승만 몰아내는 쿠데타에 성공하였다." 이시영이 이승만에게 보고한 내용이다. 상하이에서 '이승만 퇴출 작전'을 다 짜 놓고 미국으로 피한 안창호가 샌프란시스코에 앉아서 상하이를 원격 조종하여 정변을 성공시켰다는 말이다(손세일, 『이승만과 김구 3』, 조선뉴스프레스, 2015).

임시정부 출범 6년 만에 나선 이승만 내통령 탄핵의 충격파는 너무도 컸다. 본국에선 이상재를 비롯한 중진들이 분노와 비탄과 규탄

의 성명서를 미국까지 배포하였고, 하와이에선 격렬한 성토와 이승만 지지 집회가 열렸다. 정작 어이없는 이승만은 말했다.

"어린아이들 장난 같아서 상대하기도 싫다."

이승만은 그러나 '대통령 선포문'을 발표, 임정의 일방적인 탄핵에 불복을 선언하고 "대통령과 구미위원부는 한성임시정부의 규정에 따른 것이므로 계속 집무할 것"임을 천명하였다. 실제로 이승만은 임정 대통령 자격으로 미·일 태평양전쟁 때까지 외교 활동을 이어 갔고 구미위원부도 해방 후까지 활용하였다.

'3·1정신' 삭제한 소비에트식 개헌

'정변'은 그것으로 끝나지 않았다. 내각책임제 개헌은 이승만 추방을 위한 징검다리일 뿐, 진짜 개헌은 2년 후인 1927년 초에 단행된다. 이동휘가 처음부터 주장하던 체제 변혁, 곧 정부 형태를 소비에트식 위원회로 전면 개편하는 새 헌법을 마침내 제정한 것이다.

'개헌용 과도내각' 박은식 대통령이 취임 첫해인 1925년 11월에 사망하고 나서 내각수반인 국무령 자리에 이 사람 저 사람이 번갈아 앉았으나 안정될 리가 없었다. 마침내 김구에게 취임 요구가 왔다. "상민의 자식인 내가 어찌 국가수반을 맡느냐"며 처음에는 극구 사양했다는 말이 『백범일지』에 나온다. 그의 역할은 박은식처럼 새로운 개헌안 처리용 과도내각이었다. 1926년 12월 김구 국무령 취임 초부터 임정은 개헌 파동에 휩쓸리더니, 이듬해 1927년 1월 19일 국회는 소련식 정부를 규정한 개헌안을 통과시키고 폐회하였다.

일찍이 레닌이 지령과 공작금을 주어 해체하려던 미국식 민주주의 정부는 드디어 이동휘의 꿈대로 적화 혁명을 달성하였다. 국제공산주의가 대한민국 임정을 완벽하게 삼켜 버린 또 하나의 개헌 쿠데타였다.

이 개헌안은 3월 5일 김구 내각에서 공포하였다. 이에 따라 김구는 '주석'으로 선출된다. 내각제 아래 국무령에서 대통령 없는 소비에트 체제의 주석이 된 것이다.

이렇게 해서 3·1운동이 선언한 독립국가 민주공화국 대한민국임시정부는 사실상 사라졌다.

또 한 가지 여기서 짚어 볼 일이 있다. 3·1 독립선언서를 요약한 임정 헌법 전문前文이 개헌과 함께 아예 삭제된 일이다. 비폭력을 강조한 전문이 사회주의 무력투쟁 체제와 맞지 않는다는 이유였다. 그후 김구는 주석중심제로 개헌하면서도 3·1운동이 빠진 임정 헌법을 1944년까지 유지한다. 그러니까 3·1운동이 세운 임시정부는 장장 19년 동안 3·1운동을 잊어버린 채였으며, 그래서인지 김구 주석은 좌우합작에 응하여 공산당 김원봉(약산若山 金元鳳, 1898~1958)을 각료로 받아들이면서 내우외환의 고초를 겪어야 했다. 특히 김원봉은 김구가 장제스(장개석)에게 요청한 '임정 승인'을 가로막는 신상이 있다고 한다.

대한민국 대통령 취임 3일 만에 '반란'

임정의 대통령 이승만 탄핵으로부터 23년 후인 1948년 7월 24일, 신생 독립국 대한민국 초대 대통령 이승만의 취임식이 열렸다.

5천 년 민족사상 최초로 탄생하는 자유민주공화국, 3·1운동 39년 만에 마침내 '건국'한 나라의 첫 대통령이 취임하는 역사적인 행사는 제헌국회가 들어서 있는 중앙청(1995년 김영삼 정부 때 철거) 광장에서 열렸다. 그 자리에 독립운동의 두 지도자 안창호와 김구의 모습은 보이지 않았다. 안창호는 옥고의 후유증이 심해 60세로 생애를 마감하였고(1938), 살아 있는 김구는 아예 불참하였다. 이승만의 유엔 외교의 성공으로 자유 총선을 치르게 되자 돌변한 김구는 북한으로 달려가(1948. 4. 19) 김일성과 손을 잡으며, 총선을 거부하고 대한민국 건국도 반대하였기 때문이다. 남북 통일 정부를 주장하는 백범은 유엔의 대한민국 승인도 가로막고 나서 유엔에 파견할 '승인 반대 사절단'까지 꾸리기도 한다.

왜 그랬을까? 한마디로 제주 4·3 등 남한 공산화 폭동을 일으키며 대한민국 건국을 막는 "스탈린의 공작에 말려든 결과"라는 것이 학계의 중평이다.

1948년 7월 24일 그날 이승만 건국 대통령의 취임사 요지는 이렇다.

> 여러 번 죽었던 이 몸이 하나님의 은혜와 동포의 애호로 지금까지 살아오다가 (…) 이 자리에서 하나님과 동포 앞에서 나의 직무를 다하기로 일층 더 결심하며 맹서합니다. 따라서 여러 동포들도 오늘 한

층 더 분발해서 각각 자기의 몸을 잊어버리고 민족 전체의 행복을
위하여 대한민국의 국민 된 영광스럽고 신성한 직책을 다하도록 마
음으로 맹서하기를 바랍니다. (…)

국무총리와 국무위원 조직에 대해서 그간 여러 가지로 낭설이 유포
되었으나 이는 다 추측적 언론에 불과하여 며칠 안으로 결정 공포
될 때에는 여론상 추측과는 크게 같지 않을 것이니 유언낭설을 많이
주의하지 않기를 바랍니다. 우리가 정부를 조직하는 데 제일 중대히
주의할 바는 두 가지입니다. 첫째는 일할 수 있는 기관을 만들 것입
니다. 둘째로는 이 기관이 견고해져서 흔들리지 않게 해야 될 것입
니다. (…)

기왕에도 누차 말한 바와 같이 우리는 공산당의 매국주의를 반대하
는 것이므로 이북의 공산주의자들은 절실히 깨닫고 일제히 회심개
과해서 하루바삐 평화적으로 남북을 통일해서 정치와 경제상 모든
복리를 다같이 누리기를 바라며 부탁합니다. (…)

새 나라를 건설하는데 새 정신이 아니고는 결코 될 수 없는 일입니
다. 부패한 정신으로 신성한 국가를 이룩하지 못하나니 (…) 사랑하는
삼천만 남녀는 이날부터 더욱 분투용진해서 날로 새로운 백성을 이
룸으로써 새로운 국가를 만년반석 위에 세우기로 결심합시다.

대한민국 30년(1948) 7월 24일

대한민국 대통령 이승만

연설에서 가장 먼저 눈에 띄는 것은 연설문 끝에 써 있는 '대한민
국 30년'이다. 3·1운동에 의한 대한민국 임시정부 수립 30주년이란
의미다. 말할 것도 없이 한성임시정부의 정통성을 이어 건국했다는

점을 강조하고 소비에트식 쿠데타 임정을 부정한 것이다.

그렇다고 이승만이 요즘 친북파 주장처럼 임정을 '건국'으로 치부할 역사의 문맹자는 아니다. 이승만 대통령은 국회에 낸 법안에서 8월 15일을 '독립기념일'로 정해 달라고 요청하였으나 국회가 '광복절'로 개명하였다. 이에 따라 정부는 다음해부터 꼬박꼬박 '독립 1주년, 2주년, 3주년…'이라는 현판을 함께 걸고 광복절 공식 기념 행사를 개최하였다. 1958년엔 '건국 10주년' 잔치를 대대적으로 펼쳐 사통 발표회와 백일장을 열고 꽃진차를 운행하고, 해방둥이와 따로 '건국둥이' 선발대회까지 열었다. 신문들은 '건국 10주년' 특집기사로 전후 발전상을 연재하였다. 건국일은 엄연히 1948년 8월 15일임을 임정 초대 대통령 이승만이 건국자로서 만방에 엄수해 보인 것이다.

두 번째로, 취임사가 '하나님의 은혜로'라는 말로 시작한 점이다. 이것은 한성감옥에서 24세 사형수가 "성령의 은혜로" 개신교에 입교한 후 "예수의 뒤를 따라 목숨을 버리기까지 새 나라 만들어 보답하겠다"고 『독립정신』에 맹세한 '하나님과의 약속'을 반세기 만에 끝내 지켜 냈다고 보고하는 기도문이라 해야 할 것이다. 하나님과 국민과 함께 대통령의 맹세를 거듭한 이승만은 "신성한 국가를 만년반석 위에 세우자"고 다짐하고 있다.

세 번째로, 연설문 중 또 하나의 초점은 '국무총리와 국무위원(장관)의 조직'에 관한 대목이다. 소문과 억측 보도가 많으나 발표할 명단은 "여론과 다를 테니 현혹되지 말라"는 것을 굳이 환기하고 있다. 왜 그랬을까? 4년 후 전쟁 중 부산 피난 수도에서 벌어지는 '부산 정치파동'은 이 대목에서 벌써 예고되었다고 말할 수 있다.

파동은 대통령 취임식 바로 사흘 후인 7월 27일 한국민주당(한민당)이 '국회 반란'을 일으킴으로써 첫 신호탄를 올린다. 8·15 건국선포식이 열리기 스무 날 전에 일어난 일이다.

최초의 반공 논문 「공산당의 당부당當不當」

공산당 주의가 이 20세기에 나라마다 사회마다 아니 전파된 곳이 없어 혹은 공산당이라 사회당이라 무정부당이라 하는 명목으로 극렬하게 활동하기도 하며 혹은 자유권, 평등권의 명의로 부지중 전염하기도 하여, 전제 압박하는 나라에나 공화 자유하는 나라에나 그 풍조의 축감을 받지 않은 자가 없도다.

공산당 중에도 여러 부분이 있어 그 의사가 다소간 서로 같지 아니하나, 보통 공산당을 합하야 의론하건대, 그 주의가 오늘 인류 사회에 합당한 것도 있고 합당치 않은 것도 있으므로, 이 두 가지를 비교하여 이 글의 제목을 당부당(當不當)이라 하였나니 그 합당한 것 몇 가지를 먼저 들어 말하건대,

인민의 평등주의라. 옛적에는 사람을 반상(班常)으로 구별해 반(양반)은 귀하고 상(상민)은 천함으로, 반은 의례히 귀하고 부하며 상은 의례히 천하며 빈하여 서로 변동치 못하게 등분으로 한계를 정하여 놓고, 영영 이와 같이 만들어서 양반의 피를 타고난 자는 병신 천치라도 윗사람으로 모든 상놈을 다 부리게 마련이오, 피를 잘못 타고난 자는 영웅 준걸의 자질을 타고났을지라도 하천한 대우를 면치 못하였으며, 또한 노예를 마련하여 한번 남에게 종으로 팔린 자는 대대로 남의 종으로 팔려 다니며 우마와 같은 대우를 벗어나지 못하게 마련이라.

이와 같이 여러 천 년을 살아오다가, 다행이 법국(프랑스) 혁명과 미국 공화

를 세운 이후로 이 사상이 비로소 변하여 반상의 구별을 혁파하고 노예의 매매를 법률로 금하였나니, 이것이 서양 문명의 사상 발전된 결과라. 만세 인류의 무궁한 행복을 끼치게 하였도다.

그러나 금대에 이르러 보건대, 반상의 구별 대신에 빈부의 구별이 스스로 생겨서, 재산 가진 자는 이전 양반 노릇을 여전히 하며, 재물 없는 자는 이전 상놈 노릇을 감심(甘心: 괴로움을 당연하게 여김)하게 된지라. 그런즉 반상의 명칭은 없이 하였으나 반상의 등분은 여전히 있어 고금에 다를 것이 별로 없도다.

하물며 노예로 말할지라도 법률로 금해 사람을 돈으로 매매는 못한다 하나 월급이라 공전이라 하는 보수 명의로 사람을 사다가 노예같이 부리기는 일반이다. 부자는 일 아니 하고 가난한 자의 노동으로 먹고살며, 인간 행복에 모든 호강을 다하면서 노동자의 버는 것으로 부자 위에 더 부자가 되려고 월급과 삭전을 점점 깎아서 가난한 자는 호구지계를 잘 못하고 늙어 죽도록 땀 흘리며 노력해 남의 종질로 뼈가 늘도록 사역하다가 말 따름이오, 그 후생이 난 뒤로 또 이같이 살 것뿐이니 이 어찌 노예생활과 별로 다르다 하리오.

그러므로 공산당의 평등주의가 이것이 없이 하여 다 균평하게 하자 함이니 어찌하여 이것을 균평이 만들 것은 딴 문제어니와, 평등을 만들자는 주의는 재저 옳으니, 이는 작당한 뜻이라 하겠다.

공산당 주의 중에 시세에 부당한 것을 말할진대,

1. 재산을 나누어 가지자 함이라.

모든 사람의 재산을, 토지 건축 등 모든 부동산까지 다 합해 평균히 나누어 차지하게 하자 함이니, 이것은 가난한 사람은 물론 환영하겠지마는, 토지를 평균히 나누어 맡긴 후에 게으른 사람들이 농사를 아니 하든지 일을 아니

하든지 해서 토지를 다 버리게 되면 어찌하겠느뇨.

부지런한 사람들이 부지런히 일해 게으른 가난장이를 먹여야 될 것이오, 이 가난장이는 차차 수효가 늘어서 장차는 저마다 일하지 아니하고 얻어먹으려는 자가 나라에 가득할 것이다.

2. 자본가를 없이 하자 함이라.

모든 부자의 돈을 합해다가 공동히 나누어 가지고 살게 하면 부자의 양반 노릇 하는 폐단은 막히려니와, 재정가들의 경쟁이 없어지면 상업과 공업이 발달되기 어려우니, 사람의 지혜가 막히고 모든 기기묘묘한 기계와 연장이 다 스스로 폐기되어 지금에 이용후생하는 모든 물건이 더 진보되지 못하며, 물질적 개명이 중지될 것이다. 자본가를 폐하기는 어려울 것이니, 새 법률로 제정하여 노동과 평등 세력을 가지게 하는 것이 나을 것이다.

3. 지식계급을 없이 하자 함이니,

모든 인민의 보통 상식 정도를 높여서 지금에 학식으로 양반 노릇 하는 사람들과 비등하게 되자 하는 것은 가하거니와, 지식 계급을 없이 하자 함은 불가하다.

4. 종교단체를 혁파하자 함이라.

자고로 종교단체가 공고히 조직되어 그 안에 인류 계급도 있고 토지 소유권도 많으며 이속에서 인민 압제의 학대를 많이 하였나니, 모든 구교(舊教) 숭배하던 나라에서는 이 폐해를 다 알지라. 그러나 지금 새 교회의 제도는 이런 폐단도 없고 겸하여 평등자유의 사상이 본래 열교(裂教: 개신교) 확장되는 중에서 발전된 것이라. 교회 조직을 없이 하는 날은 인류 덕의상 손해가 다 대할 것이다.

5. 정부도 없고 군사도 없으며 국가 사상도 다 없이 한다 함이라.

이에 대하여서는 공산당 속에서도 이론이 많을뿐더러 지금 공산당을 주장한다는 아라사(러시아)만 보아도 정부와 인도자의 군사가 없이는 부지할 수 없는 사정을 자기들도 다 아는 바라, 더 설명을 요구치 않거니와, 설령 세상이 다 공산당이 되며 동서양 각국이 다 국가를 없이 하여 세계적 백성을 이루며 군사를 없이 하고 총과 창을 녹여서 호미와 보습을 만들지라도,

우리 한인은 일심단결로 국가를 먼저 회복하여 세계에 당당한 자유국을 만들어 놓고 군사를 길러서 우리 적국의 군함이 부산 항구에 그림자도 보이지 못하게 만든 후에야, 국가주의를 없이할 문제라도 생각하지, 그 전에는 설령 국가주의를 버려서 우리 2천만이 다 밀리어네어(millonaire: 백만장자)가 된다 할지라도 우리는 원치 아니할 것이다.

우리 한족에게 제일 급하고 제일 긴하고 제일 큰 것은 광복사업이라. 공산주의가 이 일을 도울수 있으면 우리는 다 공산당 되기를 지체치 않으려니와, 만일 이 일이 방해 될 것 같으면 우리는 결코 찬성할 수 없노라.

(이승만, 『태평양잡지』 1923년 3월호, 16-18쪽)

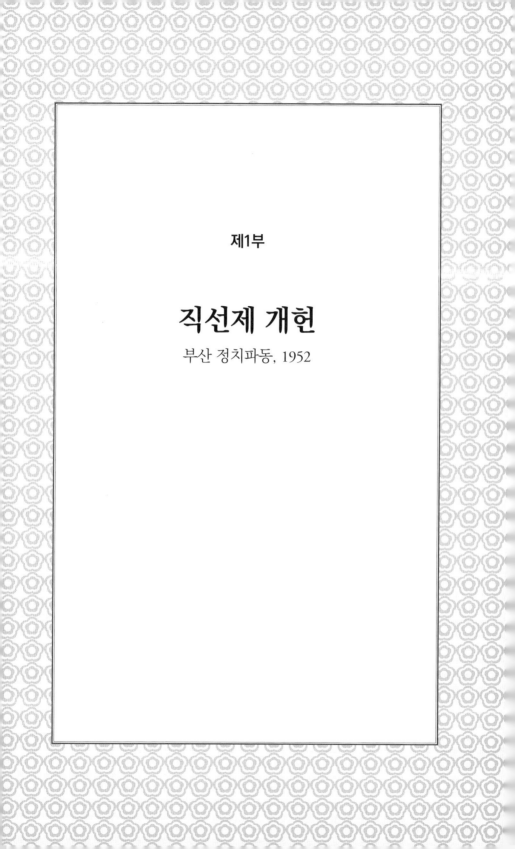

제1부

직선제 개헌

부산 정치파동, 1952

5천 년 만에 최초 자유민주공화국 건국 대통령

제헌국회에서 1948년 7월 20일 초대 대통령으로 선출된 대한민국 건국자 73세 이승만이 7월 24일 대통령 취임식에 앞서 환담을 나누고 있다.

헌법에 따라 대통령과 부통령을 국회의원들이 선출하는 '간접선거'로 진행된 투표에서, 재적 198명 중 196명이 출석한 의원들은 180표로 이승만을 대통령으로 선출하였다. 김일성과 통일 협상을 주장하며 총선과 건국을 반대한 김구는 언론의 예상과 달리 13표에 그쳤다. 조선일보는 "선거에 김구가 불참하여 적막하다"는 사설을 썼다. 초대 부통령은 이시영(李始榮).

03

건국 전야前夜

'초대 총리는 누구?' 조각당의 비밀

서울 대학로 동편 나지막한 낙산駱山 자락에 위치한 이화장李花莊. 병자호란 때 청나라에 항복했던 인조의 아들 인평대군이 살던 저택으로, 해방 후 미군정의 핍박에 쫓겨 다니는 이승만 박사를 위해 독지가 33인이 사들여 제공한 집이다.

햇살이 따가운 여름날, 한복을 정갈하게 차려입은 아담한 백인 여인이 손님맞이에 분주하다. 유난히 큰 눈을 반짝이는 그녀는 48세 프란체스카 도너 리, 대한민국 첫 퍼스트레이디다.

15년 전 스위스 제네바 레만호반에서 만나 첫눈에 끌린 동양 신사와 맺어진 인연. 25년 차 나이도 상관없이 국경을 넘은 사랑은 프란체스카를 단숨에 한국 독립운동가로 변신시켰다.

그녀는 뉴욕에서 하와이에서 워싱턴에서 이승만의 아내로, 비서로, 타이피스트로 수많은 남편의 외교 문서와 편지들을 찍어 내는 애국 동지였다. 이승만의 유명한 책 *Japan Inside Out* (국역 『일본의 가면을 벗긴다』)를 몇 번씩 고쳐 출판한 뒤 세계가 놀랄 만한 예언서(일본의 진주만 공격 예고)로 베스트셀러가 되고 미국, 영국 군부의 필독서가 되어 모처럼 조그만 집을 살 돈이 들어왔던 추억도 이제 다 지난 일이다.

7월 20일 남편이 국회에서 압도적 다수로 대통령에 선출되었을 때는 터지는 눈물을 훔치느라 얼마나 애썼던지. 24일 취임식을 마친 내농령 남편의 평생 꿈 '대한민국 건국'은 그녀의 꿈이기도 했다. 그러나 할 일이 산 넘어 산, 정부 수립을 서두르느라 더욱 바빠진 73세 남편 건강이 사뭇 걱정스럽다.

이화장 본채 뒤 언덕에 올라앉은 작은 정자 이름은 조각당組閣堂이다. 이승만이 건국 내각을 조직한 집이라 해서 붙은 이름이고, 현판은 훨씬 뒤에 붙여진 것이다.

매일같이 사람들을 만나는 이승만은 소련의 사주로 분단을 고착화하려는 민족의 장벽을 깨트리고 통일 대한민국을 만들어야 한다는 열망과 소명감, 그리고 좌우로 찢어져 권력의 싸움판처럼 변한 현실의 전근대적 난맥상 속에서 처음 출범하는 내각인지라 고심을 거듭하였다.

'총리는 누구냐?'

정치권도 국민도 이승만 박사가 누구를 낙점할지에 온 신경이 쏠려 있다. 자유민주주의가 뭔지 경험해 보지 못한 사람들은 조선왕조 500년간 그랬듯이 벌써 신생국의 영의정격인 총리의 향방에 설왕설래하고 있었다. 신문들은 김성수, 신익희, 조소앙 등을 후보로 거론하며 갖가지 추측 기사를 쏟아내었다.

소나무 그늘 아래 정자에 틀어박힌 이승만에게 기자들이 몰려와 물었다. "국무총리는 누구를 지명하시겠습니까?"

이승만은 주저 없이 응답했다. "의외의 인물이 될 것입니다. 여러분도 놀랄 것이오."

7월 27일 중앙청 대회의실에 마련된 국회의사당에 이승만이 나타나자 박수가 터졌다. 드디어 초대 국무총리를 발표하려는 순간이다. 이승만 대통령은 건국 내각 구성과 관련된 과정과 원칙부터 밝혀 나갔다.

첫째, 국무총리 인선 문제를 각 정파 지도자들과 사전에 상의하지 않은 배경.

둘째, 유력한 후보들(김성수, 신익희, 조소앙)을 총리 대상에서 제외한 까닭 설명.

셋째, 국무위원은 총리가 국회의 승인을 받은 후에 총리와 상의해서 임명하겠다는 것.

그리고 나서 잠시 뜸을 들인 이승만 대통령은 폭탄 발언을 던졌다.

"국회의원 중에 이윤영 의원을 국무총리로 임명합니다."

이어서 왜 이윤영 의원을 임명하는지 설명을 덧붙였다.

첫째, 국회의원이 총리를 맡아서 민의를 존중하는 민주주의를 실천해 보자는 것.

둘째, 남북통일이 시급하므로 북한 출신이라야 이북 동포의 합심을 얻을 수 있다는 것.

셋째, 오랜 악습인 남북 간 지방열(지역감정)을 없애고자 한다는 것.

이윤영李允榮(1890~1975) 의원은 제헌국회 개원식 때 임시의장 이승만이 불러내어 개원 기도를 하게 했던 목사다. 북한에서 조만식이 창당한 조선민주당의 부총재를 맡았다가 소련의 숙청 바람에 쫓겨 월남한 북한의 대표적인 독립운동가 중 한 사람이다. 이승만은 조만식 선생을 총리로 임명하고 싶지만 북한 정권이 그를 살해할까 염려되어 대신 이윤영을 임명하는 것이니 승인해 달라고 부탁하는 것이었다.

이승만이 퇴장한 뒤 국회는 곧바로 이윤영 총리안을 토론도 없이 무기명투표에 붙였다. 결과는 예상대로였다. 재석 의원 193명 중 찬성 59표, 반대 132표, 기권 2표로 부결. 땅 땅 땅─

이승만 '거국 정부'냐, 김성수 '한민당 정부'냐

예상했다는 듯 침묵하던 이승만은 그러나 이윤영 총리안을 재심해 줄 것을 요청하였고, 국회가 다시 이를 부결시키자 28일 강력한 국회 비판 담화를 발표한다.

> 국회 내 두 당이 자기 당 사람이 아니면 안 된다는 무슨 약속이 있는 것이니, 내가 총리를 몇 번 고쳐서 임명해도 다 부결될 것이다. (…) 가장 중요한 것은 국민 대다수가 현재의 두 당이 정권을 잡게 하는 것은 원치 않는 것인바 (…) 어떤 인물을 정해 놓고 그분만을 쓰자는 것이면 그것이 민족이 원하는 것인가, 내가 주장하는 것이 민족이 원하는 것인가?

이승만이 지적한 두 당은 한민당과 한국독립당(한독당)이다. 한독당 사람들은 총수 김구가 김일성과 협상하며 대한민국 건국을 위한 5·10 총선부터 반대함으로써 대부분 무소속으로 출마하여 대거 당선되었다. 최대 정당이 된 한민당은 일찍이 상하이임시정부의 김구를 지원하다가 임정이 한민당을 친일파로 매도하자 "뭉치면 살고 흩어지면 죽는다"는 이승만의 통합 노선에 가담, 지지하게 되었다. 따라서 새로 탄생하는 정부는 한민당 정권이 되어야 한다는 자기 당위성에 빠져 있었다. 진작부터 내각책임제를 추진하던 한민당의 속셈은 물으나마나였다. 조각당을 찾아간 김성수는 이승만 대통령에게 신정부의 한민당 몫으로 '총리 포함 각료 7명'을 요구하였다.

하지만 이승만의 건국 정부 구상은 오래전부터 전혀 다른 것이었다. 12부 4처의 정부에서 어느 당이 총리를 포함해 각료 7명을 차지한다면 그것은 일당 정권이 된다. 다시 말해 이승만이 청년 시절부터 그토록 혐오하던 조선시대 붕당정치, 사색당파 싸움의 부활이나 마찬가지다. 이승만은 홍보자문역 미국인 교수 올리버Robert T. Oliver에게 보낸 편지에서 이렇게 설명한다.

> 나는 김성수를 국무총리로 임명하고 싶지만 그 주위에 몰려 있는 사람들은 '모 아니면 도(run or ruin)' 식의 정략으로 뭉쳐져 있소. 김성수는 일곱 개의 각료직을 원하고 있소. (…) 새 국무총리는 북한 출신이어야 하고 부유 계층이어서는 아니 되오. 이 두 요소는 유엔이 대한민국을 승인할 때 '파리에서 유리한 자산'이 될 것이오.

요컨대, 이승만이 유엔 외교로 유엔의 힘을 빌려 총선을 치르고 건국하는 대한민국 정부는 분단 국가의 남북 대표성을 선점하는 통일 정부여야 하고, 일제 시 축재한 부유층이 권력을 독점하게 된다면 양반 계급 독재의 노예 사회로 되돌아가는 꼴을 세계에 보여 주는 것이므로, 독립운동가들을 현대적 국민 정부 멤버로 선두에 내세워 새 출발해야 한다는 생각이 확고하였다.

이승만은 히든 카드로 이범석李範奭(1900~1972) 총리안을 국회에 냈다. 스무 살에 유명한 청산리 전투로 독립 영웅이 된 이범석은 이때 아직 40대로 민족청년단 지도자였다. 이승만은 조각당으로 김성수를 불러 특별히 협조를 당부한다. 그러자 김성수는 이범석에게 "적어도 장관 6명을 배정해 달라"고 요구하고, 이것은 한민당의 건국 공로에 비하면 최소한의 몫이라며 다짐을 받았다.

8월 2일 아침, 국회에 다시 나온 이승만은 "정부 수립 선포일로 정해진 8월 15일 이전에 미군정으로부터 주권을 넘겨받아야 하므로" 이범석 총리를 조속히 승인해 달라고 당부한다. 결과는 반대 83표가 나왔지만 찬성 110표로 겨우 통과되었다.

총리 자리를 양보한 한민당은 '장관 6명'을 목이 빠지게 기다렸다.

이틀 후 8월 4일, 법제처장 유진오를 포함한 내각 전원의 명단이 나왔다. 김성수가 요구한 각료 6명 중 딱 한 명, 재무장관 김도연만 들어 있었다. 재무장관 자리는 며칠 전 이승만이 "신생 국가 건설엔 총리보다 중요한 역할"이라며 김성수에게 맡으라고 권하던 것을 한마디로 잘랐던 터였다.

김성수와 한민당은 격분하였다. 이승만을 간판으로 앞세우고 실권을 쥐려던 꿈은 산산조각이 났다. 8월 6일 상무위원회는 격렬한 담화를 내놓았다.

"이번 정부에 입각한 사람은 재무장관 한 명뿐이어서 우리와 관련은 극히 희박하다. 본당은 신정부에 대하여 시시비비주의로 임할 것은 물론, (…) 책선責善(선의의 책망)과 편달과 감시를 게을리 아니할 것을 언명하는 바이다."

즉, 한민당과 관련 없는 정부이므로 야당 노릇을 하겠다는 공식 선언이다.

동아일보 첫 포문, 이승만에 개각 요구

조각 발표 다음날인 8월 5일, 중앙청에서는 건국 정부의 전 각료가 참석한 첫 국무회의가 열렸다.

민족사 5천 년 만에 최초로 탄생한 자유민주공화국의 첫 각료회의. 조선일보는 이 역사적인 출범을 이튿날 1면 머리기사로 큰 사진과 함께 보도하였다. 반면 김성수의 동아일보는 사진 한 장만 올렸을 뿐, "이시영 부통령이 불참했다"는 2단 기사만 사진에 붙여 놓았다.

이어 다음날 7일자 동아일보는 1면 머리에 2단 제목 '측측惻惻(측은하고 불쌍함)한 국민의 심정'이란 통사설을 싣고, "대통령의 과오는 빨리 청산할수록 좋은 법"이라 경고하며 전면 개각을 요구하는 주장을 게재하였다. 요지는 다음과 같다.

건국정부의 구성인물을 보고 국민의 실망과 낙심은 너무나 크다. 무거운 국민의 부탁을 받은 대통령은 오로지 민성(民聲)의 소재를 통감하고 널리 중망이 높은 인물을 거용하야 정부를 구성하므로써 전국의 태안을 도모하여야 하겠거늘 그 조각 구상에는 몇가지 중대한 과오가 내포되었기 때문에 드디어 국민의 기대와 너무나 현격한 췌약 정부를 출현시키고 말았으니 과연 이 정부의 역량으로서 얼키고 설킨 국보민정(國步民情)을 타개할 수 있을가 국민은 회의하지 않을 수 없는지라. 국민의 실망과 낙심은 당연한 일이다. (…)

여기에 몇 가지 중대한 과오를 지적하지 않을 수 없다.

대통령은 자기의 우월성을 너무도 과시한 나머지 국회의 세력관계를 전연 무시하였을 뿐만 아니라 지모와 덕망에 있어서 유위유능(有爲有能)의 인사 없지 않거늘 조금도 포섭하지 못하고 차선삼선(次善三善)의 인사를 모래알과 같이 조합하므로써 만족하지 않았던가?

민성을 끝내 물리치고 그 사람들만을 기용하지 않으면 아니될 이유가 무엇이며 기상천외의 인사로써 국민을 아연케 하지 않으면 아니될 이유가 무엇인가? (…)

과오는 과오로 알고 개조하는데 발전이 있는 것이니 때를 재촉하여 일대개조의 결단이 있기를 국민은 대통령에게 간원하는 것이며, 국민 앞에서 엄중한 비판과 감시를 받을 것이매 건국정부의 사명을 완수하여야 할 것을 부탁하여 둔다.

3·1운동 직후 김성수가 창간(1920. 4. 1)한 동아일보는 자연스럽게 한민당을 대변하는 역할을 맡았다. 사설은 최대 정당 한민당 당수 김성수를 비롯하여 유능한 인사들을 등용하지 않은 것은 이승만 대통령의 과오라며, 과오를 알았으면 조속히 내각을 바꾸라고 요구하고 있다. 국내파 기득권층이 국내 기반도 정당도 없는 해외 독립운동가 이승만을 보는 시각을 그대로 드러낸 것 같은 사설은 '우리 말 안 들으면 죽는다'는 식의 경멸적인 문투와 협박성까지 묻어나는 논조로 건국 대통령을 질타한다

이 사설을 시작으로 동아일보는 4·19가 일어날 때까지 10여 년간

'이승만 공격'의 논조를 늦추지 않았으며 현재까지도 '이승만 외면'의 자세는 변함이 없다.

한민당의 배신과 김구의 김일성 협상

이승만이 한민당의 행태와 관련, 결정적으로 실망하게 된 사건이 그 1년 전 1947년에 벌어졌다.

해방 후 남한에 들어온 미국이 남북 좌우합작 정부를 추진할 때 소련이 이를 붙잡아 미소美蘇 공동위원회를 서울에서 열어, 남한의 우파를 배제한 '공산화 정부'를 구성하려 끈질긴 협상을 압박할 때 일이다. 한국에서 빨리 발을 빼려는 미국은 스탈린이 동유럽 여러 나라를 공산화시킨 국제공산주의 전략전술에 말려들었다.

1947년 5월 '제諸 정당과 협의를 위해 정부 구조, 인물 선정 등을 논의할 3개 분과위원회' 설치안에 소련과 합의한 미군정은 이승만, 김구, 조소앙, 김성수, 장덕수 등을 불러 무조건 참여를 종용하였다. 이 자리에서 이승만은 '모스크바 협정의 신탁통치 조항을 삭제할 것, 의사 발표의 자유를 보장할 것, 구성할 통일 임시정부가 어떤 형태의 민주주의 정부인지 명확히 정할 것' 등을 요구하며 "미국식 민주주의냐, 소련식 민주주의냐를 분명하게 공표하기 전에는 참여할 수 없다"고 딱 잘랐다. 이어 우파 세력들은 행동 통일을 위해 이승만의 돈암장敦岩莊에 모여 숙의를 거듭, 이승만·김구 공동 명의로 참여 조건을 공개 발표하였다.

당시 반탁 투쟁을 벌여오던 정파들은 그야말로 우왕좌왕이었다. 이번에 미소공동위에 참여 못 하면 새로 구성되는 임시정부에서 배제된다는 위기감에 방황하는 꼴이다. 한민당도 마찬가지로 김성수, 장덕수 등 수뇌부는 연일 돈암장을 찾아 이승만에게 미소공동위에 참여하자고 졸라 대기 시작하였다.

처음부터 미국의 남북 좌우합작 협상을 단호하게 반대해 온 이승만은 젊은 후배들에게 다시금 소련의 공산화 전략을 설명하며 "폴란드, 헝가리, 체코가 차례차례 적화되는 현실을 보지 못하느냐"고 설득하였다. 그럼에도 한민당 간부들이 여전히 기회를 놓칠까 봐 전전긍긍하는 모습을 보이자 이승만은 "나는 불참한다. 각자 결정해서 하시오" 하고 역정을 내며 돌려보냈다. 그러면서 "답답한지고. 왜놈들이라도 내 말뜻을 알아들었으련만… 쯧쯧" 하고 혀를 찼다고 한다.

며칠 후 기어이 한민당은 미소공동위에 참여한다는 성명을 발표했다. "참여해서 신탁통치를 반대하고 민주 정부를 관철하겠다"며 명분을 설명하느라 성명서는 한참 길어졌다.

이승만은 폭발하였다. 홧김에 알아서 하랬더니 정말로 한민당이 반탁 대열에서 이탈해 버린 것이었다. "미소공동위를 지지한다고 들어가서 반대하겠다니, 미국이 들어주나 소련이 들어주나…. 자신을 속이고 남을 속이고 인심을 현혹하겠다니 공당의 태도가 아니다"라는 성명을 발표하였다.

이때 이승만이 한민당에 대해 느낀 것은 배신감만이 아니다. 구한말 양반 계급이 나라도 백성도 축재와 권력의 도구로 악용하던 고질병은 물론, 강대국 미국에 의지하여 권세를 쫓는 새로운 사대주의·기회주의 양반 행태를 발견하자 이승만은 50년 묵은 낙망과 슬픔이 몰려왔다. 스탈린이 파 놓은 함정에 빠져들어 가면서도 국민을 속이는 한민당의 자가당착 그것은 구한말이 써어 문드러진 망국병 그내로 아닌가. 이들과 함께 독립국가 건설이나 남북통일의 난관을 뚫고 나갈 수 있겠는가. 정치철학과 국가이념 등에서 양자 간에 건너기 힘든 계곡을 파 놓은 치명적 사건이라 할 수 있다.

　미소공동위는 결국 무위로 끝났다. 스탈린이 반소反蘇·반공의 이승만을 끝내 거부하였기 때문이다.

　남한의 공산화 흡수에 실패한 소련은 이승만의 자유 정부 수립 방해 전술에 박차를 가한다. 평양의 소련군정사령부 스티코프(시티코프Terentii Shtykov)는 남조선노동당(남로당) 박헌영을 시켜 남한 전역에서 파업, 테러, 폭동을 일으킬 것을 지령하고 작전 계획과 자금을 적극 지원하며 총지휘하였다(스티코프 일기에서. 김국후,『평양의 소련 군정』, 한울, 2008).

　한편 이승만은 맥아더와 함께 미국 정부에 회심의 카드를 던졌다. '유엔이 주관하는 남북한 총선을 통하여 통일 정부를 수립하자'는 아이디어였다. 진흙탕에서 갈팡질팡하던 미국은 '트루먼 독트린' 선언과 절묘하게 맞아떨어지는 이승만의 이 아이디어를 채택하여 유엔에 넘기고, 유엔은 곧바로 결의안을 통과시킨다. 1947년 11월의 일이다.

　스탈린은 유엔 총선감시단의 북한 진입 자체를 거부하고, '평양의 스탈린' 스티코프는 스탈린의 전술대로 '김구 포섭 공작' 지령을 내린다. 남한 총선을 막아 건국을 봉쇄하려는 것이었다.

　남로당은 2월에 지령한 남한 전역 폭동이 실패하자 제주 4·3폭동을 일으킨다. 김구는 상하이임정 때 자신을 도와주었던 성시백成始伯(1905~1950)의 권고에 따라 한독당 청년들의 반대를 뿌리치고 38선을 넘어 김일성과 만난다(1948. 4). 성시백이 거물 공작원인 줄 알았는지 몰랐는지, 김일성과 밀담하고 온 김구는 5·10 총선을 반대하고, 대한민국 건국을 반대하고, 유엔의 대한민국 국가 승인도 반대하고, 자신이 주도하는 남북통일 협상을 계속 주장한다.

04

건국과 전쟁

제헌 한 달도 못 돼 내각제 개헌론

8월 15일로 예정된 대한민국 정부 수립·건국 선포식을 불과 이틀 앞두고서 동아일보는 1면 머리에 난데없이 '개헌 운동' 기사를 크게 보도하였다.

> 대다수 국회의원들, 헌법 개정운동 전개
>
> (…) 국회 휴회를 이용하여 헌법 개정운동이 맹렬히 진행되고 있는데 이 운동에 찬성자는 12일 현재 약 100여명에 도달하였다 하는데 앞으로 속개되는 국회에서 이 헌법 개정이 과연 될 것인지, 또 3개 세력이 어떠한 논법을 전개할 것인가 극히 주목을 끌고 있다. (1948. 8. 13)

8·15 행사는 곧 임시정부의 '건국 강령'이 규정한 독립의 마지막 단계 '정부 수립'을 완료함으로써 드디어 독립운동 38년 만에 독립국가를 세웠다는 '건국'을 전 세계에 공포하는 기념식이다. 이 건국의 바탕이 된 헌법을 공포 시행한 지 한 달도 안 되어, 그것도 독립국가의 출범 직전에, 다수 국회의원들이 그 헌법을 개정하려고 '맹렬히' 움직인다는 보도였다.

왜들 이럴까? 앞에서 보았듯이 건국 내각에서 배제된 한민당의 분노가 그 추진 동력임은 말할 나위도 없다.

이들의 개헌이란 대통령중심제에서 내각책임제로 바꾸자는 것이다. 헌법 제정 과정에서 한민당이 내각제 헌법을 내놓았을 때 이승만이 강력하게 주장하는 대통령중심제를 수용한 바람에 총리도 장관 6명 입각 요구도 이승만에게 거절당하여 집권에 실패하였기 때문이다.

건국헌법(통칭 '제헌헌법'은 잘못된 표현) 제정 과정을 잠시 돌아보자.

1948년 5월 31일 제헌국회가 개원식을 마치고 구성한 헌법기초위원회 탁자에는 일찌감치 한민당이 마련해 둔 내각책임제 헌법안이 펼쳐졌다. 당시 국내 단 한 명이라는 헌법학자 유진오가 각국의 내각제 헌법을 참고하여 작성했다고 한다. 한민당은 진작부터 한민당 내각을 너무나 당연시하였기에 국회의장으로 선출된 이승만과 사전 협의조차 무시하였다.

평생을 미국에서 독립운동을 전개한 이승만의 머릿속엔 미국식 대통령중심제가 신념이었다. 스무 살 때 배재학당에 들어간 순간 발견한 '자유 천지 미국'의 정치제도가 가장 바람직한 자유 민권 국가 체제임을 확신한 이승만은 옥중 저서 『독립정신』에서도 이를 누누이 설명해 놓을 정도였다.

국회가 일방적으로 내각제 헌법 심의 작업을 진행하자 이승만 국회의장은 신익희 부의장, 한민당 대표 김성수, 유진오 등을 불러 내각책임제의 문제점을 지적하고 대통령중심제로 바꾸도록 주문한다. 그러나 마지막 시한까지도 바꾸지 않는 것을 보자 이승만은 '최후통첩'을 발한다.

"대통령을 임금처럼 위에 올려놓고 실권을 국무총리가 다 잡겠다니 이것은 국민들의 뜻에 어긋난다. 국민이 뽑는 국회의원들이 선출하는 대통령이 국정을 행하는 것이 헌법에 맞는 일이나. 성 그내도 하겠다면 한민당이 원하는 대통령을 뽑으시오. 나는 정치에서 물러나 국민운동이나 하겠소."

한민당은 당황하였다. 이승만을 간판 삼아 권력을 장악하려던 내각책임제다. 국민적 카리스마 이승만을 대신할 인물도 없으려니와, 이승만의 외교력으로 건국하는 나라에서 이승만을 제외하고 국정을 운영할 수 있겠는가? 부랴부랴 내각제 권력구조 조항만 대통령중심제로 수정한 김성수는 헌법학자 유진오를 불러 검토시켰다.

"이것도 저것도 아닌 '비빔밥 정부'가 될 것입니다." 유진오의 경고는 불길한 예언 같았다.

아니나 다를까. 헌법은 비빔밥인데 새로운 정부는 이승만 정부. 내각 명단이 발표되는 순간 한민당은 배신감과 분노, 자탄과 후회막급의 좌절감에 빠져 버렸다.

'내각제를 쉽게 양보했다니… 설마 이럴 줄 몰랐다. 하루빨리 내각제 헌법으로 돌아가자.'

해방된 1945년 9월 창당 이래 3년간 공들인 집권의 꿈은 산산조각, 동아일보 사설대로 이승만의 과오를 고발하는 야당의 길을 자임하겠다는 성명을 낸 한민당은 연일 수뇌회의를 열었다.

김성수의 집은 중앙학원 앞 계동桂洞에 있어 '계동궁'이라 불릴 만큼 큰 저택이다. 왕족들이 살던 진짜 계동궁은 갑신정변 때 김옥균이 고종과 민비를 창덕궁에서 모셔와 붙잡고 있다가 실패한 궁으로 뒷날 휘문고등학교, 그리고 지금은 현대 사옥이 들어서 있다. 김성수 집이 그 자리는 아니지만 신문들이 '계동궁 밀실회의' 또는 '계동 어전회의'라 부르며 취재한 결과 나온 것이 앞에 소개한 동아일보 머리기사, 국회의원들의 큰 호응을 받은 '헌법 개정 운동'이다.

개헌 기사가 나고 이틀 후 중앙청 광장에서 화려하게 개최된 정부 수립 선포식의 보도를 보면, 동아일보 1면엔 이승만 대통령 사진이 빠져 있다.

농지개혁, 미군 철수, 개헌안 부결

'내각제 헌법 탈환 운동'은 그러나 정세의 혼란이 꼬리를 물어 쉽사리 공식화하기 어려웠다.

우선 헌법에 명시한 '친일파 청산' 입법 문제다. '반민족행위 특별조사위원회(반민특위反民特委)'를 구성하여 1천 명 가까운 악질 친일 세력을 조사할 때 특히 김성수의 동생 김연수金秊洙가 지목되어 무거운 처벌을 감수해야 하였다. 형제가 설립한 경성방직을 맡았던 김연수는 일본에 전투기를 헌납하여 변명도 할 수 없었다.

또 농지개혁이 본격화하자 지주 출신이 많은 한민당 의원들은 재산 피해를 최소화하기 위해 법 시행 전에 농지를 처분하느라 눈코 뜰 새가 없었다. 드넓은 농지를 빼앗아 소작인들에게 나눠주는 이승만을 독재자라고 수군수군, 땅 잃고 울화를 얻은 지주 계급이 국회의원들이다.

국회 프락치 사건이 터졌다. 좌파와 중간파(김구 세력)에 침투한 북한의 공작으로 미군 철수 결의안이 상정되고 국회부의장 김약수金若水를 비롯한 10여 명이 체포되었다. 이 공작 역시 스탈린 대행자 스티코프가 간첩 성시백 등을 동원한 매수 작전임이 들통났다. 김약수가 창당 멤버였기에 한민당에게는 또 하나의 타격이 아닐 수 없었다.

그사이 7만 명쯤 남아 있던 미군은 이승만의 애원도 뿌리치고 한국 정부 몰래 착착 철수를 진행하여 1949년엔 완전 철수하고 밀렸다. 항간엔 "전쟁 난다"는 소문이 돌고, 38선에서 북한군 도발이 확산되고, 서해 옹진 지역의 북한 공격은 사실상 전쟁 상황이 되어 갔다.

이런 가운데서도 개헌 추진 의원들은 어수선한 시국의 눈치를 살피며 묘안을 짜낸다. 이른바 '제헌의원 임기 연장 개헌안'이 그것이다. 당초 2년 임기로 선출된 제헌의원들은 1950년 봄에 총선을 치르게 된바, "밤낮으로 출몰하는 게릴라 때문에 치안이 불안하고 물가고가 극심해서 선거가 힘들지 모른다. 그렇다면 선거 비용도 아낄 겸 의원 임기를 2년 연장하자"는 것이다.

한민당은 신익희의 대한국민당 및 지청천池靑天의 대동청년당과 3당 합당을 추진하여 민주국민당(약칭 민국당)으로 개칭, 의석 70석의 제1당이 되어 개헌 승산이 높아졌다. 임기 연장 개헌안에 내각제 개헌안을 끼워 붙인다는 꼼수였다.

하지만 6개월쯤 끌던 임기 연장 개헌 논의는 이승만 대통령의 반대 성명과 여론의 악화에 따라 자진 철회 형식으로 마감하는데, 이때 민국당은 오히려 내각제 개헌안을 공론화하였다. 이승만 대통령은 즉각 "내각제는 국운을 기울게 한다. 정부를 공고히 하지 않으면 정당도 있을 수 없고 자유도 있을 수 없다. 선진국에서도 정변이 자주 일어나므로 우리 형편에선 시기상조"라는 반대 담화를 낸다(1950. 1. 20). 이 담화에서도 이승만은 특유의 정치 강의, 즉 내각제의 장단점에 대하여 정치판은 물론 국민들에게 조목조목 설명하고 설득하는 형식으로 독립운동 이래의 계몽운동가 면모를 보여 준다.

그러자 민국당은 반사적으로 28일 내각제 개헌안을 국회에 제출한다. "지난 1년 반 동안 계속된 이승만의 독재정치를 끝내기 위한 것"이라는 명분이었다. 정부 측과 국회의원들 간에 설전이 벌어지고, 개헌 공고를 한 뒤 이승만의 담화가 이어졌다.

> 내가 내각제에 반대하는 이유는 대통령직을 오래 누리려는 것이 아니오. 오직 민주정부의 토대를 굳게 세워서 자유복리를 다지자는 일편단심뿐. 남은 임기 2년 반 동안 목숨이 살아서 마치게 된다면 평민으로 자유권을 누리자는 것이 나의 결심이오. 내각제로 인하여 공산분자가 국권을 잡아 방해하고 국가전복 반란을 꾀한다면 목숨을 바쳐 싸울 작정이오. 헌법수호를 선서한 대통령으로서 이 개헌을 묵인할 수가 없는 까닭이오.

신문들은 툭하면 나오는 이승만의 담화가 너무 길어서 지면이 부족할 지경인지라 짜증을 내기 시작한다. "또 담화정치 하나?"

독립운동 때 국민 계몽 연설로 평생을 보낸 대통령이 사사건건 국민을 직접 교육시키려는 담화 홍수에 언론이 붙인 별명이 '담화정치'다. 이것은 사실 이승만의 오래된 '똑똑한 국민 만들기 교육' 그것인데 이를 알아보는 사람은 아무도 없었다.

1950년 3월 14일 표결에 부쳐진 첫 내각제 개헌안은 찬성 79, 반대 33, 기권 66, 무효 1표를 얻었다. 개헌선인 재적 의원(당시 198명) 3분의

2인 132표에 53표나 모자란 부결이었다.

두 달 뒤 5월 30일 제2대 국회의원 선거가 실시되고, 내각제 개헌을 추진했던 민국당은 참패한다. 좌파를 포함해 중간파가 개헌선에 육박한 126석, 친이승만계가 57석, 민국당은 24석으로 꼴찌. 구 한민당 계열은 몰락의 쓴맛을 보았다.

6월 19일 제2대 국회 개원식에서 국회의장에 신익희 재선, 부의장에 장택상과 조봉암이 선출되었다. 그리고 6일 후 25일 일요일 새벽 4시, 스탈린과 김일성의 선면 남침 선생이 폭발한다.

"미국이 내 말 안 들어서 전쟁 났소"

국지적 도발이 아니라 38선 전역에 탱크부대가 쳐들어온다는 보고를 받은 이승만 대통령은 즉각 도쿄의 주일 미군 사령관 맥아더 Douglas MacAthur(1880~1964)에게 전화를 걸었다. 새벽잠이 덜 깬 맥아더의 귀를 때리는 할아버지의 호통소리.

"장군, 내가 뭐랬소? 미국이 내 말 안 듣더니 전쟁 났소. 어서 달려와 한국을 구하시오."

2년 전 8·15 건국 선포식에 참석했던 맥아더는 이승만을 포옹하며 약속한 바가 있었다.

"만약 한국이 침략을 받는다면 캘리포니아가 침략 받은 것처럼 지켜 줄 결심입니다."

이 말은 축하식에서 뱉는 덕담만이 아니었다. 멀리 독립운동 시절 이승만은 워싱턴서 만난 젊은 장교 맥아더와 금방 의기투합하여 둘은 역사관과 세계관이 쌍둥이처럼 밀착된 동지로 변해 있었다.

이승만이 맥아더에게 말한 '내 말'이란 무슨 말이었을까?

건국 직후부터 이승만이 미국에게 수없이 되풀이한 말은 한두 가지가 아니다.

첫째, 소련이 머지않아 무력 침공할 것이니 미군이 이에 대비해야 한다.

둘째, 미군이 전면 철수하면 미국이 엄청난 피를 볼 것이니 상당 규모의 미군을 남겨두라.

셋째, 철수하려면 한국군이 공산군를 물리칠 만한 무기와 군사원조를 해 달라.

넷째, 한미 방위조약을 맺자. 나토NATO와 같은 자동 개입 조항이 필수 조건이다.

다섯째, 조약을 못 맺겠으면 '한국 방위 공약' 선언을 발표하고 이를 문서화하자.

여섯째, 소련은 북한에 대규모 군사원조를 제공하고 있으니 시간이 없다.

일곱째, 현재 6만 명인 한국 군대와 경찰을 10만 명으로 늘릴 테니 무장시켜 달라.

여덟째, 중국에 공산당 정권이 섰으니 아시아 공산화를 막아야 한다.

이승만은 트루먼 대통령에게 장문의 친서도 보내 애걸하다시피 매달렸다. 트루먼의 답신은 너무나 매정한 것이었다.

"그렇게 많은 무기 타령 하지 말고 굶는 국민들 먹여살릴 경제 걱정이나 하라."

미군은 500명 고문관만 남기고 모두 떠나 버렸다. 그 고문관들도 혹시나 이승만이 북한을 공격할까 봐 감시하는 임무가 더 컸다고 기록이 전한다.

이승만은 다급했다. 국군을 늘리고 민병대를 창설하고 고교생 이상 학도호국단도 만들었다.

"총이 없으면 돌멩이와 몽둥이로 공산군을 물리치자."

정신무장에 집중할 수밖에 없었다.

미군도 무기도 없는 맨주먹의 대통령이 뻔히 보이는 공산군 침략 위기 앞에서 '국민 단결'과 국군 사기 진작을 호소한 발언들은 그동안 여러 가지 비난의 표적이 되어 왔다. 미국 측은 "이승만의 북침을 경계"한다며 군사원조 거부의 핑계로 써먹었고, 공산 측과 좌파 학자들은 "이승만의 북침 증거"라고 우겨 대었으며, 국내 야당은 "실속 없이 큰소리만 쳐서 침략을 불렀다"고 뒤집어씌웠다. 당시 스탈린의 국제공산화 전략을 볼 줄 알았던 인물은 이승만뿐이었다는 이야기다.

터질 것이 터지고야 말았다.

유엔의 파병 결의와 함께 한국전쟁 사령관으로 임명된 맥아더는 유명한 그의 전용기 바탄Batann을 몰고 남침 4일 만인 6월 29일 한국에 날아왔다. 한강변에서 적정을 살피며 "철교부터 끊으라"고 명령한 맥아더는 "그 순간 인천 상륙작전을 결심했다"고 자서전에 쓰고 있다.

이승만은 구세주를 만난 듯 맥아더의 손을 잡고 "공산당이 고착시킨 38선을 제 손으로 허물었으니 이참에 꼭 남북통일을 해야 하오. 장군은 반드시 그렇게 하겠지요?" 몇 번이고 다짐 받았다. 존경하는 선배 동지의 말에 맥아더는 서슴없이 동의하면서 '워싱턴에서 내 손만 묶지 않으면 한 손으로도 이길 수 있는 전쟁'이라는 심증을 굳혔다. 미 군부가 "전쟁 후 미군이 얼마나 한국에 주둔해야 하느냐?"고 물었을 때도 맥아더는 "북한군 격퇴만으론 부족하다. 남북을 통일시킬 만큼이면 된다"고 답하였다.

이승만 대통령은 7월 미국 트루먼 대통령에게 장문의 친서를 보냈다.

> 이번 전쟁이 제2의 사라예보가 되어 3차대전이 되어서도 안 되지만, 한반도는 이번 기회에 반드시 통일돼야 한다. 한국은 북한의 한줌밖에 안 되는 공산 분자들을 물리치고 우리 동포를 해방시켜 자유통일을 완성할 결심이다. 이 전쟁은 한민족의 통일전쟁이다. 미국이 반드시 승리해야만 미국과 세계 평화가 달성될 것이다.

성공률 5천분의 1도 안된다며 워싱턴이 반대한 인천 상륙작전은 보기 좋게 성공을 거두었다. 낙동강 전선에서 처절하게 버티던 국군과 유엔군은 파죽지세로 38선에 도달한다. 서울을 탈환하자 미국은 "서울을 한국 정부에 주지 말라"고 명령한다. 유엔군 관할이라는 것이다. 그러나 맥아더는 이승만 대통령에게 수도 서울을 인계하고, 두 사람은 눈물의 기도로 북진통일을 다짐하는 것이었다.

38선을 넘느냐 마느냐 유엔군이 망설일 때 이승만은 국군통수권을 발동한다. 정일권 육참총장을 불러 "국군은 어느 나라 군대냐? 38선은 국군이 먼저 돌파하라"고 명령하는 이승만은 통일전쟁의 선봉장이었다. 빈약한 국군의 전투력을 키우기 위해 유엔군에 전시작전권을 이양했지만, 이 전쟁은 한국이 주도권을 쥐지 않으면 안 된다는 신념이었다. 10월 들어 맨 먼저 압록강에 도달한 6사단이 압록강 물을 담은 수통을 가져왔을 때 이승만은 평양으로 날아가 북한 동포들 앞에서 감격의 연설을 하였다(1950. 10. 30).

"우리는 한 핏줄, 죽어도 같이 죽고 살아도 같이 살아야 합니다. 조금만 참고 기다려 주시오. 통일이 눈앞에 왔습니다."

이때 또 미국이 이승만을 막아선다. 수복된 북한 지역은 유엔군 소관이니 손대지 말라는 것이다. 이때도 이승만은 이미 조직해 둔 이북 5도 도지사를 비롯한 행정조직을 동원한다.

그러나 바로 그 시각, 수십만 붉은 무리들이 캄캄한 가을밤 압록강을 건너 북한 땅으로 숨어들고 있었다.

중공군의 한반도 개입은 이때가 처음도 아니었다. 마오써둥의 오래 준비된 꿈 '조선 재탈환 작전'은 사실 6·25 발발 훨씬 전부터 시작되었다. 스탈린이 김일성에게 대규모 군사무기를 제공할 때 마오쩌둥은 조선족 군대 '팔로군八路軍'을 북한에 보냈고, 이들이 바로 6월 25일 새벽 38선을 넘은 최선봉 정예부대다. 한반도를 두고 소련과 중공의 남모르는 쟁탈전이 표면화한 것이 중공군 개입이다.

눈사태처럼 쏟아져 내려오는 중공군의 인해전술. 밀리는 미군은 장진호 전투에서 해병대 1개 사단이 희생되는 참패를 기록하며 "후퇴도 작전"이라는 핑계로 일방적 후퇴를 시작하여, 흥남 대철수작전으로 피크를 찍었다. 역사상 처음 중국과 벌인 전쟁에서 미국은 참패를 기록하고 말았다.

그 쓰디쓴 패배의 잔은 2년 후 휴전협정이란 이름의 '항복 문서'로 남는다. 이것은 싸워서 진 패배가 아니라 굴욕적인 정치적 포기! 미국은 그래서 "한국전쟁은 잊고 싶은 전쟁"이라며 외면해 온 것이다.

맥아더 해임과 이승만의 대미 투쟁

맥아더가 탈환했던 38선을 중공군이 다시 밀고 내려와 서울을 점령했다. 이승만 정부는 수복했던 서울을 다시 포기하고 떠나야 했다. 1951년 1·4후퇴다.

"기독교인 대통령과 나는 죽고 사는 것을 하나님의 뜻으로 믿고 있으면서도 만일의 경우를 대비하여 대통령의 권총과 함께 보다 확실한 '천국행 티켓'을 하나씩 갖고 있었다."

프란체스카가 말하는 '천국행 티켓'은 극약이다. 1950년 여름 부산으로 피난하면서부터 지니고 다녔다고 한다. 이번엔 서울을 안 떠나겠다며 버티는 대통령을 보면서 프란체스카는 적군이 덤비면 음독할 각오를 다졌다고 적어 놓았다(『프란체스카의 난중일기』, 기파랑, 2010).

다시 임시 피난 수도 부산. 지난해 여름처럼 정부 청사는 경남도청, 국회는 도청 부속 건물 무덕관, 대통령 관저는 도지사 관사다.

어느새 하얀 목련이 흐드러진 4월이 되었다. 2층 집무실에서 먼 바다를 바라보는 이승만은 안면근육이 떨린다. 손도 떨린다. 24살 때 한성감옥에서 겪은 모진 고문의 후유증은 76세 대통령을 더욱 괴롭히고 있었다.

'맥아더 전격 해임.'

청천벽력 같은 뉴스에 이승만은 평생의 공든 탑이 무너지는 충격에 빠져 분을 삭이지 못한다. 이제 무엇을 어떻게 해야 할 것인가.

트루먼은 1951년 4월 11일 새벽 1시(미국 시각) 맥아더를 단칼에 잘라 버렸다. 사전 통보도 없이 유엔군 사령관, 미 극동군 사령관 등 4개의 직위를 한순간에 박탈해 버린 것이다. 원수元帥 계급만은 종신이라 빼앗을 수 없었다. 해임 이유는 '대통령 명령 불복종'이다. 도대체 무슨 명령이란 말인가?

휴전을 처음부터 거론한 것은 영국 처칠 총리다. 6·25 남침 전쟁 초반 "유럽이 위험해졌다"면서 미국 트루먼에게 휴전 문제를 들이댔다. 중공군이 대거 침략하자 처칠 후임 애틀리 수상도 12월 4일 미국으로 달려가 조속한 휴전 합의를 받아 낸다. 트루먼은 영국의 요구대로 "영국과 합의 없이 원자폭탄을 쓰지 않겠다"고 동의하고, 앞으로 한국전쟁의 주요 문제는 양국이 긴밀 협의한다고 약속해 버렸다. 이 회담 직후 트루먼은 "모든 공직자는 대외 문제 성명 발표 시 국무부와 협의해야 한다"는 명령을 내렸는데, 맥아더는 이를 두 번이나 어겼다고 지적했다. "적군이 휴전 교섭을 해 오면 철저히 징벌하겠다"는 발언과 "승리 외에 다른 대안이 없다"는 성명을 해임 이유로 삼은 것이다.

"마미, 저 자는 틀렸소. 전쟁도 모르고 자유도 모르고…. 트루먼은 안 되겠어."

이승만은 손을 주물러 주는 프란체스카를 '마미'라 부른다. 미국 말로 '엄마'란 마미는 아이를 못 낳는 백인 아내를 위로 격려하는 호칭이 된 지 오래다.

머릿속을 정리한 이승만은 맥아더에게 위로와 감사의 편지를 보낸다. 언제나처럼 평생 동지이자 아내 겸 비서인 프란체스카가 40년도 더 묵은 구형 타이프라이터를 두드렸다.

(⋯) 이 충격의 마음을 어찌 표현해야 할지 모르겠소. (⋯) 귀하는 약속대로 한국을 캘리포니아처럼 방어해 주었고, 여러 문제 해결을 위해 얼마나 많은 노력을 기울였으며 한국의 통일독립을 위해 얼마나 수

고를 아끼지 않았는지. 귀하가 해 준 모든 일을 한국인들은 영원히 기억할 것이오. 최종적인 해결은 장군의 계획대로 이루어지리라 믿고 싶소. (…)"

'최종적인 해결'이란 두 사람이 철석같이 다짐했던 남북통일이요, 이를 위해 만주를 원자탄으로 공격하여 일거에 중국을 굴복시키는 중국대륙 회복작전까지 포함된 것이다.

헤임된 맥아더는 귀국하여 국민 영웅으로 환영 받았으나, 의회에 나가 두 달이나 혹독한 청문회를 치러야 했다. 대통령 선거를 눈앞에 둔 워싱턴의 라이벌들은 맥아더의 출마를 원천봉쇄하려 혈안이 되었다. 맥아더는 참고 참았던 주장들을 거침없이 내뿜었다.

"만주를 즉시 공격해야 한다. 만주 공격 없이는 이 전쟁도 이길 수 없고 아시아 평화도 얻을 수 없다. 워싱턴 기밀이 공산당에 다 넘어간다. 마오를 돕는 자들은 누구냐?"

실제로 훗날 킴 필비'Kim' Philby를 비롯한 소련 간첩단이 들통나 맥아더의 주장이 증명된다.

남북통일 전쟁에 둘도 없는 동반자 맥아더를 잃어버린 이승만은 홀로서기에 나선다. 정일권 참모총장 등 군 수뇌를 불러 비상 각의閣議를 연 이승만은 이미 새로운 작전을 준비한 듯했다.

"막상 당하고 보니, 맥아더는 군인으로서 위대함과 우리 대한민국에 대한 애정, 이해심이 얼마나 깊었는지 새삼 절감하게 됩니다. 트루먼 그 사람은 우리의 희망을 빼앗아 갔습니다. 그는 이 전쟁을 적당히 끝내려 합니다. 우리는 유엔군의 도움을 받고 있지만, 우리 국토, 우리 민족을 또다시 갈라놓는 어떤 조치도 수용할 수 없습니다. 나는 결심했습니다. 이 전쟁을 적당히 그만두려 한다면 나는 '승리 아니면 죽음'을 각오하고 결사적으로 반대할 것입니다."

아, 맥아더…. 뼈에 사무치는 상실감에 떠는 이승만은 눈물을 훔치고 만다.

1919년 자신이 독려한 3·1운동이 터지고 임시정부가 탄생하여 초대 대통령이 되었을 때다. 이승만은 즉각 백악관을 비롯해 강대국들에게 '건국 통고'와 독립 지원을 요구하며 일본 국왕에게 "민주공화국이 수립되었으니 속각 철수하라" 농섭을 날리너 서둘러 미국 내에 외교 독립운동 네트워크를 조직하였다. '한미우호연맹League of Friends of Korea'과 '한미 기독인우호협회Christian Friends of Korea'가 그것이다. 특히 월슨 대통령과 그 가족들, 프린스턴 대학 교수들과 친지들이 앞장 서 결성한 한미우호연맹은 미국 전역에 19개 지부를 만들었고 미국 각계각층 2만 3천여 명 회원들이 이승만의 독립운동을 물심양면으로 도왔다.

그때 처음 만난 미남 청년 장교가 더글러스 맥아더다. 하나님의 뜻일까, 첫눈에 의기투합한 인연의 끈은 알고 보니 맥아더 아버지가 고종 때 한국서 근무하기도 했던 부자의 인연이 있었다. 5살 아래 맥아더는 이승만의 인품과 신념에 빨려들어 간 듯 가는 곳마다 한국 독립운동의 대변자로 연설하는 자신을 발견하게 된다.

평화주의와 그 동조자 공산주의가 미국을 둘러싸고 있다. 평화 주장은 미국의 평화를 가져올 수 없다. 국방을 잊었다가 국가를 잿더미로 만든 역사를 잊었는가? 로마, 카르타고, 이집트…. 여러분, 한국인들이 죽음의 비명을 지를 때 누가 이들에게 귀를 기울였는가?" (맥아더, 1932년 피츠버그 대학 연설)

당대 최고의 문·무 엘리트 천재 이승만과 맥아더 커플, 이들이 단둘이 앉아서 토론할 때면 "어찌나 다정한지 질투가 날 지경"이었다고 프란체스카는 회고한다. 한마디로 맥아더는 이승만이 키운 독립운동의 동반자요, 한미동맹을 맺기 전에 미리 함께 싸운 가장 믿음직한 우방 장수였던 것이다.

맥아더가 떠난 후 마셜George Marshall 국방장관이 한국에 왔다. 중국 내전 때 좌우합작을 추진하여 중국 공산화를 초래한 인물로 비판받는 인물이 이번엔 한국을 공산당에 팔아넘기러 온 것일까?

아니나 다를까, 마셜이 떠난 뒤 휴전 이야기가 급부상하여, 급기야 미국과 소련은 경쟁하듯 휴전 제의를 주고받고 날짜와 장소 문제까지 거론하는 판이었다. 이승만 대통령은 분연히 일어섰다. 통일을 눈앞에 두고 일방적 후퇴, 일방적 휴전이라니! 유엔 결의를 철석같이 믿고 싸워 왔거늘 난데없이 휴전회담이 공식화한 것이다.

유엔 결의라 함은 중공군 개입 후 1951년 2월 1일 유엔이 중국을 침략자로 규정하고 "이 침략자를 물리친 후 한반도에 한국의 통일 민주 독립국가a Unified, Independent and Democratic Korea를 세운다"고 채택한 결의안을 말한다.

이승만은 휴전회담 추진에 쐐기를 박고자 '5개항 조건'을 발표한다.

첫째, 중공군의 전면적이고 즉각적인 한반도 철수.

둘째, 북한 공산군의 완전 무장해제.

셋째, 북한에 대한 제3국의 지원 금지를 유엔이 보장.

넷째, 한국 문제에 대한 국제회의에 한국 대표 반드시 참석 보장.

다섯째, 대한민국의 주권 및 영토(한반도)의 완전한 보장.

이 5개 조건을 실천하라는 요구는 "북한 공산 정권을 제거하는 통일회담을 하자"는 말에 다름 아니다. 대한민국 헌법 영토 조항(건국헌법 제4조, 현행헌법 제3조)은 "대한민국의 영토는 한반도와 그 부속도서로 한다"이다.

"내가 또 미치광이가 돼야겠군"

1951년 7월 10일, 개성의 소신시내 요정 내봉장來鳳莊 기와집에서 기어이 휴전회담이 개막되었다. 양측 대표가 휴전 시 군사분계선 문제부터 논쟁을 벌이는 모습을 보면서 이승만은 전략 짜기에 골몰한다.

첫째, 휴전회담을 반드시 중지시키거나 완전히 결렬시켜야 한다.

둘째, 일방적인 휴전을 강행하는 미국과 대결하여 통일전쟁을 계속 시킬 것.

셋째, 내년(1952) 대통령 선거에 대비하여 체제 정비를 서두를 것.

국제 정세 판을 꿰뚫는 통찰력과 판단력이 뛰어난 이승만은 밤잠을 설치고 있었다.

미국 트루먼에게 보낼 "한미 상호방위조약을 맺자"는 편지를 타이핑하는 프란체스카를 돌아보며 결의에 찬 눈길을 던지는 이승만은 지금이 제2의 건국 투쟁 기회임을 절감한다.

"마미, 내가 또 미치광이가 되어야겠소. 이번엔 통일 미치광이라할 테지."

'미치광이'란, 미국서 독립운동 할 때 국무부 관리와 미국 언론이 붙여 준 별명 '독립 미치광이'다. 내가 미치지 않으면 누가 미치랴. 미국을 설득하고 이용할 수 있는 사람이 나 말고 누가 또 있겠는가. 해방 후 3년간 미국과 소련의 좌우합작 협박에 맞서 싸워 승리한 대한민국은 반쪽짜리 나라, 무슨 수를 써서라도 "이 몸이 통일을 이루도록 역사하여 주소서" 날마다 하나님께 기도하는 이승만이었다. 옆에서 프란체스카도 "아멘!"을 외친다.

"내년 선거에서 국회의원들이 박사님을 선출하게 될까요?" 올리버가 물었다.

올리버는 10여 년 전 미국서 이승만이 간청하여 홍보자문역으로 손삽은 미국 시러큐스 대학 교수다. 이번에 부산 임시수도로 불러 한국전쟁에 대한 대미 홍보를 맡겨, 프란체스카와 함께 문서 작업에 여념이 없었다.

"국회가 나를 반대할지 모르오. 그 이유를 아시오?"

이승만의 큰 적은 국회 간접선거였다.

"미국과 일본은 제각기 다른 이유로 한국의 대통령이 바뀌기를 원하고 있소. 우리 국회는 우리 국민을 위해서가 아니라 외국의 이익을 충족시켜 주기 위해 압력도 받고 뇌물 같은 것도 받고 있는 형편이라오."

일본이 이승만을 반대하는 이유는 이승만이 거액의 배상금과 약탈 유물의 전면 반환을 요구하며 강화조약 체결을 거부하는 것, 그리고 미국이 일본에 막대한 경제원조를 하면서 한국엔 소비재만 주는 것에 이승만이 반대하는 것, 한국전쟁에 일본 참여를 원천봉쇄하는 것 등이었다. 미국이 이승만을 반대하는 이유는 자명하다. 휴전회담을 정면 거부하고 통일전쟁을 고집하여 미국 정책의 결정적 장애물이기 때문이다.

길게 설명을 마친 이승만은 잘라 말했다

"현행 간접선거 헌법에 따른 대통령 선출은 사실상 한국 국민들의 선택이 아니라 외국의 압력에 의한 선택, 강대국들의 선거가 되는 셈이오"(로버트 올리버, 박일영 옮김, 『이승만 없었다면 대한민국 없다』, 동서문화사, 2008).

무더운 부산의 7월, 이승만은 결단을 내렸다.

'대통령 직접선거제로 헌법을 바꾸자. 간접선거로 강대국의 꼭두각시를 뽑을 수는 없잖은가.'

국회에서 개헌하려면 정당노 만늘어야 안나. 이승만에겐 짱딩도 자기 세력도 없는 형편이었다.

이승만은 워낙 정당 무용론자다. 조선 500년 당파싸움이 나라를 거덜 낸 역사를 되풀이하고 싶지 않아 '일민주의—民主義'를 부르짖은 이승만이다. 책을 만들어 정치 교육, 국민 계몽까지 해 온 터이지만 '미국 사대주의'로 기우는 수구 골통 국회의원들을 더 이상 방관할 수만은 없었다. 직선제 개헌과 함께 본격적인 정당정치 일민주의를 정착시켜야 한다.

'정당을 만들자.'

맥아더 해임 순간부터 그리던 정치 그림을 이제 행동에 옮겨야 할 때가 되었다.

지난 4월 맥아더가 떠났을 때 이승만은 농민총연맹과 노동총연맹의 대표들을 부산 임시경무대로 불러 창당 이야기를 처음 꺼낸 적이 있다.

"나는 상놈당을 만들겠다."

그때 농담처럼 던진 이 말은 농담이 아니다. 청년 시절 백성 계몽, 계급 타파, 민중 해방을 외쳤던 이승만이다. 이제 한민당·민국당 세력이 지주와 의사, 기업인 등으로 아직도 양반층 특권 의식과 집권

싸움에 사대주의까지 국가 독립을 위협한다는 위기감이 이승만의 평민 사상을 다시금 불러낸 것이었다.

창당을 결심한 이승만 대통령은 1951년 8월 15일, 독립 3주년 경축사에서 이를 공식화하면서 대통령 간접선출제를 국민직선제로 바꿔야 한다는 결단을 공개 선언하였다.

> 우리도 새로운 노동자·농민들의 정당을 만들어야 할 때가 되었다.
> 합심하여 민수수의를 보호하지 못하면 우리는 공산주의의 희생물이
> 될 것이오. 민주 정부의 진정한 기초로서 국민의 지위를 보장해야
> 하며 그러기 위하여 헌법 2개조의 수정을 요구한다. 하나는 대통령
> 선거를 직접선거로 할 것이며 또 하나는 국회를 양원제로 할 것인데
> (…)

신당 창당 작업은 원내 세력과 원외 세력으로 양분되어 진행되는 현상이 일어났다. 당 이름은 이승만이 당초 '통일노농당統─勞農黨'으로 지으려다 반대에 부딪혀 '자유당'으로 낙착되었다.

이승만의 자유. 스무 살에 배재학당에 들어가 처음 발견한 자유. "나는 영어를 배우러 갔다가 영어보다 더 중요한 자유를 배웠다"고 감격한 그 자유 ─ 지금 공산군에게 강탈 당할 위기를 맞아 자유 우방들이 달려와 싸우는 이 전쟁은 자유의 세계대전 아닌가.

자유당은 같은 날 두 곳에서 창당되었다. 원내·원외 세력의 타협이 불가능했기 때문이다. 오전에 국회에서 '원내자유당' 발족, 오후에 거리에서 깃발을 올린 '원외자유당'. 이승만은 원외자유당 당수로 추대되고, 초대 국무총리 이범석이 부副당수가 되었다

청년 이승만, '국제 필화 사건'에서 감옥행까지

1897년 배재학당을 졸업한 이승만은 민권운동의 선봉장이자 언론인으로 급성장하였다.

배재 학생회 '협성회'를 조직하여 〈협성회보〉의 주필, 기자를 겸하며 서재필이 창간한 〈독립신문〉에 기사와 논설을 쓰던 이승만은 일간신문을 창간한다. "쓰고 싶은 일들이 너무 많아" 격일간지격인 〈독립신문〉으론 불만인지라 날마다 내는 〈매일신문〉을 발행한 것이다. "한국 사람만으로 제작하는 첫 일간지"였다고 이승만이 회고하듯이 한국 신문사상 최초의 한국인 민간 일간지다(〈독립신문〉 서재필은 미국 시민).

이승만은 〈매일신문〉 1898년 5월 16일자 1면 전체와 2면에 걸쳐 대특종을 터뜨렸다. 러시아와 프랑스가 한국 정부에 이권을 요구한 극비 외교 문서를 폭로하고 규탄 논설을 썼다.

"목포와 진남포를 달라 하고 광산을 달라 하니 (…) 치가 떨리고 분한 마음을 억제할 수 없는지라. 대한신민(大韓臣民)들의 피가 끓을 일이라 어찌 가만히 앉아 있으리오. 일심으로 발분하여 속히 조치할 방도를 생각들 하시오."

이렇게 분노한 23세 이승만은 정부와 양국의 압력에 시달렸다. 외부(외무부)의 소환에 응한 그는 문책하는 관리들에게 반박한다.

"외부대신이 외국 사람이 아니고 외부가 외국 관청이 아니거늘, 나라 일을 외국 영사와는 몰래 의논하면서 그 백성을 모르게 할 이유가 어디 있소? 우리 신문이 우리나라가 아니라 외국을 위해 말을 해야 옳단 말이오?"

한국 언론사상 최초의 국제 필화 사건, 필자와 신문의 처벌을 요구하는 러시아와 프랑스에 맞서 이승만은 러시아 장병들의 행패를 사흘 연속 대서특필하면서 일본 신문에까지 화제로 비화된다. 결과는 이승만의 승리. 러시아와 프랑스는 계획을 철회할 수밖에 없었다.

1898년은 자유 민권 운동의 절정기였다. 독립협회가 '거리 정치'로 시작한 민회(民會)에서 청년 지도자 이승만은 단연 스타였다. 뛰어난 선동가의 자질을 마음껏 발휘한 열변에 구름처럼 몰려드는 군중이 인산인해, 서울 인구가 20만도 안 될 때라서 집회는 '만민공동회'라 불리게 되었다.

거기 '상놈'들이 연사로 등장한다. 조정 대신들과 외국 외교관들이 지켜보는 앞에 나타난 쌀장수, 백정, 기생, 신기료장수 등 천민들까지, 상상도 못하던 민중 궐기 바람을 일으킨 이승만이다. "옳소!" "잘한다!" "만세!" 장안을 울리는 함성… 매번 주동자는 '또 이승만'이었다.

연좌 데모와 철야 농성을 지휘하며 러시아 배격, 수구파 타도, 입헌군주제를 밀어붙여 번번이 고종의 양보를 얻어 낸 결과 23세 이승만은 입헌군주제의 의회 비슷한 중추원의 임명직 국회의원이 된다.

그러나 한 달 만에 도로아미타불. 우왕좌왕을 거듭하는 유약한 황제 고종은 "이승만을 그냥 두면 프랑스 혁명 같은 혁명이 일어나 폐하와 종묘사직이 위태롭다"는 수구파들의 중상에 또 넘어가, 독립협회를 해산하고 일제 검거 선풍을 일으킨다. 이승만은 반역죄로 몰려 1899년 1월 한성감옥 사형수로 갇혀 버리고 만다.

05

총성 없는 혁명

피난 국회, 세비 인상에 자녀 병역 기피까지

전시 임시수도 부산은 남북에서 몰려드는 피난민들의 판잣집이 우후
죽순처럼 들어차 거대한 빈민촌으로 변하였다. 전선에서는 휴전을
앞두고 한 치라도 땅을 더 차지하려는 일진일퇴의 치열한 공방으로
피를 흘리는데, 신문엔 국회의 파벌 정쟁과 전시 사회의 온갖 비리와
범죄, 굶주린 난민들의 아귀다툼이 연일 보도되고 있었다.

그 와중에도 국회의원들이 만장일치로 '세비歲費 인상'을 통과시
켜 민심을 폭발시켰다. 얼마나 놀랐던지 야당지 동아일보마저 비난
을 퍼부었다.

'전쟁 이재민에 "잠자리"를 주라든 그 입과 그 손을 손수 들어 자
신의 월수입만 만장일치로 가결하다니….'

제목부터 길게 붙인 기사 요지는 다음과 같다.

드디어 시국을 망각하였는가? 우리들의 대변자로 성스러운 의정단상에 서게 한 그대들 선량(選良), 적색 테러의 위협으로부터 그대들을 보호하기 위하여 그대들이 권총을 차고 호신경관을 대동하는 것은 지금 호국을 위하여 모든 무기들을 일선장병에게 제공해야하는 때임에도 불구하고 묵인하려고 하였고, 또 일선장병들이 다 해진 군복을 입고 악전고투하므로 비전투원들의 군복을 일선에 제공하자는 민성이 높은데도 국회의원 체면을 위하여 그대들이 군복착용에 내력을 느끼는 위선적 유행을 차라리 묵인하려고 했던 것이 선량한 민중의 구김살 없는 생각이었다.

그러나 그대들에 대하여 이제 민중이 신뢰를 완전히 잃어버렸으니, 하루 3홉의 쌀과 부식대 50원의 생활조차 보장되지 못하는 수백만의 난민들과 허다한 시민들이 직장과 생계의 길을 상실한 채 수난 가운데 있으며, 또 혹한의 일선에서 24시간 죽음을 넘어 악전고투 조국수호의 혈전을 계속하고 있는 장병의 보수가 2만원에 불과한 실정을 알고 있는 그대들이, 제2국민병에게 밥과 옷과 잠잘 집을 제공하지 않았다고 정부를 통박하던 그 입으로, 월수 22만5천원을 확보하려는 안을 만장일치로 가결하였은즉, 민중은 실망이 지나쳐 분격하지 않을 수 없으니 (…) (동아일보 1951. 2. 3)

그 전해(1950) 8월 국회의원 50여 명이 배를 구입해 부산 다대포에서 쓰시마(대마도)로 도망치려다 적발된 '국회의원 밀항 사건'에 이어 세비 인상의 충격은 민심을 국회로부터 완전히 돌려놓아 버렸다. 이뿐인가. '보이소, 피난 왔어예? 유람 왔어예?'라는 신문 제목처럼 일부 부유층과 고관들의 '사치와 방탕이 여전한 타락상'이라는 고발 기사들이 보기에도 민망할 지경이다. 특히 전란을 피하려 제주도로 일본으로 미국으로 가려는 여권 신청자가 줄을 서는 것이었다. 개인적인 청탁과 압력에 시달리는 외무부에서는 "공무 이외의 해외 여행은 일체 접수 않는다"고 발표했지만, 그래서 관용官用 여권을 얻으려는 뒷돈의 액수만 올라가는 형편이었다. '해외 도피 엄금, 제주도 피난 금지'를 발표하자 제주도와 일본에 몰래 도피하려는 밀항선 배삯이 또 엄청나게 뛰었다는 기사가 나왔다.

더구나 입영 나이 아들을 외국으로 도피시키려는 권력층과 부유층의 뇌물 공세가 심각하여, 재산을 빼돌리고 자녀를 빼돌리고 일단 미국에 나가면 온갖 구실로 귀국하지 않는 사람들이 많다고 외무부 국장이 대통령에게 보고하였다. 그중에는 장면의 두 아들이 유학을 핑계로 미국에 눌러앉았다는 비난도 끼어 있었다. 무초John Joseph Muccio 미국 대사도 대통령 방문 중에 "정치 요인들이 아들들 유학 비자를 부탁해 와서 머리가 아프다"는 말을 하자 이승만은 한숨을 쉬며 프란체스카에게 말했다.

"이럴 때 우리 아들이 있어서 입대시켜 모범을 보일 수 있다면 얼마나 좋겠나…."

급기야 이승만은 자리를 박차고 일어나 국민에게 보내는 특별담화를 발표한다.

소위 세력가와 재정가라는 사람들이 다 부산에 모여들어서 공산당의 선전에 파동되어 공포심을 가지고 저의 생명과 재산만 보호할 생각으로 피신할 자리만 찾고 있음으로 국민 분위기가 자연 공포심으로 돌아가고 있으니 그런 사람들은 일일이 조사해서 어디로 몰아내든지 그렇지 않으면 그런 사람들도 생명과 재산을 내놓고 우리와 같이 싸워서 적군을 소탕할 결심을 가지고 일어나야 될 것이니 (…) 주먹밥 한 덩어리라도 싸우는 사람들을 먹이도록 해야 할 것이오 그렇지 않고 피난이나 하고 선동이나 하는 자들은 일일이 조사해서 특별한 조처를 해야 할 것이다. (…) 국민들이 다 합해서 죽어도 같이 죽고 살아도 같이 살자는 결심만 가지면 (…)

조국을 빼앗기는 날 재정가도 세력가도 우리는 모든 것을 잃어버리고 중국공산당의 노예가 되는 것임을 모르는가.

전쟁 중 지방자치 선거

국민의 민주 훈련과 조직화

1952년, 제2대 대통령 선거의 해가 밝았다.

이승만이 야당의 내각제를 제압하고자 국회에 제출한 직선제 개헌안은 예상대로 참패하였다. 찬성 19표, 반대 141표. 지난해 민국당의 내각제 개헌안도 부결되었으니 건국 4년간 벌인 개헌 싸움은 무승부를 기록한 셈이다.

원내 자유당이 기대와 달리 반대표를 던졌음이 드러나자 이승만은 담화를 발표한다.

원내에서 자유당을 칭하여 추태를 부린다니 심히 불행한 일이다. 자유당은 하나뿐이오. 곧 전국적으로 당원을 모집하여 민의로써 간부들을 전부 정할 터인바 (…)

원외 자유당은 곧바로 직선제 개헌안 홍보에 들어가 "직선제를 부결시킨 국회 독재와 국회 만능 전제주의는 머지않아 민의에 따라

시정되어야 할 것"이라고 주장하고 나섰다.

이어서 거리엔 국회를 성토하는 시위대가 나타났다.

일본에 갔던 대한청년단 부단장 문봉제文鳳濟(1915~2004)가 부산에 돌아와 이승만 앞에 무릎을 꿇었다. 평남 개천 출신 문봉제는 일본 유학 후 귀국하여 조만식의 조선민주당 활동 중 공산당에 쫓겨 남하한 반공 청년으로, 유명한 서북청년회(서청) 대표가 되어 남한의 무수한 공산당 테러 폭동을 진압하는 데 헌신하였다. 서북청년회는 공산당을 없애야 고향에 돌아간다는 일념으로 뭉친 결사체로, 경찰만으론 턱없이 부족하던 해방 정국의 치안 유지는 물론 파업 분쇄, 좌익 분자 제거, 제주 4·3폭동 진압에도 큰 공을 세운 바 있다. 북한에 잠입하여 김일성 암살을 기도하고 그 장인 강양욱도 죽이려다 실패할 정도였다. 건국 후엔 이승만의 명령으로 여러 청년단들이 합쳐 대한청년단이 되었다.

일본에서 한인 청년들을 모아 고국 전장에 데려오는 일을 맡았던 문봉제는 부산에 오자 휴전 반대 시위와 직선제 개헌 캠페인에 앞장서게 된다. 낮엔 데모, 밤엔 벽보를 만들어 붙였다. 유명한 '백골단' 벽보는 백골이 되도록 애국한다는 뜻이었다.

'국민 기본권을 약탈하는 국회의원 추방하라!'

'민의를 무시하는 국회는 해산하라!'

'대통령 직선제는 전 국민 의사이다.'

'국민의 자유를 봉쇄하는 배신 국회의원을 소환하라!'

직선제를 관철하려는 이승만의 국민 동원 정치, 이것은 시작일 뿐이었다.

이승만은 데모대에 기름을 부었다. "간접선거제가 얼마나 위험한지 모르느냐? 공산당이 대통령 되어도 좋으냐? 내가 대통령 자리에 있을 때 이 직선제만은 책임지고 실현하겠다."

　국회 각 정파들도 뭉쳤다. 민국당은 원내 자유당과 함께 제2차 내각제 개헌 운동에 박차를 가한다. 데모대를 '관제 데모', '폭력단'으로 규정하고 '헌법수호 결의안'을 채택한다. 자신들의 권력 창출 무기를 한사코 빼앗기지 않으려 대통령 간접선거제를 사수하는 한편, 내각제 개헌을 위해 단합대회도 열고 개헌선 123명을 확보하기 위한 서명 작업도 벌여 나갔다.

전쟁으로 미룬 지방선거, 전쟁 때문에 강행

도대체 전쟁통에 무슨 선거란 말인가? 국회 내 간접선거도 아니고 전국 방방곡곡을 선거 바람으로 들쑤셔 놓다니.

　1949년 제정된 지방자치법에 따른 첫 선거는 워낙 1951년 실시 예정이었으나 6·25전쟁이 일어나는 바람에 무기연기되었다. 이승만 대통령은 전쟁 때문에 미룬 그 선거를 전쟁을 이유로 이제 결행하겠다는 것이다.

　첫째, 미국이 일방적으로 밀어붙이는 휴전을 막기 위해서다. 국민을 조직화하여 전 국민의 힘으로 강대국의 횡포를 막고 국민의 숙원인 남북통일 전쟁을 계속하지 않으면 안 된다.

　둘째, 대통령 직선제 개헌을 관철하기 위해서다. 국회 내 지지 정당이 없는 이승만은 현행 국회 간접선거로는 당선이 불가능하다. 국민의 여론과 조직된 힘으로 국회를 압박, 설득하기로 작정하였다. 지금 그 전초전을 벌이고 있잖은가.

　셋째, 미국의 내정 간섭을 막아 내기 위해서다. 휴전을 반대하는 이승만을 바꾸려는 미국은 임박한 국회의 대통령 선거를 앞두고 '미국에 순종하는 대통령' 간택 작업에 더욱 분주한 참이다. 이를 국민의 힘으로 저지하면 국민들의 독립정신 교육은 저절로 이루어지는 셈이다. 이승만 평생의 목표인 '똑똑한 백성 만들기' 교육이야말로 이번 지방자치제 선거의 가장 큰 목적인지도 모른다. 자유민주주의를 모르는 '백성'을 자유민주공화국 '국민'으로 양성하는 훈련이다.

자유당으로 이름을 바꿔 출마한 이승만의 '상놈당'은 대한민국 최초의 지방자치 선거에서 대박을 터트렸다. 1952년 4월 25일 실시된 기초(시·읍·면)의원 선거는 자유당의 승리, 민국당의 참패로 끝났다. 정원 387명의 시의원 가운데 자유당이 118명 당선되고 민국당은 겨우 16명, 무소속이 148명이었다. 난데없는 '사건'도 이승만의 선거를 도와주었다. 무소속 서민호徐珉濠 국회의원이 투표 전날 밤 전남 순천의 한 여관에서 육군 대위를 권총으로 쏘아 숨지게 한 사건이다.

5월 10일 실시된 도의원 선거에서도 자유당은 147명을 당선시켜 전국 도의회 정원의 48퍼센트를 차지하는 대승을 거두었다. 민국당은 4석으로 연패였다.

선거 후 5월 14일 국회가 94 대 0으로 서민호 의원 석방 결의안을 통과시킴으로써 개헌 투쟁 데모대에게 더한층 호재를 제공했다.

'국회의원 서민호는 살인자!'

'살인자를 옹호하는 국회는 해산하라!'

서민호가 전국적인 '국회의원 소환운동'에 기름을 부었다. 각지 주민들도 '환영대회'라는 이름으로 자기 지역 국회의원을 불러 내려 규탄하고 소환 결의를 이어 나갔다.

미국과 야당의 음모

"만주에 원자탄 공격을 감행하지 않으면 두고두고 후회할 것"이라는 이승만·맥아더 '형제'를 갈라놓은 미국 정부는 이제 휴전을 결사반대하는 장애물 이승만만 제거하면 되었다. 고집쟁이 '독립 미치광이' 때부터 이승만에 시달리던 미 국무부는 늙은 '통일 미치광이' 대신에 '미국 말 잘 듣는 양순한 인물'을 이번 국회 간섭선거에서 뽑도록 공삭하기로 방침을 정하고 이미 지난해 주한 대사관에 비밀지령을 내렸으며, 공작도 상당히 진척되고 있다.

이탈리아 출신 멋쟁이 노총각 무초 대사는 내심 이승만의 신념을 존경하지만, 그 고집이 지겹고 전쟁도 지겹다. 조병옥? 장면? 두 사람을 저울질 중인 무초는 이승만 감시도 게을리할 수 없다.

주사위는 장면에게 던져졌다. 지난 3년여 미국 대사 시절 장면이 미 국무부와 궁합이 잘 맞았던 덕분이라는 뒷공론이 새어 나왔다.

부산 시절의 장면에 대하여 라이벌 격이던 김준연金俊淵 의원은 이런 기록을 남겼다.

> 장면은 항일투쟁 경력이 전혀 없고 패기 있는 인물도 아니었다. 단지 귀공자형이고 영어를 할줄 알아 이승만 박사가 총애하며 (…)
> 그런데도 외국에서까지 이승만 박사를 끌어내리려고 원격조정을 했고 이 박사에게 도전하려 했기 때문에 이 박사를 격노하게 하였고 (…)
> 그 배후세력은 흥사단 계열, 일제 관료 출신들, 천주교 세력들이다. 그들은 전시하에 파당을 만들어 돈 보따리를 싸들고 다니면서 장면의 추대운동을 벌여왔다. (허도산, 『낭산 김준연』, 자유지성사. 1998)

한편 건국 당시 장면을 주미 대사에 임명했던 이승만은 6·25 반 년쯤 후에 그를 국무총리에 임명하면서 편지를 보냈다. "주미 한국 대사가 유엔에서 벌어지는 일들을 모른다는 것은 뺨 맞은 것 같은 엄 청 부끄러운 일"이라면서, "장 대사가 인기가 있고 우방국의 신뢰를 얻는 것은 좋은 일이지만, 때로는 외교관은 여러 나라에 자국 정부의 입장을 납득시키기 위해 자신의 인기를 희생해야 하는 경우도 있는 법이오. 이곳 무초 대사와 미국인들은 장 대사가 한국에 있었으면 하 오. 나도 그게 좋겠다고 생각하오."

장면 대사를 '소환'한다는 말을 차마 할 수 없어 이렇게 에둘러 표 현한 것이라고 올리버는 증언한다(로버트 T. 올리버, 한준석 옮김, 『이승만 의 대미투쟁』, 전 2권, 비봉출판사, 2013). 즉, 전쟁 시 한국 외교관으로서 장 면이 미국 정책에 맞추려 애쓰는 모습에 실망한 대통령이 그를 '실권 없는 총리' 자리로 불러들였다는 것이다.

올리버도 장면에 대한 평가를 편지로 쓴 적이 있다.

그의 두 가지 결점을 든다면, 첫째 다른 사람들과 어울려서 일하기 가 힘들다. 또 하나는 미국 고문들에게 너무 의존하고, 독립국가 대 변인이라는 인식을 덜 생각하는 경향이다.

부산에서도 '이승만 후계'를 노리고 있다는 소문이 끊이지 않던 장 면이 1952년 초 파리 유엔 총회 대표로 참석했던 때 일화가 또 있다.

부단장으로 수행했던 국회부의장 장택상張澤相이 3월 귀국하여 대 통령에게 인사를 하자 이승만은 역정부터 냈다.

"장면은 어떡하고 자네 혼자만 왔나? 장면이 치밀한 계획을 세워 서 국회의원들과 손을 잡고 곧 국회 선거로 대통령 되고자 한다던데,

빨리 와서 대통령 해야잖나."

진작부터 미국과 정치권의 움직임을 보고 받던 이승만은 장택상도 알고 있으리라 믿고 터트린 말이었다. 그러나 자타 공인 마당발인 장택상인데도 장면 대통령설은 금시초문이었다. 내각제 개헌파가 국회부의장인 자신에게 한마디 상의도 없는 것이 못마땅했다.

장면은 국무총리 취임 때도 이 핑계 저 핑계로 두 달이나 늦게 귀국해서는 총리직을 수락할 수 없다며 버티다가 뒤늦게 취임하였는데, 이번에도 귀국길에 신병 치료한다며 하와이에 들러 나타나지 않았다. 그 속을 빤히 들여다보는 이승만은 미련 없이 장택상을 국무총리서리로 임명한다. 이승만보다 18세 아래인 장택상은 경북 칠곡의 재벌 아들로 20대 시절 미국에서 이승만, 서재필과 독립운동에 참여한 바 있었다.

4월 17일 내각제 개헌안을 제출해 놓은 야당은 날마다 작전회의에 분주하였다. '선선후결先選後決', 즉 국회에서 자기 편 대통령을 먼저 선출해 놓으면 내각제 개헌안을 표결에 붙였을 때 쉽게 통과시킬 수 있으리라는 계산이었다. 마침내 벼르고 벼르던 국회의 대통령 선거 D데이를 5월 29일로 정하였다. 미국 대사관 쪽과 사전 협의했음은 물론이다. 그에 맞서 정부에서도 이승만 대통령의 지침을 받아 '직선제와 상·하 양원제' 개헌안을 마련, 5월 17일 공고하였다.

내각제와 직선제의 재대결, 그러나 관심은 온통 국회의 대통령 선거로 쏠렸다. 야당의 국회 쿠데타 소문과 정부의 계엄령 선포 소문이 꼬리를 물고 술렁거린다.

"임기중 반드시 직선제 개헌을"

1952년 5월 23일, 무초 미국 대사는 본국에 다녀올 일이 생겨 임시경무대로 이승만 대통령을 예방했다. 부재 중 대리대사를 맡을 라이트너Allan Lightner와 함께 출국 인사를 꺼낸 무초는 현안에 관한 대화 끝에 "좀 거북하지만 말씀드릴 게 있다"고 입을 열었다.

"최근 시중에 나아 대사과 직원들이 이승만 대통령의 재선을 방해하고 있으며 야당과 파당적인 행동을 한다는 소문이 돌고 있는데 그것은 모두 무책임한 낭설입니다."

이승만은 즉각 "그건 금시초문"이라며 "들었더라도 믿지 않았을 것"이라 대꾸하였다. 그리고는 "말이 나온 김에 내 입장을 밝혀야겠다"며 열변을 토하기 시작하였다.

"나는 앞으로 기껏 몇 년밖에 못 살 것이오. 조국을 위해 하고 싶은 일이 많지만, 그 목표를 이룰 시간이 없다는 걸 모를 만큼 바보는 아니오. 그런데… 국민 복리에는 관심이 없는 이들이 자기들만의 욕심을 채우려 권력을 추구하는 행동만은 막아 내야 하기 때문에 여기에 나의 모든 노력을 기울일 작정이오. 국민의 뜻을 따르는 단 하나의 길은 국회를 양원제로 바꾸고 대통령 선거를 직선제로 고치는 것뿐이며, 이 목표만은 대통령직을 떠나기 전에 꼭 이루고 말 것이오."

조용히 듣고 있던 무초는 "세계가 한국을 주시하고 있으며 정치적 마찰이 생기면 한국에 불행을 가져올지 모른다"고 경고하듯 응답하였다.

잠시 후 이승만은 "공산주의와 관련 혐의가 있는 국회의원을 구속할 생각"이라며, 미화 50달러 신권이 가득 찬 트렁크 몇 개를 보여주었다. "북한으로부터 홍콩을 거쳐 국내 공산주의자들에게 전해지는 것을 압수한 것"이라는 얘기였다(John J. Muccio, Oral History Interveiw by Richard McKinzie, 1973).

계엄령 선포… 미국에 '선전포고'

비가 억수로 쏟아지는 칠흑 같은 밤, 1952년 5월 26일 0시를 기해 비 ~~성계엄령~~이 선포되었다. 부산·경남과 전남북 등 23개 시·군에 공산 당 잔비殘匪들이 빈번하게 출몰하기 때문이라며, 마침내 이승만이 '대통령으로서 꼭 해야 할 일'을 하기 위해 칼을 뽑아 든 것이다. 그 러나 실상은 미국과 야당의 '국회 쿠데타' D데이(5월 29일)에 사흘 앞 서 간접선거 음모를 사전 봉쇄한 비상령이다.

공산군과 싸우는 전쟁 중의 개헌 전쟁, 한국을 구해 주러 달려와 피를 흘리는 미국과의 전쟁 – 이승만은 제정신인가? 제 욕심 채우기 위해선 전선의 군인도 후방의 국민도 눈에 보이지 않는단 말인가? 직선제 헌법이 자신의 독재를 위해 그토록 급하고 필요하다면 진짜 독재자처럼 국회를 폐쇄하고 새 헌법을 공포해 버리면 끝날 문제 아 닌가? 전쟁 중이니 핑곗거리도 얼마나 좋은가.

이승만은 그러나 그렇게 하지 않았다. 역사상 많은 독재자들과 전혀 다른 방식으로 진행한 개헌 투쟁, '40일간의 부산 정치 드라마'. 주요 장면만 간추려서 구경해 보자.

'총성 없는 혁명' 준비

'공비 출몰'을 이유로 내려진 이번 비상계엄령은 사실 한 달 전 지방 자치 선거를 위해 일시 해제했던 계엄령을 다시 내린 것이다. 전시

계엄이란 일반 국민들에겐 너무나 자연스럽고도 새삼 불편도 없는 것이었지만, 이승만 대통령에게 이것은 보통 계엄령이 아니다.

첫째, 국회 내 지지 정당도 없는 상황에서 합법적으로 헌법 절차를 통하여 직선제 개헌안을 통과시키려면 비상 수단을 쓸 수밖에 없다.

둘째, 미국이 야당과 공모하여 '미국 말 잘 듣는 대통령'을 만들려는 내정 간섭을 막으려면, 미국과 싸울 사람은 자신밖에 없으니 전략적 태세를 갖춰야 한다.

셋째, '총성 없는 혁명'을 이루려면 대규모 군병력을 농원해선 안되고 최소한의 인력으로 무력이 아닌 협상술을 활용해야 하므로 내각의 두 사람을 갈아치운다.

먼저 미국 추종파 장면 총리를 경질하고 독립운동 때부터 가까운 장택상을 선택한다. 영어 잘하고 돈 많은 수완가, 미국과 국회를 동시에 상대하기엔 그만한 인물이 없다. 다음으로 조병옥趙炳玉 대신 이범석을 내무장관에 전격 기용하였다. 그러자 무초 대사가 강력히 항의하였다. 조병옥은 '자기 사람'이고 이범석은 '극우파'라 미국이 싫어했으니 이승만도 예상한 항의였다.

조병옥에 대하여 올리버는 이렇게 적어 놓았다.

내무장관 조병옥은 오랜기간 한민당 세력과 흥사단을 위해 자신의 권력과 정부자금을 사용해왔다. 다음 선거에서 경찰과 행정을 장악하려고 도지사들을 대부분 한민당 출신들로 채웠다. (…) 그는 비자금을 국회의원들 접대에 썼다. 무초, 콜터 같은 미국인 친구들을 초대한 파티는 장안의 화제였다. 조병옥은 어느 때보다 술을 많이 마시며 사람들은 매수하고 있다. (…) 무초는 자기 사람을 잃었지만 미국무부는 앞으로 상당기간 한국을 그들의 손아귀에 잡아 놓으려 한다.

올리버는 이승만의 말도 인용해 놓았다. 조병옥의 인물에 대하여 물었을 때 "그는 다 좋은데 자기절제가 모자라서 탈이야"라고 대답하더라는 것이다.

한편 이범석은 주변의 만류를 뿌리치고 내무장관직을 흔쾌히 받아들였다. 초대 내각에서 이범석은 국무총리 겸 국방장관, 장택상은 외무장관이었는데 이번엔 장택상 총리, 이범석 내무이니 역전된 것이다. 그의 명분은 이랬다.

"지금은 이승만 박사를 도와야 해. 전쟁 중 말을 갈아타자는 주장은 용서 못 해. 전쟁은 이기고 봐야지."

청산리 전투의 무골武骨다운 변이다.

마지막으로 이번 계엄령에서 가장 눈에 띄는 것은 계엄사령관이 두 사람이라는 점이다. 포고문엔 '계엄사령관 이종찬 육군참모총장'인데, 부산·경남 지역만 원용덕이 계엄사령관이다. 이것도 이승만의 용병술이다. 유엔군 산하의 육군본부에는 이미 미국과 손잡은 '반역'의 분위기가 돌고 있음을 그가 모를 리 있겠는가. 충직한 원용덕元容德(1908~1968)을 소장으로 승진시키고 헌병 총사령관에 임명하여 핵심 지역 부산을 맡긴 것이었다. 지난 지방자치 선거에서 대통령과 자유당에 대한 국민의 지지를 확보한 이승만은 조직화된 '민의'를 등에 업고 미국과 야당의 연합군에 정면 승부수를 던진 것이다.

이것은 군사작전이 아니다. 정신 나간 국회의원들과 국민들을 계몽시키려는 다목적 정치 훈련이다. 전쟁 중에 자녀들을 빼돌려 병역 기피 시키고 자신들도 국외 도피를 기도하며, 전쟁 하러 온 미국과 야합하여 권력 잡을 기회를 놓치지 않으려는 정치인들이 이승만의 눈에는 오래된 수구파 사대주의 그 자체였다. 20대 시절부터 뿌리 뽑자고 다짐했던 그 악습의 사슬을 이참에 반드시 청산하여 '독립정신'

을 가르쳐 줘야 한다. 이렇게 보면 부산 정치파동은 전쟁 중의 독립투쟁인 셈이었다.

국제공산당 사건… 의원들의 운명은

국가존망의 위기에서 국방예산은 대폭 삭감하는 그들이 입으로는 애국애족을 부르짖으며 아들들은 호위경관입네 뭐네 교묘한 방법으로 병역 대신 원호비까지 타먹는 술수를 무리고, 일선상명을 부시아는 것은 싸우는 국가에서는 있을 수 없는 일이다. 헌법기관을 자처하는 이들이 자기들에게 유리한 권리만 주장하니 이런 것을 고치지 못하면 대한민국은 이슬처럼 사라질 운명이란 점을 철저히 알아야 한다.

계엄사령관 원용덕이 포고령에서 국회의원들을 향해 날린 직격탄이다.

계엄령에 놀란 정치인들은 여기저기 숨어 다니느라 정신이 나갔다. 첫 새벽 숨어 있던 여관방에서, 또는 피난살이 판잣집 셋방에서 끌려간 국회의원들은 1차로 4명, 모두 내각제 개헌의 주도자들이었다.

5월 26일 날이 밝자 피난 국회(경남도청) 정문 앞에 구경거리가 생겨나 시민들이 몰려들었다. 출근하는 국회의원들이 탄 국회 버스 앞을 무장 헌병들이 가로막고 나선 것이다. 버스에 올라탄 헌병이 말했다.

"국제공산당 사건으로 수배된 사람들이 타고 있으니 불심검문한다."

"내려라." "못 내린다." 한참 옥신각신하는 사이 공병대의 견인차가 다가와 버스 꽁무니에 사슬을 감았다. 번쩍 들리는 버스, 욕설하며 떠들던 국회의원들이 금방 잠잠해졌다. 도착한 곳은 영남 지역 계엄사령부. 40여 명 의원들을 조사한 끝에 4명이 더 연행되었다.

이날 오후, 신익희 등 국회의장단은 이승만 대통령을 찾아가 국회의원들의 석방을 요구하였다. 이승만은 단호했다.

"그동안 국회가 민의에 반하는 일을 많이 했소. 살인자 국회의원(서민호)도 석방시키다니… 하늘 아래 둘도 없는 국회요. 내가 알아서 할 것이니 돌아들 가시오"

국회는 구속 의원들의 석방결의안과 계엄해제결의안을 표결에 부쳤다. '공산당 돈을 받았다'는 혐의에 주눅이 든 의원들은 찬성 표가 확 줄어들었다. 도피 생활을 하는 이들도 여러 명, 지인들의 집을 찾아다니거나 수녀복으로 변장하여 수녀원에 숨은 사람도 있었다. 이들은 또 한 명의 국회부의장 조봉암 사무실을 매개로 정보와 안부를 나누었다고 한다. 왜 하필 공산당 출신 조봉암 사무실일까?

구속자들의 혐의는 여러 가지였다. '일본공산당과 국제공산당 가입자', '남로당원으로 북한 의회 의원이 된 자', '한독당원으로 정변 획책 반역자' 등등. 6월 19일 처음 재판 받은 국회의원은 7명뿐이었다.

부통령 김성수가 사표를 던진 날은 6월 29일이다. 그 전해(1951) 사퇴한 이시영李始榮 부통령 후임으로 국회에서 선출된 지 1년 만이다. 김성수는 사임이유서를 길게 써서 국회에 제출하였다. "이승만의 직선제와 양원제 헌법은 사직을 파멸하려는 반역"이라면서 "계엄령 선포와 의원들 구속은 국헌을 전복하고 주권을 찬탈하려는 쿠데타가 아니고 무엇이냐"고 극언을 서슴지 않았다. 이승만은 "사표를 내려면 나한테 내야지 왜 국회에만 내느냐?"며 "그의 사퇴 언사가 과격하여 비상식적"이라고 반박문을 내게 하였다.

사임서를 발표한 김성수는 다음날 부산 앞바다에 정박한 미군 병원선 헤이븐Haven호에 입원했다. 미 해군 병원 측에선 통원 치료 해도 된다고 하였으나 미국 대사관이 그를 보호하기 위한 조처였다고 한다.

총리직에서 경질된 장면도 초량국민학교에 설치된 미군 병원에 들어가 있었다. 당시 미국 대사가 본국에 보낸 보고서에는 "장면이 입원할 의학적 근거는 박약하지만 그를 이리 떼 앞에 내버려 둘 수 없다는 게 우리의 판단"이라고 적혀 있다. 입원 중 장면은 영국 외교관들과 만나 "영국이 개입해 달라"고 요청했다는 주장도 있다.

"미국은 내정 간섭 말라" 사대주의 추방령

미국 정부는 "지체 없이 계엄령을 해제하고 구속 의원들을 석방하라"는 성명을 냈다.

부산 미국 대사관의 라이트너 대리대사는 젊은 과격파였다. 1킬로미터쯤 떨어진 임시경무대로 달려가 본국의 항의각서를 들이밀며 이승만에게 격하게 따지고 들었다.

"계엄령은 곧 해제할 것이라고 귀국 정부에 보고해도 좋소."

"곧이라니 언제입니까? 이틀입니까, 2주일입니까?"

"그건 2분이 될 수도 있고 2개월이 될 수도 있을 게요."

애송이 외교관의 무례하고 건방진 추궁에 77세 노대통령은 무시하듯 짧게 응대한다. 젊은 시절부터 40여 년간 미국과 싸워 온 이승만의 노련한 외교적 투쟁이 쉽게 물러설 것인가.

다급해진 라이트너는 국무부에 근본적인 강경책을 조급하게 재촉하였다. "24시간 내 이승만 정부의 결단이 없을 경우 유엔군이 필요한 대책을 발동해야 한다."

유엔군 대책이란, 지난봄부터 미국이 검토 중이던 '이승만 제거'

작전을 말한다. 유엔 원조 기관 언커크UNCURK의 미국인 대표와 참전국 대표들까지 동원되어 '계엄 해제' 요구 성명을 발표하며 직·간접으로 이승만을 연일 압박하였다.

"미국과 언커크는 우리 국내 문제에 지나치게 노골적으로 내정을 간섭하고 있소. 한국의 민주주의에 대하여 나만큼 걱정하는 사람이 이 지구상에 어디 있겠소?"

좌우합작을 물리쳤던 건국 투쟁 때에 이어 또다시 대미 투쟁에 나선 이승만은 요지부동이었다. 시중에는 50~60명의 국회의원들을 더 잡아들이고 국회를 폐쇄한다는 유언비어까지 나돌았다. 이에 대한 미국의 추궁에 대하여 발표한 이승만의 회답 요지는 다음과 같다.

> 나는 국회 내의 반대파를 대량 체포하면서까지 권력을 장악하려는 것이 아니다. 단지 평화협상이라 속이며 적화통일을 획책하는 공산도당 반란을 제압하려는 것이다. 대한민국의 헌법 정신을 침해한 것은 내가 아니요, 국회와 국회의원들이다. 이 나라가 진실한 독립민주국가로 확립되는 것을 보려고 나보다 더 근심한 사람은 없다. 이 것은 내 평생을 통한 투쟁에 있어서 오로지 변함없는 나의 목적의 하나이다. 나는 지금 유엔 여러분의 원조와 협조로써 수립되었고 방어되고 있는 대한민국에 광범한 민주적 기초를 수립해 두고자 하는 일에 나의 여생을 바치고 있는 것이다.

이에 호응하듯이 전국의 지방의회 대표들은 부산에 몰려와 국회 앞에서 농성하면서 연일 직선제 개헌을 촉구하고 '강대국은 내정 간섭 말라'라는 플래카드를 세우고 구호를 외쳤다. 정부 대변인은 "한국에 와 있는 유엔 기관이 한국 내정에 간섭하는 것은 월권이며 이런 행동을 지속한다면 국외 추방도 불가피해질 것"이라고 정면 경고하기에 이른다. 실제로 공보처는 '미국의 소리Voice of America, VOA' 한국어 중계방송을 16일간 중단시켜 버리기도 하였다. VOA가 KBS의 '국제공산당 사건' 발표 내용을 뒤집는 내용을 방송하였기 때문이다.

육본의 쿠데타 음모와 박정희

어느 날 밤늦게 한국 육군참모총장의 지프차가 미국 대사관 내 집 앞에 찾아왔다. 그는 사기 참모들의 의선도 끝나면서, 이승민, 이빔식, 원용덕을 피 흘리지 않고 연금한 뒤 구속 의원들을 석방하고 새 대통령을 선출할 수 있다고 주장하였다. 군은 정권을 인수할 생각이 없으며 미국의 승인이 필요하기 때문에 이렇게 의논하는 것이라고 말했다. 나는 바로 워싱턴에 보고하였다. (라이트너의 한국 대사관 시절 회고 인터뷰, "Oral History Interview with Lightner" by Richard McKinzie, Oct. 26, 1973. www.trumanlibrary.org)

라이트너의 증언에서 보듯이 당시 미군과 친분 있는 한국 육군본부(육본) 일부 간부들은 이승만의 계엄령 선포에 반감이 컸다. 특히 참모총장 이종찬李鍾贊(1916~1983)은 계엄사령관이면서도 신태영 국방장관의 병력 동원을 거부하면서 육군 차원의 대책을 참모들과 협의하였다.

이승만의 강병 정책 덕분에 미국 유학을 많이 다녀왔고 이승만의 전시작전권 이양으로 미군과 공동으로 전투를 수행하며 급성장한 한국군은 '군은 정치 중립'이란 가치관이 생겨나 있었다. 그러나 승진이나 좌천 등에 대한 불만도 그만큼 커져 있었으므로, '전쟁 중 정쟁'으로 보이는 정치파동에 대하여는 자연스레 이승만에 대한 불만으로 결속되었다. 참모총장 이종찬, 작전교육국장 이용문李龍文(1916~1953), 작전차장 박정희朴正熙(1917~1979) 등이 그들이다.

이용문은 장면의 비서실장 선우종원鮮于宗原(1918~2014)과 만나 이승만 제거 쿠데타를 제의한 적이 있었다(선우종원 회고록 『격랑 80년』, 인물연구소, 1998[1965]). 육군 내 평안도 흥사단 인맥의 중심 인물이 이용문이고, 장면의 측근 선우종원도 평안도 출신이다. 이들이 언제부터 미국 측과 어울렸는지는 시기를 정확히 알 수 없으나, 앞서 그해(1952) 4월 한국을 다녀간 미 국무부 극동담당차관보 존슨Alex Johnson이 내놓은 보고서 기록이 그간의 사정을 짐작하게 해 준다.

> 휴전협상에 대한 이승만의 반대가 너무 교활하고 열광적이기 때문에 그가 앞으로 무슨 짓을 할지 모르겠다. 한국 국회의 개헌안 처리를 비롯하여 대통령 선출 문제 등을 다루는 데 있어서 이승만은 정말로 '귀찮은 늙은이'다.

존슨은 이때 이미 미국의 성급한 군관들이 이승만을 제거하고 한국 정부를 인수하는 방안을 고려하기에 이르렀다고 밝히고 있다.

결론만 말하면, 이때 육군의 쿠데타 음모는 좌절된다. 아니, 시도하지도 못하고 자의 반 타의 반 유야무야되고 말았다.

병력 동원 회피 때문에 이승만에게 불려가 "우리 국군 중에서 내 말을 안 듣는 사람은 귀관뿐"이라며 '반역'이란 질책을 받은 이종찬은 겁을 먹은 듯 공관에 칩거하면서 육본의 일을 참모차장 유재흥劉載興(1921~2011) 소장에게 맡겨 버렸다. 처음 거사 계획을 은밀히 알렸을 때 적극 호응하던 미국 대사관도 갈수록 잠잠한 가운데 미국을 믿고 '군의 중립'을 내세워 D데이를 기다리던 주모자들은 6월 2일 깊은 밤 비밀 참모회의를 열었다. 이종찬은 이날도 가부간 결정을 유재흥 차장에게 맡기고 자신은 공관에서 결과를 기다렸다. 처음부터 음모에 가담하지 않았던 유 차장은 아무것도 모르는 일개 소장으로서 국가 운명을 흔드는 쿠데타 문제를 혼자서 덜컥 결정할 수는 없었다.

'미쳤다고 덤터기를 뒤집어쓰겠나.'

유재흥은 묘수를 발견하고 결단을 내렸다.

"저기 붙어 있는 '중립 훈령'대로 합시다."

훈령 217호 '육군 장병에게 고함'은 세임 신포 직후 이승만의 병력 동원 명령을 피하려고 박정희가 만든 '중립 선언'이었다. 그것이 이날 밤 거꾸로 쿠데타 병력 출동을 막는 자승자박, 더 정확히는 모험의 벼랑에서 망설이는 주모자들을 건져 주는 구원의 동아줄이 된 것이다.

이종찬을 불러 훈계한 이승만은 사표를 반려하고 총장을 바꾸지 않았다. 육군참모총장은 직선제 개헌안이 통과되고 한참 후에 백선엽白善燁(1920~) 장군으로 교체된다. 이용문은 다음해(1953) 호남 지역 빨치산 토벌에 나섰다가 군용기 추락 사고로 숨진다. 한때 남로당원이던 박정희는 1948년 여수·순천 반란 사건 때 숙군肅軍 과정에서 이승만 대통령이 살려 주었는데도 이승만 제거 작전에 가담한 것인데, 이때 '장면 대통령 만들기' 쿠데타를 포기하고 꼭 9년 뒤(1961) 장면 총리의 민주당 정권을 전복하는 5·16 쿠데타를 일으켜 성공한다.

77세 노인의 '전방위 전쟁'

"국회를 해산하라" 국민과 함께 1인 전쟁

국회 해산 요구가 다시 나온 것은 계엄 선포 사흘 후, 당초 야당이 '국회 쿠데타' D데이로 잡은 5월 29일 그날이다. 국회가 의원들이 나오지 않아 성원도 못 채워 힘겨운 저항을 이어 가는 가운데, 각 도의회 대표 10여 명이 임시경무대로 이승만 대통령을 직접 찾아와 국회해산 결의문을 전달하였다.

> 우리들 새로운 민의를 대표하는 6개 도의회는 만장일치로 민의를 무시하는 현 국회를 해산케 할 것을 결의하며 새로운 총선거를 실시할 것을 결의한다. 만약 우리들의 결의가 관철되지 않을 때에는 우리 지방 대표들은 결사 투쟁을 전개할 것이다. 만일 대통령께서 민의의 대표기관인 우리 도의회의 결정을 무시하는 때에는 우리 전 국민은 대통령 각하가 민주주의를 무시하는 분으로 인정할 것이니, 우리가 요구하는 조치를 시급히 단행할 것을 요청하나이다.

결의문을 훑어본 이승만은 이들에게 이렇게 연설하였다.

> 나는 민의를 무시한 국회의 망동에 대하여 맹렬하고 용감히 싸우려는 민중의 고귀한 의사를 존중할 것이다. 앞으로 이 몸을 국가와 민족을 위한 국가와 정부를 이룩함에 바칠 결심을 하였다. 언제나 나는 민중들의 뜻을 힘으로 믿고 결사 투쟁할 결심이니 여러 애국동포는 적극 후원하여 주기를 바라는 바이다. 우리 민중들이 뜻은 어떤 외국도 관여할 수 없을 것이며 또 관여해도 안 되는 것이다. 소수 정

상배들은 법에 따라 처단될 것이니 여러분은 망동을 해서는 아니 될
것이다.

데모대 대표들에게 "나도 결사 투쟁"을 외치는 대통령, 누가 봐도
선동 연설이다. 이것은 선동을 넘는 공감·일체감의 토로, 대통령이
전국 데모대의 총지휘자임을 서슴없이 드러내는 선언이었다. 계엄령
에 포함된 '언론 검열'도 해제하였다. 국가주권 수호의 최대 수단으
로서 대통령 직선제의 상섬과 ㄱ 복석을 진 국민에게 기ㄹ쳐 집아 하
기 때문이란 것이 이승만의 검열 해제 이유다.

지난달 역사상 처음 지역 주민 대표로 뽑힌 지방의회 의원들은
이승만이 과감하게 시도한 풀뿌리 민주주의를 상징하는 민주공화국
1세대다. 이들은 공산군과 싸우며 휴전을 반대하고 직선제 개헌을
부르짖는 국민의 영웅 이승만의 카리스마와 융합되어 반공 애국 투
쟁에 발 벗고 나섰다.

더구나 국민들은 6·25로 공산당에 집단 학살 당하고 온갖 만행에
시달렸던 적개심과 복수심에 불타올라 있다. 그들의 눈에 공산당 자
금을 받았다는 국회의원들은 국가 반역자들 아니겠는가. 지방별로
수백 명씩 교대하듯이 날마다 부산으로, 부산으로 몰려들어 전국대
표자 애국궐기대회를 열고 '직선제로 개헌하라!' '반민주 국회를 해
산하라!' 국회 앞에서 연일 벌이는 시위와 철야 농성은 갈수록 확대
되었다.

이들에게 화답하는 이승만을 비난하는 각국 정부는 '국회 해산'
이란 용어를 약점 삼아 이승만을 반민주 독재자로 비난했다. 미국뿐
만 아니라 영국·캐나다·호주 등 영연방 국가들, 프랑스까지 이승만
에게 항의각서를 보내고 외무장관이나 국방장관 등이 내한하여 이

승만을 방문해 압력을 가하는 판이었다. 유엔 사무총장 트리그브 리 Trygve Lie도 언커크의 성명을 지지한다며 국회 해산설에 경고문을 보냈다. 〈뉴욕 타임스〉 등 미국 언론들은 물론 영국 등의 언론 매체도 무례할 정도로 이승만을 비난하고 후진국의 독재자 취급을 서슴지 않았다.

이승만은 연일 각국의 항의에 대항하며 설득하느라 지칠 법도 하건만, 불꽃 튀는 격정에는 만나는 사람마다 감탄하곤 하였다.

"내가 또 미셔야시…."

지난해 휴전 반대를 선언하며 말했던 그대로 이승만은 미쳤다. 휴전 반대에 미치고, 직선제 개헌에 미치고, 미국과 싸우느라 미치고, 공산군과 전쟁 하느라 미쳐 버렸다. 미치지 않고서야 여든을 바라보는 노인네가 사면초가 '1인 전쟁'을 견뎌 낼 수 있겠는가.

무초 대사가 "거리에 외국 반대 포스터가 많아 참전국들에 나쁜 인상을 준다"며 제거해 달라고 요청하자 이승만은 맞받았다.

"우리 한국인은 자존심이 강합니다. 아무리 고마운 외국인들이라 해도 우리 자존심을 건드리면 가만히 있지 못할 겁니다."

"이승만을 제거하라" 미국의 선택은

한국 육군참모총장의 쿠데타 음모를 직접 들은 뒤 신바람이 난 라이트너 대리대사는 즉각 본국에 보고서 겸 독촉장을 날렸다. 그것은 "하늘이 내려준 기회heaven-sent opportunity"였다고 훗날 그가 증언하였듯이, 강경한 이승만 제거 작전을 즉각 발동해야 한다고 국무부에 거듭 거듭 독촉하였다.

1차로 보낸 미국 정부의 항의각서를 이승만이 무시헤 버리자 백악관은 강경해졌다. 지난해(1951) 7월 이승만이 휴전 반대 5개 조건을 내세우면서부터 '단독 북진통일을 고집하는 골치 아픈 늙은이'의 대타를 찾아 장면, 조병옥 들을 접촉하며 이승만 교체 작업을 추진하고 있던 미국이다. 연초에 국무부 극동담당차관보 존스가 방한해 현장 실사를 마치고 돌아와 마련한 이승만 제거 작전은 일단 한국 국회의 대통령 선거를 이용하기로 정해 놓았었는데, 이승만이 계엄 선포와 국회의원 구속으로 선수를 치자 '물리적 수단'을 검토하기에 이른다.

> 지금 이승만은 결사적이다. 오늘은 미국을 노골적으로 모욕하였다. 협박도 안 통한다. 수많은 사람들의 항의에도 똑같은 주장만 되풀이하고 있다. 시간은 이승만 편이다. 더 늦어지면 소 잃고 외양간 고치는 격, '유엔군에 의한 조치'를 즉시 단행해야 한다. 구경만 할 것인지 당장 뒤엎을 것인지 지금 결단을 내리지 않으면 후회할 것이다.

성화같은 라이트너의 보고서들을 앞에 두고 트루먼은 이승만을 놔두고는 '명예로운 한국 철수'를 위한 휴전 협상은 불가능하다는 결론을 재확인하였다.

그때 유엔군 사령부에 지시하여 만들어 놓은 '이승만 제거 방안'은 이러했다.

1) 이승만을 부산에서 타 지역으로 유인해 낸다.
2) 유엔군이 부산에 진입, 이승만 참모들을 체포, 한국군 참모총장이 통제권을 확보한다.
3) 이승만에게 계엄령 해제와 구속자 석방 등을 담은 유엔 성명서에 서명시킨다.
4) 이승만이 거부하면 감금한다. 대신 장택상 총리 서명을 받는다.

5) 장택상은 거부하지 않을 것이나 만일 거부하면 부산에 유엔 직할 임시정부를 세운다.

6) 한국 국민에게 성명서를 공개하고 이들 조치는 유엔 참전국들의 요구에 따른 것임을 설명하고 한국 정부에서 주도적으로 나섰다고 발표한다.

미군 사령관 밴 플리트James Van Fleet(1892~1992)와 새로 부임한 유엔군 사령관 클라크Mark Wayne Clark(1896~1984)는 기본적으로 한국 내정 문제보다 공산군과의 전쟁에서 군사적 명예를 확보하는 문제를 더 중요시하는 장군들이었다.

이승만을 "아버지처럼 존경한다"는 밴 플리트는 본국 정부 지시에 따라 이승만 견제에 나서기는 하지만, 노老 대통령의 놀랄 만한 전략전술과 투철한 통일 신념에 감복한 지 오래다.

클라크는 부임하자마자 거제도포로수용소에서 공산군 포로들에게 납치된 도드 소장을 풀어 주느라 굴욕적인 협상 문서에 서명한 터인지라, 반공 투사 이승만의 요청에 따라 공산군을 더 북으로 밀어붙이는 공세를 강화하였다. 기본적으로 클라크의 속내는 미군의 한국 정치 개입을 최대한 자제하고 끝까지 외교적으로 해결하라는 것이었다. 계속 강경책을 재촉하는 워싱턴의 주문에 홋카이도 출장 등 이 핑계 저 핑계로 지연 전술을 펴고 있었다. 무초 대사는 클라크의 미온적인 회피 작전에 불만을 터트리며 동아시아담당차관보 존슨에게 라이트너 못지않게 군사 개입의 즉각적인 집행을 요구하고 있었다.

이때의 클라크의 생각은 대강 다음과 같이 요약될 수 있겠다.

한국의 미 대사관은 애초부터 국회 편만을 들 뿐, 이승만을 이해하려 하지 않았다. 국회가 전적으로 옳다고 할 수 없는 것과 마찬가지로 이승만이 전적으로 잘못이라고 할 수도 없지 않은가. 미국으로서는 공정하고 현실적인 절충안을 목표로 하여 그것을 이루도록 노력해야 할 것이다. 이승만이 목숨을 걸고 지키려고 나서는 문제라면, 안타깝지만 그 결과를 받아들이고 인내하는 방법밖에 없다. 미국에게 유리한 것이라면 그것이 독재정부라도 일단은 용인해야 한다는 것이 나의 생각이다.

무초와 클라크의 대립, 국무부와 국방부의 대립, 이 마찰음을 이승만의 귀가 놓칠 리가 없다. 미국 조야朝野엔 독립운동 시절에 이승만이 깔아 놓은 인맥을 비롯해 곳곳에 정보망이다.

계엄령 선포 한 달 가까이 된 6월 21일, 밴 플리트가 혼자 이승만을 찾아왔다.

"대통령 각하, 클라크와 나는 한국의 정치 문제와 군사적 문제에 관해서 아무런 의견 차이가 없다는 것을 알려드리고 싶습니다."

단둘만의 대화 시간을 가진 두 사람은 헤어질 때 다정한 포옹을 나누었다.

클라크와 격렬한 언쟁까지 벌였던 강경파 라이트너 대리대사는 뒷날 이때의 일을 이렇게 회상하였다.

도쿄(클라크)와 서울(밴 플리트)의 두 장군은 한국 지도부에 변화를 가져올 모험을 피하려고 한다. 밴 플리트는 두드러지게 이승만을 존경하였다. 클라크는 나도 동석한 자리에서 이승만에게 "전쟁 수행에 영향이 없는 한 미국은 한국의 정치 상황에 아무런 관심이 없다"고 말했다. 이승만은 자기 시위대를 더 많이 동원하였다.

미국 정부의 문·무 대표격인 국무장관과 국방장관도 그러하였다.

"이승만은 제거해야 한다. 그러나 한국 정부는 안정돼야 한다"(애치슨 국무장관).

"전쟁 중 한국엔 강력한 구심점이 필요하다. 이승만을 제거하기보다 그의 리더십을 이용하자. 그를 대신할 구심점은 찾아내기 어렵잖은가"(로벳 국방장관).

결론은 같은 셈이었다.

당시 백악관 회의에 불려 간 무초조차 트루먼에게 마침내 이렇게 털어놓았다.

"이승만의 대체 인물로 몇 명을 검토 중입니다만 그들도 의견 통일이 안 돼서…. 솔직히 지금 이승만을 퇴진시키는 것이 미국의 고민을 해결해 주리라고 확신할 수도 없는 상황입니다."

이즈음 한국을 방문한 영국 앨리그잰더 국방장관의 평가 역시 놀랍도록 닮은 것이었다. 미국이 이승만에 대한 압력을 강화하고자 동원한 앨리그잰더와 외무장관 로이드 등 일행은 이승만으로부터 한국 역사와 정치 상황에 대하여 긴 설교부터 들어야 했다. 이승만은 "건국헌법 제정 때 시간이 촉박해 농민 노동자의 뜻을 반영하지 못했으므로, 권력욕에 사로잡힌 국회의원들이 독점한 투표권을 국민에게 돌려주기 위해 직선제로 개헌하자는 것"이라고 강조하였다. 앨리그잰더와 로이드는 런던 귀국 회견에서 "영국이 그동안 한국을 비난한 것은 잘못이다. 현지에서 일어나는 일에 우리가 무지했던 까닭이다. 이번에 그 비난이 완전히 부당하다는 것을 인식하게 되어 만족하게 되었다"고 밝히고, 보고서엔 이런 결론을 붙였다. "이승만은 분명히 빈틈없는 정치인이며 그 나이에도 불구하고 내가 만난 한국 정치인들 중에 어느 경쟁자보다도 가장 자질을 구비한 인물이었다."

미국의 방황은 끝났다. 유엔군의 이름으로 미국이 또 군정을 실시하기보다는 강력한 카리스마의 이승만을 이용하자는 것, 즉 이승만에 대한 '전략적 지지'로 결판이 난 것이다. 애치슨 국무장관의 지침이 부산 미 대사관에 날아왔다.

"한국 정치 문제 해결에 있어서 미국의 가장 큰 목표는 정권 안정이다. 이승만이 대통령직에 앉아 있는 것이 미국과 유엔의 이익에 맞는 선택이다. 어느 한쪽을 굴복시키는 것이 아니라 양쪽이 수용할 수 있는 절충안을 찾도록 노와야 한다."

라이트너의 강공책이 패배하고 클라크의 절충안이 승리한 결정이었다.

애치슨은 이 지침에서 "장택상이 추진한다는 절충안이 바람직한 선택일 것"이란 언급도 덧붙였다.

그동안 장택상 총리는 부지런히 미 대사관 측과 접촉하다가 국무부의 '절충안' 논의 낌새를 알게 되자 무릎을 쳤다. 꽉 막힌 암흑의 터널에 한 줄기 서광이 비쳤다. 장택상은 호재를 잡았다. 대통령의 고민도 해결해 줌과 동시에, 시위에 매달린 평생 라이벌 이범석에게 보란 듯이 주도권을 휘두를 무기, 국회의원들을 포섭할 수 있는 '절충 개헌안'을 만들게 된다. 뒤에 '발췌개헌안'이라 부르게 되는 그것이다.

"독재자 이승만 규탄" 야당의 호헌 집회

미국에서 돌아온 무초는 부산 앞바다 미군 병원선에 숨은 김성수를 찾아가 이렇게 말했다고 한다.

"미국에선 지금 이승만 대통령을 비난하는 소리가 많은데, 막상 한국 내에서는 반대 세력이 조용하기 때문에 미국으로서도 어찌할 수가 없는 것 아니겠소.”

무초의 이 말에 김성수는 힘을 얻었다. 안 그래도 이승만에 뭔가 일격을 가해야 한다는 초조감으로 미국 대사관과 빈번히 접촉하던 미국통 조병옥은 김성수의 병실에서 ‘반독재 호헌구국 선언대회’를 준비한다.

열흘 후 6월 20일 오후 3시, 남포동 단골 양식당 국제구락부. 선언문을 발표하고 시위 행진. 선언문 작성은 김성수, 현장 낭독은 장면이 아기도 승낙을 받았다. 계엄령이 금지한 정당 집회. 들키면 잡혀가므로 참석자도 민국당과 흥사단, 종교계 인사 등 최소한으로 줄이고 집회장 밖엔 ‘문화인 간담회’란 위장 안내문을 붙였다.

그러나 그때 부산 시내엔 지방의원 데모대와 민중자결단 등 청년들 1천여 명이 모여 있었다. 대회 시간이 임박했을 때 참석 예정자들과 외국 기자들 외에 낯선 청년들이 모여들었다.

비밀대회는 시작부터 당황하였다. 선언문을 읽겠다던 장면이 나타나지 않는 것이다. 더 기다릴 수 없어 개회를 하고, 최연장자 김창숙金昌淑(1879~1962) 옹이 장면 대신 선언문을 읽으려고 일어설 때, 잠갔던 출입문이 열리며 청년들이 쏟아져 들어와 집단 파괴 소동을 일으켰다. 서북청년단 문봉제가 지휘하는 백골단 청년들이 해방 후 공산당을 쳐부수듯이 야당의 비밀집회장을 때려 부수는 아수라장이 된 것이었다.

장면은 도대체 왜 나오지 않았을까? 장면의 말을 직접 들어 보자. 고교 동창이자 절친 한창우(경향신문 사장)가 병실로 찾아갔을 때 정장 차림으로 침대에 누워 있던 장면이 이렇게 말하더라고 전한다.

“조병옥 박사가 꼭 나오라 해서 언약했는데… 내가 꼭 나가 봐야겠다고 사정해도 병원 원장이 못 나간다는 거야. 자동차도 철수시키고, 나가려면 퇴원 수속을 하라는군."

그로부터 9년 후 5월 16일 새벽, 장면은 미국 대사관저로 달려갔다가 문을 열어 주지 않자 혜화동 수녀원에 숨어들었다. 당시 총리 장면은 수많은 쿠데타 정보를 보고해도 "설마, 미국이 있는데…"라며 방관하다가 그날 KBS의 '혁명공약' 방송을 듣고서야 도망친 것이다. 그리고 이틀 동안 외부 연락도 거부한 채 성모님께 기도만 했다고 털어놓았다.

호헌구국대회엔 바다 병원선에 있는 김성수도 오지 않았다. 다음은 그가 구술하고 모 국회의원이 받아썼다는 「호헌구국 선언문」 주요 내용이다.

친애하는 동지, 내빈, 국내외의 동포 여러분!
지금 대한민국은 바야흐로 중대한 위기에 직면하였습니다. 밖으로는 적색 제국주의의 침공으로 말미암아 국토는 황폐하고 국민은 유리(流離)하여 생사지경을 헤매고 있는데 다시 안으로는 오직 일개인의 그칠 줄 모르는 독재적 탐욕 때문에 국헌은 유린당하고 민주주의는 말살됨에 전 자유세계의 동정과 구원의 손길은 거역되어 국가와 국민을 통틀어 멸망의 구렁으로 몰아넣으려 하고 있습니다. (…) 그는 마치 절대권력을 쥔 황제와 같이 그의 의사는 신성불가침이요, 그의 명령은 곧 국법인 듯 착각하였습니다. 그리하여 그는 도탄에 빠진 민생의 고통이나 파멸에 임한 난국에는 조금도 관심이 없는 양 오직 일개의 탐람(貪婪)한 욕망만을 추구하는 언어도단의 난맥정치를 자행하여 왔던 것입니다.
오늘에 있어서 이 독재가 소위 민의를 칭탁하고 민권을 빙자하여 애국심을 운운하는 것처럼 가소로운 일은 없습니다. 그가 지나간 4년

동안 민의를 무시하고 민권을 유린한 것이 그 얼마였으며 국리민복을 위하여 건설적인 사업을 한 것이 그 무엇입니까. 그는 오직 그의 전제적인 권력을 유지하기 위하여 우리나라의 애국적인 민주세력을 분열, 약화시키려는 간악한 분할통치책략에만 몰두하여 왔고 국민의 기본적인 자유, 인권을 박탈하고 언론을 탄압하며 국군을 사병(私兵)화하여 그의 이기적인 목적에 구사하려고 하고 사회, 경제, 문화의 모든 부분에 걸쳐 졸렬하고 무능한 시정으로써 파괴일로를 걸어 왔으니 근로대중의 정당한 요구를 흉악한 공갈과 위협으로 압살하지 아니하였습니까?

우리는 대체 무엇 때문에 오늘까지 대한민국 정부를 수립하고 옹호하기에 갖은 힘을 다하여 왔습니까. 지금에 있어서 우리의 혈루(血淚)와 혈투의 대가가 다만 이기적인 독재자의 망국정권을 강화하고 공산 노예제국이나 다름이 없는 전제적 경찰국가를 현출시킨 것뿐이라면 과연 이 무슨 모순이겠습니까. (…) 자유 한국을 건설하기 위하여 분투하여 온 유엔의 노력을 헛되게 하는 것입니다. 더욱이 이역만리에 군대까지 파견하여 우리나라를 수호해주고 있는 유엔 각국으로서는 그 귀중한 인명과 막대한 재화를 희생시킨 결과가 겨우 이 부패한 독재자를 구제해 준 것뿐이었다면 그 얼마나 의외이겠습니까. (…) 여기에 있어서 자유와 평화를 애호하는 우리들 한국 국민은 분연히 궐기하지 아니할 수 없습니다.

우리는 국가의 도괴(倒壞)와 민족의 멸망을 이 이상 더 좌시할 수 없습니다. 우리들 한국국민은 일치 결속해서 이 독재와 싸우기로 결심하였습니다.

이 독재자는 지금 이 순간에도 대의를 위하여 생명을 바치고 있는 우리 국군과 유엔 장병의 숭고한 정신을 모욕하고 있는 것입니다.

이 반역적이고 매국적인 독재자를 타도하는 것만이 국운을 만회하여 순국의 영령을 위로하고 우리 자신의 평화와 번영을 영원히 향유하도록 하는 유일한 길입니다.

단기 4285(1952)년 6월 20일
김성수

비분강개 넘치는 독재자 규탄, 누가 김성수의 한 맺힌 울분을 이해할 수 있으랴. 계엄 선포, 국회의원 구속 사태만으로 쏟아 내는 울분이 아니다. 이승만과의 악연이 이게 벌써 몇 번째인가. 일본 유학 때 처음 만난 젊은이의 우상 이승만 박사를 해방 후 건국 때 물심양면으로 도왔건만, 건국 정부는 당연히 한민당 정부일 줄 믿었건만, 총리도 장관 6명 참여 요구도 단칼에 뿌리치는 냉정한 독재자. 내각제 개헌도 좌절시키고 직선제로 맞불 놓는 탐욕자. 부통령으로서 인사 문제 건의도 짓밟아 사표를 던져야 하였고, 미국의 도움 받아 쫓아내려 했더니만 먼저 알고 계엄령으로 의원들을 잡아가는 절대권력자를 무엇으로 이길 수 있단 말인가. 국민에게 호소하여 궐기할 수밖에 없지 않은가. 그렇다. 김성수는 이승만을 이길 수 없었다. 이 선언문이 그것을 잘 말해 주고 있다.

'독재', '독재자'란 단어 반복, '탐욕', '피눈물' 등 다분히 개인적으로 보이는 비분강개를 가감 없이 터트리고 있는 선언문은 당시 시대적 공감을 얻는 데 실패하고 말았다.

첫째, 헌법을 지키자는 '호헌'을 내세우면서, "이승만이 국헌을 유린했다"는 주장의 근거를 제시하지 않았다. 직선제 개헌이 헌법 유린은 아니다. 야당도 내각제 개헌안을 두 번이나 냈으니 '호헌' 주장은 자가당착이다. 비상계엄령 선포 역시 헌법 규정대로다. 공산당 관련 범죄 혐의가 있는 국회의원들의 체포 또한 공산군과 싸우는 국가에서 당연한 조치다. 법리적으로나 통치행위로나 이승만 대통령의 '독재'를 입증하지 않으면서 독재를 규탄하고 있다.

둘째, "지난 4년간 국가의 모든 분야를 파괴하고 권력욕만 채운 부패한 망국 정권"이란 주장이다. 건국 후 4년 중 1년여를 제외한 나머지 기간은 공산 침략군과 싸우는 전쟁 중이다. 국가를 파괴한 것은 공산군이요, 부패한 것은 국회의원들이다.

셋째, 국가이념과 정치철학, 투쟁 전략의 빈곤이다. 이승만은 줄곧 간접선거제의 국가적 위험성을 수없이 설파하였다. 강대국들과 공산권이 한국 대통령 선거에 관여하면 국가 독립성이 파괴된다는 인식이 결여된 이 선언문은 되레 직선제 지지 세력과 이승만 강공책의 정당성을 강화시키는 역효과를 불러왔다.

'독재 타도'를 연발하는 선언문은 건국 시 한민당 집권을 거부한 이승만에 대한 '앙심'의 발로가 아닐까 하는 의구심을 자아낸다. 결국 현행의 간선제 헌법을 지켜서(호헌) 국회의원 투표를 통하여 이승만을 몰아내야겠다는 권력 쟁탈의 본색을 드러내고 만다. 당시 국민들의 일반적 공감대는 이승만 거부가 아니라 그 정반대, 국회의원들의 전쟁 중 부정부패와 권력 쟁취에 몰두한 내각제 개헌 추진에 대한 염증이었다. 김성수는 정말 몰랐던 것일까?

무엇보다 이 호헌대회는 너무 늦었다. 시기 선택조차 오판했다. 남의 나라 병원선에 망명하듯 숨어서 세월을 낭비하는 줄도 모르고 있다가 뒤늦게 미국 대사의 꼬드김을 듣고서야 슬슬 움직인 것이다.

무추의 말을 곱씹어 볼 줄 아는 센스도 필요하였다. "국내 반내 세력이 아무 일도 안하니 미국으로선 어찌할 수 없다"는 말. 보신에

급급한 야당에 대한 불만과 함께 그동안 야당을 일방적으로 지지해 온 미국의 '변화'를 은근히 귀띔해 준 것 아닌가.

이「호헌구국 선언문」은 한국 정당 대표가 이승만을 독재자로 규정한 첫 선언문이라고 한다.

1석 5조 '다목적 독립전쟁'

미국이 이승만에 대한 '전략적 지지' 방침을 정했다고 해서 이승만을 완전히 풀어 준 것은 물론 아니다. 하루빨리 계엄령을 해제하고 구속 의원들을 석방하는 '전제조건'을 이승만이 충족시켜 줘야만 한다. 돌아온 무초는 그래서 이틀이 멀다 하고 피난 경무대로 이승만을 찾아가 계속 다그치고, 늘 똑같은 대답을 듣자 본국을 향하여 또다시 '유엔군 발동'을 촉구하게 된다. 미국의 속내와 약점을 훤히 꿰뚫고 있는 이승만은 그러나 꿈쩍도 아니한다. 왜냐하면, 이승만의 이번 계엄령 선포는 다름 아닌 '제2의 독립 투쟁'이기 때문이었다.

4년 전 출범한 대한민국 정부를 이승만은 언제나 '과도정부'라고 스스로 부르곤 하였다.

첫째, 한반도 북쪽을 잃은 정부는 완전한 정부가 아니다. 북한을 회복해야 할 의무를 지닌 통일 추진 정부다. 분단 발언으로 매도되는 '정읍 발언'의 실제 내용이 이것이다.

둘째, 건국 때 미루었던 대통령 직선제 헌법을 이참에 마련해야 한다.

셋째, 미국이 꼭두각시 대통령을 만들어 지배하려 하니 내정 간섭을 원천 봉쇄해야 한다.

넷째, 미국을 제압하여 정상배의 사대주의와 당쟁을 뿌리 뽑고 국민도 계몽시켜야 한다.

다섯째, 무엇보다 휴전협상을 저지하여 숙원인 남북통일을 이 기회에 달성해야 한다.

최소한 이 다섯 가지 일은 과도정부가 제대로 된 통일 정부로 거듭나는 국가의 과업이다. 미완의 반쪽 국가를 완형으로 완성시키는 진짜 독립운동, 공산주의로부터의 전 국토 해방, 미국 간섭으로부터의 독립. 6·25전쟁은 그리하여 통일독립국가 만들기 전쟁이고, 부산 정치파동은 '전쟁 중의 독립전쟁'이 되는 것이었다. 과연 이 거대한 전쟁을 해낼 수 있는 인물은 누구인가? 아무리 찾아봐도 보이지 않는다. 미국과 싸울 수 있는 사람이 누구란 말인가? 김성수? 조병옥? 장면? 신익희?

'나밖에 없구나.'

지난해 휴전협상이 시작되자 이승만은 진작에 작심하고 대미 투쟁 준비를 차근차근 진행하였는데도 그 진실을 아무도 눈치채지 못한 한국 정치판이다. 투쟁은 시작부터 벌써 승리다. 미국도 이승만 제거를 포기하고 개헌안을 절충하라고 신호를 보내지 않는가. 회심의 미소를 짓는 이승만은 다시 한 번 최후의 승리를 다짐한다.

'계엄령을 해제하라고? 나까지 손아귀에 넣겠다고?'

천만의 말씀, 싸움은 이제 시작일 뿐. 이승만은 한 술 더 뜬다. 무덕관(피난 국회) 앞에서 연일 국회 해산을 절규하는 지방의회 대표단 등 시위대가 관저 앞까지 몰려와 "국회가 해산될 때까지 단식 농성을 결의했다"며 "대통령과 총리 나오라!" 외쳤다. 시위대가 반가운 이승만이 나선다.

"국회가 지금이라도 마음을 바꿔 정부 개헌안(직선제)을 통과시켜 주기만 바랄 뿐이다. 만일 그러지 않을 때는 모두 사멍이 없나. 개헌안을 통과시킬 생각이 없으면 자진 해산하든지, 아니면 내가 해산시키고 싶은 심정이다. 그러나 내가 국회를 해산했다는 전례를 만들고 싶지도 않아서 차일피일 기다리고 있는데 이걸 선심이라 할 수도 없고…. 성공할 때까지 투쟁하여 주기 바란다."

국회에서 발췌개헌안 통과를 추진 중인 장택상도 시위대를 격려하였다.

"국회와 정부가 타협해서 사태를 수습하도록 전력을 다하겠다. 안 되면 나도 사표를 내고 여러분과 같이 민의 관철을 위해 싸울 것이다."

계엄령이 한 달을 넘긴 6월 하순, 국회 내 친 이승만 의원들('삼우장파')이 '국회 자진해산 결의안'을 들고 나와 의사당 안에서 고함 소리가 난무하고, 밖에서는 시위대가 포위하듯이 '국회 자폭'을 압박하던 날, 이때 직선제 개헌을 반대하는 박모 의원의 발언이 시위대의 귀에 잡히고 말았다. "민중의 수준이 직선제를 지금 실시하기에는 미흡하지 않으냐"는 박 의원의 대정부 질문은 화약고에 불을 지른 셈이 되었다.

"야, 이 새끼야. 뭐? 우리 수준이 어쨌다구? 그래 네놈들은 수준이 얼마나 높길래 귓구멍에 말뚝 박았단 말이냐?"

우르르 덮친 청년들이 박 의원을 뭇매질하는 판에 화장실 가던 장택상 총리도 붙잡혀 봉변을 당했다. 흥분한 청년들 눈에 총리가 누군지 보일 리 없었던 것.

"자폭 결의를 안 하면 아무도 나오지 못한다."

문을 막아선 데모대에 의원들은 꼼짝없이 연금 상태가 되었다. 야당 정치인들은 시위대를 '관제 데모', '동원 인파', '폭력배' 등등이라며 비난을 쏟아 냈지만, 동원되었다 치더라도 지방 대표들은 이승만 대통령과 한몸이 되어 국회의원들을 경멸하며 자신들이야말로 진정 국민들이 뽑아 준 국민 대표임을 자부하는 결사대로 변하여 갔다. 이들은 3개항의 결의문을 채택하여 임시경무대로 보냈다.

1) 6월 30일 하오 5시까지 현 국회의 해산령을 천하에 공포하여 주실 것을 요구함.
2) 동시에 즉시 새 국회의원 선거(총선거)의 시행을 실시할 것을 공포하여 수실 것을 요구함.
3) 시한까지 국민의 요구를 실행하지 않는 경우, 본 민중대표단 등은 광장을 포기하고 의사당 내로 돌입하여 투쟁할 터이니 이 경우 우리들에게 실탄의 선물을 주시기를 요구함.

이승만은 이범석 내무장관에게 지시하여 시위대를 물러나게 하였고, 의원들은 도망치듯 무덕관을 빠져나갔다.

"끝까지 버텨라, 미국이 이승만을 처리한다"

개점휴업. 국회는 열려 있지만 성원이 되지 않아 허송세월하고 있다. 내각제 개헌안과 직선제 개헌안을 두고 싸우면서도 어느 것 하나 심의를 시작할 수도 없다. 야당의 핵심 지도자 두 명은 각각 바다와 육지의 미국 품에 피신한 채 감감소식이다.

이승만의 눈엔 이들이 꼭 구한말의 고종이나 다를 게 없어 보인다. 일본 정부의 사무라이들에게 왕비가 살해당하자 내 목숨 살려라 미국 공사관으로 러시아 공사관으로 도망치던 국왕의 그 비굴한 모습, 자기 궁궐과 백성을 버리고 남의 나라 품에 왕이 숨어든 그때 나라는 망하였다. 과연 러시아가 조선을 구하여 주었던가?

계엄령 이후 자취를 감춰 버린 수십 명 국회의원들도 연락 없이 소문만 무성하였다. 누가 일본으로 밀항했네, 누구는 미국으로 날았네, 누구도 배를 사 놓았네…. 추문까지 나돌았다. 오죽하면 개헌안을 설명하는 어느 의원이 이들을 두고 장시간 화풀이까지 터트릴까.

"며칠 뒤 회기가 끝나는데…. 죽어도 나와서 죽어야지 왜 방구석에 앉아서…. 대구에 가면 한국 영토가 아니고 거기도 계엄령 내리면 안 잡아간답디까? 또 외세 의존한다 그러는데 이런 정신 나간 극소수 의원들 때문에 국회나 망신시키고….

그러나 알고 보면 야당 의원들이 왜 숨어서 꼼짝 안 하는지 이해가 간다.

'미국이 머지않아 이승만을 체포하고 군정을 실시할 계획이니 끝까지 버티라.'

민국당 사무총장 조병옥의 쪽지다. 국제공산당 관련 혐의로 체포되었다가 풀려나 국회에 나온 서범석 의원에게 몰래 보낸 이 메모는 그동안 국회의원들의 '타협 거부-피신' 작전의 배경을 말해 준다(부산일보사, 『비화 임시수도 천일』, 1984). 어디에 있든지 절충 개헌안 따위 돌아보지도 않고, 미군이 출동하여 이승만을 제거해 주는 날만을 학수고대하던 한국 정치 지도자들. 그러나 그들의 버티기 작전도 끝나 가고 있었다.

6월 30일은 국회 회기 마감 날. 데모대가 요구한 국회 해산 시한이이기도 하다. 국회 폐회식에서 이승만은 장택상 총리가 대독한 치사를 통하여 의미심장한 메시지를 국회에 전하였다.

직선제와 양원제의 개헌은 전민족의 요구인바 이것만 국회에서 통과되면 다른 문제들은 순리로 해결을 도모할 것이므로 각 도·군 민중대표의 요청에 대하여 시일을 달라고 간청해서 민중이 인내하고 기다린 지도 여러날 되었습니다. 반대분자들은 각종 유언비어로 인심을 선동시키고 있어 갈수록 위험성을 느끼게 됩니다. 고로, 지금 더 기다릴 수 없어서 민의를 따라 단행하는 것이 대통령의 직책임을 깨달아 불일내로 그것이 어떤 방식이든지 공포될 것입니다.

그 '어떤 방식'은 무엇일까? 전부터 만지작거리던 '국민투표' 방식임에 틀림없었다.

당시 치안국장 윤우경은 자서전 『만성록』에 기록을 남겼다. 새로운 회기가 시작된 7월 3일 밤늦게 이승만이 관저로 불러 달려가 보니 이렇게 말하더란 것이다.

"윤 국장, 7월 5일까지 개헌안이 통과되지 않으면 나는 국회 해산 여부를 국민투표에 올릴 것이야. 가결되면 국회를 해산할 것이고, 부결되면 나는 물러나겠어. 그러니 비밀리에 국민투표 시행을 준비하시오."

한편 장택상도 윤 치안국장을 국회로 불러 비상 대책을 지시하였다. 경찰을 풀어서 은신한 국회의원들을 찾아내 국회로 데려오라는 총리의 명령. 개헌 찬성파들은 전원 국회서 합숙할 테니 최대한 많은 의원들이 참석한 국회에서 직선제를 통과시켜야 국내외로 빛이 난다는 것이었다. "이건 불법이 아니오. 미국 의회에서도 긴급 상황 때 쓰는 강제 동원 방법이니 외국의 비난은 걱정도 말라"고 재촉하였다.

이렇게 해서 여기저기 숨어 지내던 의원들이 국회로 나오기 시작하였다. 얼싸안고 눈물을 흘리고 피신하던 무용을 비추는 그들은 그러나 개헌 심의에는 등을 돌렸다. 왜냐하면 남몰래 건네주는 '끝까지 버텨. 미국이 곧 개입'이란 지도부의 비밀 쪽지가 여전히 이들을 붙잡았기 때문이다.

그렇게도 몰랐을까? 미국이 타협으로 돌아선 게 언제인가? 6월 초부터 한 달 가까이 지난 이때까지도 민국당 지도자들은 미국만 쳐다보고 있었다. 미국이 극비로 했다지만, 이승만과 장택상은 어떻게 알았단 말인가? 정보력의 부재, 미군 병원에 숨은 사람들이나 대사관과 절친하다는 조병옥조차 미국의 변화엔 깜깜이었다.

계엄령이 선포된 5월 26일 전후보 끌려가 조시 받던 의원들 10여 명도 이때쯤 풀려 나왔다. 일부는 불기소 석방, 7명은 '국사 참여를 위한 일시 가석방'이라고 경찰이 밝혔다. 이들도 물론 버티기 작전에 합류하여 그간의 회고담으로 시간을 보냈다. 얼마나 고생했냐며 위로하자 누군가 대답하였다.

"그동안 아무런 조사도 받지 않았고 기소도 안 하고… 이런 걸 뭐라고 말해야 할지 모르겠다."

이 사건은 나중에 모두 검찰의 공소 취소로 마무리된다.

국민이 뽑은 대통령

7·4 미 독립기념일의 반전

국회의장 방으로 손님이 찾아왔다. 의장단 국회의장 신익희, 부의장 장택상·조봉암이 맞이한 사람은 언커크의 네덜란드 대표 브란디트 남작이다. 유엔의 입장을 전하러 왔다며 입을 열었다.

"당신네 나라는 유엔이 신탁통치하는 것이 어떻겠소? 전쟁 하는 나라가 날마다 소동을 일삼으니 참전 16개국은 구경만 할 수 없소. 우리가 신탁통치안을 제기할 테니 곧 결정해 주시오. 싸움을 계속하든 신탁통치를 받든 당신들이 알아서 하시오. 여기 있는 당신들이 나서서 해결해야 할 것 아니겠소."

그는 대답도 듣기 싫다는 듯 나가 버렸다(장병혜, 『상록의 자유혼: 창랑 장택상 일대기』, 창랑장택상기념사업회, 1992).

놀란 세 사람이 멍해져 있을 때 조봉암이 침묵을 깼다고 한다.

"신탁통치보다야 싫으나 좋으나 이승만 치하가 낫지 않겠소? 창랑, 당신은 총리이니 빨리 무슨 대책을 세워야지요."

대책은 다 세웠다. 경찰 수색도 모자라서 중앙방송(KBS 전신) 라디오로 "차를 보낼 테니 국회의원들은 빠짐없이 등원해 달라" 방송까지 하고 신문들도 호외를 만들어 뿌렸다. 수감 중인 의원들을 석방시킴으로써 가까스로 성원 걱정은 없어졌다.

이날은 7월 4일. 미국 독립기념일 축하 연회가 미국 대사관에서 열린다. 예정보다 일찍 내사관을 찾은 민국당 사무총장 조병옥은 무초 대사를 구석으로 끌고가 물었다. "오늘 아침 클라크 장군이 발표한 성명은 이승만에게 더 이상 기대 않겠다는 뜻이냐?"

무초가 대답했다. "미국은 할 말은 분명하게 하니까 그런 추측은 필요 없소. 정세는 이미 끝난 거나 다름없소."

조병옥은 "알았소" 대답하곤 황급히 자리를 떴다.

그런데 그날 아침 클라크 장군의 성명 발표는 없었던 것으로 보아, 조병옥이 뭔가 착각한 것이 아닌가 추측된다고 했다.

같은 시각 국회에서 조병옥을 기다리던 서범석에게 미 대사관 참사관이 나타나 일본어로 말했다. "기적은 없습니다."

얼마 후 미 대사관 연회에 참석한 신익희 국회의장도 결정타를 맞고 충격에 빠진다. 이승만 제거의 선봉장인 강경파 라이트너가 신익희와 이종찬 육참총장 앞에서 말했다. "미국 정부는 더 이상 한국 국회를 지지할 수가 없게 되었습니다."

라이트너는 20년 후 인터뷰에서 "이로써 한국 국회는 싸움을 포기했다"고 회고하였다.

불시에 동시다발 직격탄을 맞은 야당 지도층은 글자 그대로 패닉에 빠졌다. 미국을 믿었던 기대가 컸던 만큼 경악과 좌절감도 컸다.

그만큼 포기와 체념도 빨랐다. 도피 중인 김성수 대신 현장 지휘를 맡았던 조병옥의 낭패와 자괴감, 책임감은 또 얼마나 컸을까?

부의장 방에 집결한 의원들은 모두 65명. 내각제 개헌안에 서명했던 123명에서 58명이나 빠져나갔다. 울분과 배신감과 적대감을 토로한 이들은 짤막한 성명을 발표하였다.

"우리는 통곡 속에서 발췌개헌안에 찬성하기로 결정하였다. 표결에 전원 참여한다."

이제는 이승만 체제에서 살아남아야 할 일이 발등에 폭탄처럼 떨어진 것이었다.

이것으로 표결하나 마나, 내각제 개헌파가 백기를 들었으니 파동은 끝났다. 1952년 7월 4일 부산의 미국 독립기념일 축하 파티는 이렇게 해서 부산 정치파동의 폐막을 고하는 행사가 되었다. 이승만이 배재학당 시절부터 동경했던 미국의 독립기념일이 대통령 이승만의 정치적 독립 투쟁에 손을 들어 준 날이 되었다. 무초와 라이트너의 '통첩'에 민국당이나 육군참모총장은 '외세의 힘'을 잃고 주저앉았다. 미국의 한마디에 모든 꿈이 이슬처럼 증발하고 말았으니, 야당에게 미국은 공모자이자 상전이었던가?

미국은 그러나 여전히 '반 이승만 세력의 보호자'로 남을 것이었다.

대한민국 첫 헌법 개정

야당의 버티기 작전으로 미루고 미뤘던 '발췌개헌안' 심의는 드디어 거르고 일사천리로 진행되었다.

7월 4일 저녁 8시, 신익희 의장이 '제3 독회'를 위한 본회의 개회를 선언하고, "직선제의 가부 표결은 만천하에 알리도록 해야 한다"는 자유당 의원의 제의대로 '기립 표결'키로 하였다. 제헌국회 때 역사적 의미를 강조하기 위해 조항마다 기립 표결로 결정한 이후 처음이다.

재석 166명으로 재적 3분의 2 이상, 그중 찬성 163명, 반대 0, 그리고 3명이 기립하지 않았다. 가결이었다.

미국의 '타협' 입력과 이승만의 양보로 이구어진 이 직선제 개헌을 '발췌개헌'이라 부르게 된 것은, 야당의 내각책임제 개헌안에서 몇 개 조항을 발췌하여 직선제 개헌안에 끼워 넣었기 때문이다. 추가 내용은 대통령이 총리를 임명하여 국회의 인준을 받을 것, 장관은 총리의 제청에 의해 대통령이 임명하고 국회의 동의를 받을 것 등이다. 요컨대 국회가 각료 불신임권을 확보한 것이다. 또 하나는 국회 양원 명칭이 정부 안에서 '상원·하원'이던 것을 '참의원·민의원'으로 바꾼 것이다.

이날 일선 부대를 찾아 장병들을 격려하고 돌아온 이승만 대통령은 다음날 5일 아침 대통령 관저로 찾아온 지방의회 대표들과 민중자결단부터 만났다. 장기간 '민의 관철'과 '국회 해산' 투쟁을 벌인 전국 지방의원 투쟁위원회와 민중자결단 시·군 대표자 100여 명은 "앞으로도 민의를 위해 계속 투쟁하겠다"는 결의문을 대통령에게 제출하였다.

"그동안 여러분이 여러 가지로 노력을 해 온 보람이 크다. 지방에 돌아가더라도 정부나 국회에서 잘못이 있거든 방관하지 말고 제 일처럼 알고 계속 노력해 주기 바란다."

결의문을 받아든 이승만은 이들과 함께 다과를 나누며 등을 두드려 주었다.

이승만은 공식 담화를 발표하였다.

대통령 직선과 양원제 문제로 정계에 다소 분규가 있었으나 국회에서 거의 전수(全數)로 통과시켰으니, 지금부터는 선후책을 강구해야겠다. 지방의 여러 대표들이 부산에 와서 많은 시일을 경과하여 거의 풍찬노숙(風餐露宿)하고 견디기 어려운 곤란을 겪으면서도 불법하는 일이나 망행(妄行)하는 일이 없이 조리있게 노력한 성충(誠忠)과 국회 내에서 민의를 존중하여 이 문제 해결책에 협력한 의원 여러분의 공로를 치하하는 바이다.

이날 밤 동래온천의 요정 송해관에 직선제 개헌 축하 뒤풀이가 마련되었다. 장택상 총리, 이범석 내무, 백두진 재무, 이교선 상공과 임영신 의원이 참석하였고 외국인도 한 명, 바로 라이트너 대리대사가 끼어 앉았다. 모두들 축하 인사를 나누는 가운데 공로자 이범석이 일어나 건배 제의를 하며 감사와 다짐을 말할 때, 줄곧 이범석을 싫어한 라이트너가 끼어들어 비난 발언을 쏟아 내었다.

화가 난 이범석이 소리 질렀다.

"이거 봐, 지금이 어느 때라고 대통령 욕을 해도 못 들은 체하는 겐가? 나야 영어를 못해서 대꾸할 수 없소만 영어 잘하는 당신들, 듣고만 있을 거요?"

퍽, 퍽…. 마주 앉아 있던 라이트너가 쓰러졌다. 이범석이 연타를 날린 것이다. 파동 내내 이승만 주변의 강경파 이범석과 원용덕을 '축출 1호'로 꼽았던 미국 대표가 거꾸로 주먹 세례를 받은 것이자, 이범석이 사면팔방 노골적으로 내정 간섭하던 미국에 복수한 것이다.

이튿날 이 사건을 보고 받은 이승만은 싱긋이 웃으면 한마디 던졌다.

"그 친구, 철기鐵驥(이범석의 호)를 건드렸으니 혼 좀 났겠구먼."

대통령 이승만이야말로 미국 정부에 정면으로 KO 펀치를 날렸다.

5월 26일자로 선포 직후부터 미국이 해제하라 성화를 부리던 비상계엄을 개헌안 통과 후 3주도 더 지난 7월 28일에야 풀었다. "대통령 선거의 자유 분위기를 보장하기 위해서"라는 이유였다.

5천 년 역사상 최초로 국민이 직접 대통령을 뽑는 직선제 선거 투표일은 8월 5일로 공고되었다.

"올리버 박사, 내가 말했지요? 이것은 피를 흘리지 않은 무혈혁명인 것이오."

관저로 찾아온 올리버의 손을 잡은 이승만은 피로한 기색도 없이 조용히 말했다.

부산 정치파동은 무혈혁명! 대통령은 혁명을 하였고 정치인들은 혁명인 줄도 몰랐던, 아니, "독재자가 또 대통령 하려고 민주주의 파괴한다"며 항거하였지만 패배한 사건이다.

이승만은 정치인들에게 수없이 확인하였다. '국민들이 직접 투표하는 것이 참된 민주주의'라는 공동 인식, 이제 그 약속을 지키자는데 미국과 한 덩어리로 저항하는 국회. 이승만은 계엄령을 발동하며 국회의원들 손에서 대통령 투표권을 빼앗아 국민들 손에 쥐여 주고야 말았다.

"우리나라 헌법 제1조 아시오? 마침내 국민이 주인이 되는 나라가 된 것이오."

그렇다. '대한민국은 민주공화국이다. 대한민국의 주권은 국민에게 있고 모든 권력은 국민으로부터 나온다'는 건국헌법 제1조 조문대로 명실공히 '주권재민主權在民'을 실현시키느라 40일을 싸워야 했던 무혈혁명, 한 사람도 피 한 방울 흘리지 않고 말과 시위로 해낸 명예혁명이었다. 20대 시절 '미국보다 더 나은 자유민주공화국'을 만들겠노라던 꿈이 반세기를 넘어 마침내 빛을 보았다.

비상계엄을 선포한 5월 26일부터 7월 4일 이른바 '발췌개헌안'이 농과될 때까지 40일간 벌어진 정치 투쟁을 그동안 '부산 정치파동'이라 불러 왔다. 하지만 파동은 앞서 살펴본 바와 같이 건국 전야부터 싹튼 것이었다. 한국 정치계와 학계가 그것을 '이승만 독재'로 낙인찍고 그 실상은 이승만 반대 세력의 창고 깊숙이 파묻어 온 것은 역사 말살의 범죄행위다. 생생하게 살아 있는 '민주주의 발전' 역사의 진실이 그리도 두려운가?

최초의 직선 대통령

직선제 개헌안의 특징 중 하나는 대통령과 부통령을 각각 국민이 선출하도록 만든 것이다. 이에 따라 선거 명칭도 대통령 선거가 아니라 '정·부통령 선거'가 되었다.

드디어 8월 5일, 전국에서 실시된 역사적인 첫 대통령 직선제 선거 결과는 예상대로였다. 이승만은 총 유효 투표의 72퍼센트를 넘는 523만 8,769표의 압도적 지지로 제2대 대통령에 당선되었다. 2위는 이시영 76만 4,715표 그 뒤로 조봉암, 신흥우 순이었다.

부통령(제3대)엔 같은 자유당의 함태영咸台永(1873~1964)이 40퍼센트

(294만 3,822표)를 얻어 경쟁자들인 이범석, 조병옥, 이갑성, 이윤영, 전진한, 임영신, 백성욱, 정기원을 제쳤다. 함태영은 고종 시절 한성재판소 검사로 재직 시 독립협회 만민공동회 사건을 맡았을 때 이상재, 윤치호, 이승만 등에 관대한 처분을 내려 독립 투사들과 인연을 맺었고, 3·1운동 때는 하와이 이승만의 비밀지령문을 국내외에 돌려 만세운동을 조직하는 일을 맡았으며, 민족대표 48인에 앞장섰다. 건국 후 이승만의 권유로 정치 활동에 가담하여 국회의원이 되었고 마침내 직선제 첫 부통령 자리에 오른 것이다.

직선제 첫 선거에서는 자유당의 이승만·함태영이 당선되었으나, 4년 후 1956년 선거에서는 대통령에 자유당 이승만, 부통령에 민주당 장면이 당선된다.

이승만은 당선 며칠 후 8월 9일 당선 소감을 발표한다.

내가 다시 피선되어 4년의 임기를 또 맡게 되는 것은 남들이 다 아는 바와 같이 나의 원하는 바가 아닙니다. 얼마 전에 내가 다시 대통령에 입후보되지 않기로 결심을 한 뒤에는 처음과 같이 조금도 변함이 없었던 것입니다. 나는 아직까지도 이것이 지혜로운 작정으로 아는 바입니다. 내가 이와 같이 결정한 이유는 기왕에 내가 공개적으로 설명한 이유 외에 몇가지를 말하자면 다음과 같습니다.
첫째는 내 연령이 이것을 거부합니다. 나보다 좀 젊고 강장한 사람이 피선되면 나라를 위해서 더 낫게 도움이 될까 생각한 것이며, 또한 내 개인의 원이 이것(대통령 연임)을 반대합니다.
나의 원하는 것은 자유평민의 자격으로 내 나라에 공헌하는 것이니 이것은 다름이 아니라 자유국가에서는 행정수반보다 일개 평민자격으로 성취할 일이 더 많은 줄로 아는 바입니다.

또 한가지 긴절한 관계는 내가 차차 남과 싸움하기에 귀찮은 생각이 납니다.

언제나 내가 무슨 일을 시작할 때에는 매양 남과 싸우지 않고는 될 수 없는 형편이므로 지금은 그만두고 싶은 생각이 간절합니다.

내가 젊었을 때에 혁명가로 나서 먼저 우리 정부(조선왕조)와 싸워 자유스럽게 하려 한 것이며, 그 후에는 타국이 우리나라를 강제로 뺏어 다스리는 자리에 임해서 싸우지 않을 수 없는 경우에 처했던 것입니다. 그 시기에 일본이 한국을 완전히 봉쇄해서 해외와 통섭이 없게 만들어놓고 제멋대로 세계에 악선전해서 한인은 퇴보한 인간이요 무능하고 희망없는 백성으로 만들었으니 우리 우방들은 자연히 일인의 선전을 믿고 한인들을 오해하여 우리 성질과 능력이 어떤 것인 줄 모르므로 우리나라의 생존여부가 세계에 무관계하게 여겨졌던 것입니다.

동시에 내가 1895년 이후로 한가지 알게 된 것은 일본이 비밀히 전쟁을 준비하는데 첫째는 러일 전쟁이요, 둘째는 미일 전쟁이라, 내가 이것을 안 이후로 미국에 알려주는 것을 직책으로 알고 기회마다 설명하였으므로, 필경은 내가 미국과 미국의 우방인 일본 사이에 시비를 만들려는 사람이라는 지목을 받았던 것입니다.

1945년에 내가 귀국한 이후로 공산당과 싸움을 아니할 수 없는 것으로 자연히 소련이 나를 저의 친구 아닌 적으로 알기에 이른 것입니다. 동시에 나의 정치상 원수(반대자)가 유력한 단체를 조직해 가지고 어디서든지 선전을 잘하는 분들이 있어서 지나간 50년 동안에 이분들의 유일한 목적은 나를 무력하게 만들어가지고 정부의 세력을 잡으려 한 것입니다. 그러나 우리 민중이 그 사람들을 잘 아는 고로 정권을 잡게 하지 않은 것을 전연 모르고 그 거짓말 선전을 쉬지 않았던 것입니다.

근자에 이 사람들은 괴상한 언론으로 세계에 전파하기를 내가 국회를 병력으로 해산시키고 '딕데이터(독재자)'가 된다는 등등의 허무한 소리가 다 이 속에서 나왔던 것입니다. 우리 민중의 많은 사람들이 이런 선전에 크게 분노했던 것입니다.

나는 진리와 대의는 언제든지 승리한다는 것을 믿는 사람 중의 한 사람입니다.

우리 민속이 나를 살 아는 만시 사기를의 뭔하는 마글 표빙아어시 이 싸움을 계속해 달라는 것을 알게 했으니, 저희들이 지지하는 것을 확실히 알므로 나의 갈 길이 다른 길이 없고 오직 내가 아무리 굳건히 결심한 것이라도 양보해서 우리 민족의 사명에 복종해야 되겠다는 작정을 아니할 수 없게 된 것입니다.

내가 모든 내 친구와 원수들에게 알리고자 하는 바는 내가 누구와 쟁론이 있었든지 사사욕심이나 악감을 조금도 가지지 않았다는 것입니다.

이왕에 내가 여러번 선언한 바와 같이 공산당의 제일 악랄한 원수라도 그 사람이 의견을 고쳐서 우리와 한가지로 세계인민의 자유를 위해서 싸우게 되면 나의 좋은 친구가 될 수 있다는 것입니다.

이승만의 담화나 성명은 늘 옛날식 표현법에다 이승만 특유의 말투로서 현대 문법이나 문맥에 부자연스러운 점이 많지만, 원문대로 소개하였다. 요점은 몇 가지로 요약된다.

첫째, 당시 만 77세 나이가 너무 많아 젊은이에게 인계하고 싶다는 점. 반대자들은 이 말을 이승만의 속임수라 하지만, "평생을 싸워서 더 싸우기 귀찮다"는 말은 솔직한 고백이다. 그의 말대로 이승만의 삶은 20대 초반부터 이날까지 무려 57년간 투쟁으로 일관한 평생 아닌가.

둘째, 민족의 사명에 복종하기로 작정했다는 점. 이것은 올리버와의 대화에서 보다 실감 있게 토로한 바 있다. "늙은 이 몸 말고 누가 38선을 없애기 위해 꼭 필요한 전쟁을 계속해 나가겠소? 국회에서 뽑을 사람은 그럴 사람이 분명 없습니다. 미국이 선호하는 조병옥이나 장면은 유감스럽게도, 그러나 틀림없이, 휴전의 대가로 분단을 고착시키려는 국제적 압력에 엽소할 테지요." 즉, 미국이나 정치 세력의 반대와 싸우기 귀찮아도 통일전쟁을 관철할 사람은 자기뿐이라는 사명감을 이승만은 다시 한 번 스스로 다지고 있다.

셋째, "지난 50년간 나의 정치상 원수"란 말이야말로 묵었던 한을 토하는 고백이다. 하와이 독립운동 시작부터 상하이임시정부, 미국 내 각종 활동, 해방 3년에 이르기까지 특정 지역 출신들의 공세와 이를 이용한 공산당의 총공세는 이승만을 여러 번 암살하려고 할 정도로까지 집요하였다. 부산 정치파동도 마찬가지. 미국이 좋아하는 '목소리가 상냥한 인물'도 그 지역 그 단체 조직원이다. 일부 가톨릭 세력도 이승만 집권 내내, 4·19까지 합동 공세를 퍼부었다.

넷째, 그러나 그들 적대 세력은 국민에게 맞지 않는다고 강조한다. 덧붙여, 공산당이라도 자유의 품으로 돌아오면 함께 손잡고 싸우겠다는 정치적 포석도 잊지 않는다.

이 소감에서 "내가 젊어서 혁명가로 나서…"라는 말의 내력을 아는 사람은 많지 않을 것 같다. 이승만의 '젊은 날'을 이해하려면 책 한 권으로도 부족하다.

5천 년 역사상 최초의 국민 직선 국가원수, 대한민국 제2대 대통령 취임식은 서울 중앙청 광장에서 열렸다.

제2대 대통령 이승만 박사는 헌법 제54조에 의하여 15일 기념식 식장에서 신(익희) 민의원 의장이 양회를 개회를 선언하여 배은희 의원(목사)의 남북통일의 조속한 달성과 대한민국의 발전을 기원하는 기도가 있은 후 이대통령은 우수(右手)를 들고 다음과 같이 국민 앞에 엄숙이 선서를 하였다. (조선일보 1952. 8. 17, 1면 머리기사)

다음은 취임사 요지.

우리 사랑하는 대한민국이 이 위기를 당해서 정부 관료나 일반 평민이나 너와 나를 물론하고 누구나 각각 나라와 민족의 사명 외에는 다른 것은 감히 복종할 생각도 못할 것입니다.

우리 생명도 우리의 것이 아닙니다. (…) 이때는 우리가 다 희생적으로 공헌할 때입니다. 모든 한인 남녀는 다 같이 사명을 맡아서 고상하고 영웅스러운 공헌이 되어야 할 것입니다. 백만명의 반수 되는 우리 청년들이 희생적으로 생명을 바쳐서 백절불굴하는 결심으로 무도한 공산당의 침략에서 우리를 구원하기 위해 싸우는 중입니다. (…)

단언하는 것은 우리 한국은 분할이 되거나 일부라도 점령당하고는 살수 없다는 것입니다.

자유세계도 공산 제국주의를 허용하고는 부지하기 어려울 것입니다. 왜냐하면 공산 제국주의는 모든 연합국에 대항하며 전세계의 민족주의를 타도할 목적이니, 기본적으로 말하자면 연합국들이 우리의 자유를 위해서 싸우는 것이 세계의 자유를 위해서 싸우는 일인 것입니다.

우리의 승전은 모든 나라들의 승전입니다. 만일 우리가 실패한다면 세계 모든 자유국민에게도 비극적인 실패가 될 것입니다.

자유세계의 단결은 누가 깨트리지 못할 것입니다. 우리를 치는 힘이 클수록 모든 반공국들의 공동안전 단결심이 더욱 단단해질 것입니다. (…) 이 태평양 전체에 대한 문제와 전세계에 대한 문제는 지금 한국내에서 되어가는 문제와 결합되어 있으니 이는 처음으로 세계 모든 사람들이 남녀이 일어나서 근대의 체일 악랄한 전쟁을 싸워나가며 공산 제국주의를 끝막기로 결심한 까닭입니다. 그 끝을 한국에서 결판내기로 한 것입니다.

이제 나의 개인 메시지로서 우리 국민과 또한 친근하고 관후한 연합국에 한마디 하려합니다.

내 평생은 우리나라의 운명과 같아서 계속적인 투쟁과 인내력으로 진행해 온 것인데, 때로는 앞에 장해가 너무 커서 희망이 보이지 않을 때가 많았습니다.

1882년 한미조약 이후로 밖으로는 각국의 제국주의와 안으로는 타락한 군주제의 학정을 대항할 적에 절망 속에서 싸워 왔던 것입니다. (…) 일본이 폭력으로 우리의 독립문을 덮쳐놓은 뒤에는 세계 모든 나라들이 우리를 포기하고 잊어버렸으나 우리 민중은 굴복하지 않았습니다. 우리 국가의 자유를 1907년부터 1912년까지 우리 의병들이 싸우며 보호하려 하였고 1919년에 만세운동으로 우리 독립을 선언하였으며 중국과 만주에서는 우리 국군의 잔병이 1945년까지 싸워오다가 마지막으로는 공화민주국가로 결실이 되어 지난 4년동안 처음으로 민국정부를 건설케 되었던 것입니다.

우리는 공산당에 정치상 굴복을 거부하여 싸우고 있습니다. 미군정

시대 소련과 평화협상으로 우리나라를 통일시키자는 주장은 이제 우리나라만이 아니라 모든 세계 자유국가와 합해서 전쟁으로 결과내기로 한 것입니다. 이 전쟁도 이전처럼 우리의 승전이 될 것입니다.

우리 목적이 우리 이웃 모두의 자유를 회복하자는 것이니만치 우리는 실패할 수 없습니다. 내가 갈망하여 원하는 바는 내가 60년동안을 분투노력한 이 나라를 내 생명이 끝나기 전에 굳건히 안전과 자유와 통일이 민주질서 안에서 성립되는 것을 보자는 것입니다.

이번에 소위 정치파동이 일내 위기라고 세게에 긴피되었으나 실상은 '접시안의 풍랑'이었던 것입니다. 사실을 말하자면, 몇몇 외국친우들과 외국 신문기자들이 나의 정치적 반대자들의 말만 듣고, 내가 병력을 이용해서 국회를 해산하고 민주정체를 없이 하려는 괴상한 언론을 곧이 들었던 것입니다.

그러나 나의 평생 역사와 나의 주장하는 목적을 아는 친우들은 이런 낭설을 듣고 웃었으며 혹은 분개히 여겼습니다. 다행히도 우리 동포가 나를 전적으로 지지하여 그 결과로 개헌안을 통과시켜서 대통령선거를 국회에 맡기지 않고 민중의 직접투표(直接投票)로 행하게 되었으므로 우리의 민주정체(政體)와 주의(主義)가 절대로 굳건해진 것입니다.

우리의 자유와 우리의 통일과 우리의 민주정체를 위해서 나는 앞으로도 나의 생명과 나의 공헌을 다하기를 다시 선언하는 바입니다.
(…)

미국과 대등한 관계 설정하기

결론적으로 '부산 정치파동 40일'은 헌정 파괴도, 야당 탄압도, 독재도 아니었다. 헌법 개정이 헌정 파괴도 아니요, 공산당 색출 비상령이 민주주의 훼손도 아니다. 이것은 한마디로 '미국과 동등한 국가'를 만들려는 이승만의 국제정치적 전략이었다.

한성감옥에서 몰래 쓴 명저 『독립정신』에서 이승만은 거듭 다짐한다. "개신교 정신을 근본 삼아 미국·영국과 동등한 나라 만들자"고. 이런 자신의 약속을 지켜야 할 때가 발등의 불로 떨어진 것이 미국과 야당의 국회 쿠데타 음모였던 것이다. '미국 말 잘 듣는 대통령'을 상대로 삼대로 신출하려는 미국의 내정 간섭, 이것만은 무슨 수를 써서라도 막아야겠기에 이승만은 계엄령을 선포하고 40일간의 투쟁을 거쳐 막아 낸 것이었다.

이승만은 이씨 왕손이지만 이성계가 아니다. 미국이 건국을 도와주었다 해서 이성계처럼 개국의 은혜를 갚자는 대명對明 사대주의를 상속해야 할 것인가? 미국이 공산군을 막아 주었다 해서 임진왜란 때 파병해 준 명나라 황제를 제사 지내듯이 트루먼 대통령을 제사 지내야 하나? 세종처럼 "조선은 대국 천자의 속방屬邦"이라 자칭하고 충성스런 '신하 제후'가 되어 자자손손 대국을 떠받든 결과는 무엇이었던가? 중국의 속국 조선 500년을 미국의 속국으로 이어 간다는 것은 역사의 역주행이자 망국의 죄악이다. 명나라를 섬기고 청나라에 굴종하고 러시아에 의지하다가 일본에 나라와 백성을 통째로 내어준 왕들처럼 하란 말인가? 대한민국은 더 이상 전체주의 대륙의 노예가 아니며, 또다시 강대국 미국의 피지배국이 되어선 죽어도 안 될 노릇이다. 이것은 20대 이승만이 독립협회 민중투쟁 시절부터 골수에 새기고 새긴 독립정신의 출발점이다.

그럼에도 한국 정치판의 현실은 너무나 수구적, 반역적, 반역사적이다. 해방 후 미군정 시절부터 미국 쪽에 줄 선 정치인들은 미국과 한통속이 되어, 미국의 일방적인 휴전을 반대하는 이승만을 대통령 자리에서 몰아내려 공모까지 서슴지 않으니, 이는 구한말 청나라에 붙었다 러시아에 붙었다 일본에 몽땅 바친 매국노들과 다를 바가 무엇인가?

여기에서 이승만의 다목적 전략전술이 나온다.

이승만의 '미국 활용론'은 한성감옥에서 이미 구상이 끝나 있었다. 다름 아닌 '3미三美' 전략이다.

젓째, 시미知美. 미국의 노끈 껏을 세내로 일이아 히고,

둘째, 친미親美. 미국의 정치 지도층뿐만 아니라 각계각층의 중심 인맥, 특히 기독교계와 친교를 맺어야 하고,

셋째, 용미用美. 세계 최강의 미국이 가진 정치적, 경제적, 군사적, 문화적 각종 능력을 대한민국을 위해 활용해야만 한다는 국가전략이다.

즉, 이승만의 '외교독립론'의 기둥이다.

이 전략대로 이승만은 미국을 공부하고 한미 네트워크를 구성하고 미국 파워를 이용하고 싸우고 싸워서 대한민국 건국에 성공하였다. 그리고 지금 미국의 힘을 이용하여 공산군을 몰아내고 있으며, 이제는 군사동맹을 맺어야 할 차례다. 한반도에 영토적 야심이 적은 미국과 기독교 자유 연맹을 맺어 주변 강대국들의 침략을 막고 선진 과학기술과 학문을 도입하여 미국과 동등한 나라로 만들자. 그러나 미국과 동맹하면 불가피해질 미국의 내정 간섭 시도를 막아 내는 방안을 세우자. 국내 정치인과 국민들에게 생기는 미국 사대주의도 처음부터 차단해야 한다. 동맹도 맺어야 하고 견제도 해야 할 강대국 미국 파워, 그 첫 시련장 부산 정치파동은 이승만의 승리로 결판났다.

그러나 미국의 내정 간섭은 대통령 직선제 한 가지로 막았지만,

산 넘어 산이다. 무엇보다 급한 것은 한미동맹이며, 그 힘으로 자유통일을 추진해야 한다. 신생국 대한민국을 버리고 철수하였던 자유진영의 맹주 미국의 한반도 참전은 불행중다행이라 해야 할까? 건국 직후부터 미국에 요구했던 한미동맹, 그걸 거부하였다가 6·25를 만난 미국, 국제공산주의와 자유세계의 집단 투쟁은 이미 3차 세계대전이나 마찬가지 상황이다. 아이러니컬하게도 공산 침략이 이승만에겐 미국의 군사력과 경제력, 두 마리 토끼를 다 잡을 절호의 기회가 되있나. 새로운 국세실서가 탄생한 것을 해방 직후부터 직감하였던 이승만의 전략적 두뇌는 회전을 거듭해 왔다. 이제 다시 시작이다.

제2부

한미동맹

1953

'자손만대 복락의 토대' 한미 상호방위조약 가조인

1953년 8월 8일 오전 경무대에서 한미 상호방위조약문에 가조인하는 변영태 외무장관(왼쪽)
과 덜레스 미 국무장관. 뒷줄 가운데 이승만 대통령이 서서 지켜보고 있다. 최종 조약 체결은
10월 1일 워싱턴 미 국무부에서 이루어진다.

07

"통일이 아니면 죽음을"

이승만의 휴전 반대 투쟁

1953년 새해, 국민에게 보내는 신년 메시지를 발표하는 이승만 대통령은 통일의 꿈에 부풀어 있었다.

공산전쟁이 벌써 2년 반 되었는데 아직도 통일을 이루지 못하고 7백만 북한동포를 구원하지 못했으며 전국적인 파괴를 당한 중에 신년을 맞이하는 우리는 무슨 말로 남북동포들을 위로해야 할지 모르겠다. (…) 지난 1년 반을 소위 휴전회담이라는 것으로 세월을 허비해오는 중에 미국의 새 대통령이 속히 전쟁을 끝맺겠다는 목적으로 우리 국군을 칭찬하고 있으니 새해에는 남북통일을 완수할 시기가 가까워 온 것을 치하하며 (…) 천심과 민심이 합해서 통일을 완수하고 재건설에 일심합력하여 새 국가와 새 생활의 만세기초를 세우기를 바라며 (…)

그 사이 미국은 대통령이 트루먼에서 아이젠하워로 바뀌어 있었다. 트루먼에 실망하였던 터에 후임 대통령 아이젠하워가 역전의 명장 출신이라 기대 반 불안 반, 새로운 상대를 만난 '외교 선수' 이승만은 미국을 알고(지미), 친하고(친미), 활용하는(용미) 새로운 '3미 전략'을 짜고 있었다. 휴전을 막아서 새해에는 남북통일을 이루기 위해 이 전략을 반드시 성공시켜야 하는 것이다.

지난해(1952) 미국과 싸워서 얻어 낸 대통령 직선제 헌법(제1차 개헌, '부산 정치파동')에 따라 대통령이 된 이승만은 누구도 이의를 달 수 없는 국민적 정통성으로 완전 무장한 '자유 십자군' 지도자로 우뚝 섰다. 이승만은 6·25전쟁 내내 "유엔 연합군은 공산주의를 무찌르는 자유 십자군이 되어야 한다"고 역설해 왔다. 그 선봉장 맥아더가 사라진 자리에 이제 이승만이 나서서 휴전에 매달린 자유세계를 '통일전쟁'으로 끌고 가지 않으면 안 되는 것이었다. 그것은 말할 것도 없이 부산 정치파동에 이어 보다 더 격렬한 미국과의 본격적인 대결이 된다.

이승만은 그래서 1953년 연초부터 전국적인 휴전 반대 투쟁을 대대적으로 벌인다.

'Give Us Unification or Death! (통일이 아니면 죽음을 달라!)'

영문과 한글 플래카드를 든 시위대, 특히 여고생들이 미국 대사관은 물론 외국 기자들 숙소인 내자호텔 앞에서 연일 농성하듯이 울부짖는다. 교복을 입은 10대 소녀들이 아스팔트에 뒹굴며 눈물로 호소하는 사진들이 미국 신문들에 보도되었다. 미국과 참전국들의 휴전 여론을 돌려 보려는 '외교와 홍보의 달인' 이승만 대통령의 대중

심리 작전이다. 대학생 등 청년 데모대의 통일 혈서, 목발을 휘두르는 상이용사들의 전투적 시위와 함께 각급 학교 학생들이 전국을 누빈다. 나도 중학교 신입생으로 여러 번 휴전 반대 시가행진에 나선 기억이 선하다. 국민 총동원 체제의 대미 투쟁 통일외교, '새 대통령 아이젠하워는 삼천만의 요구를 들으라!' 이것이었다.

아이크 방한… '1인 전쟁' 새 라운드

"한국전쟁은 빨리 끝내야 한다. 내가 당선되면 한국을 꼭 방문하겠다."

제34대 미국 대통령 선거에 출마한 공화당 아이젠하워(Dwight D. Eisenhower, 1890~1969, '아이크') 후보의 대선 공약이다. 이름도 위치도 모르는 나라에 수십만 명의 젊은 피를 바친 미국 국민들은 대환영이었다. 1952년 11월 3일, 아이크는 압도적 지지로 대승하며 20년 장기 집권의 민주당 정권을 뒤엎었다. 미국민뿐만 아니라 유엔 참전국, 그리고 당사자 한국은 더욱 큰 기대를 가지게 되었다. 2차대전 유럽연합군 총사령관, 노르망디 상륙작전의 영웅이 한국전쟁을 끝내겠다니, 분명 군사적 승리가 눈앞에 다가온 듯했다.

이승만의 북진통일 주장도 드디어 구세주를 만난 것 같은 기대감을 가지게 된다. 왜냐하면, 아이크는 6·25 발발 직후 "공산 세력이 한국에서 무력에 호소한 이상 북한을 그들의 지배에서 해방시키지 않는 것은 어리석은 행위"라고 선언한 바 있기 때문이다.

클라크 유엔군 사령관으로부터 아이크의 방한을 귀띔 받은 이승만은 그래서 대대적 환영 행사를 준비하였으나, 당황한 클라크는 공산당의 암살범들이 남파되었다며 행사를 중지시켰다.

아이크는 공약대로 1952년 12월 2일 저녁, 대통령당선자 신분으로 극비리에 수원비행장에 도착, 곧바로 서울로 달렸다. 대학로의 예전 서울대 문리대 캠퍼스에 자리한 미 8군 사령부에서 첫 밤을 지낸 아이크는 이튿날 클라크와 밴 플리트의 브리핑을 받은 뒤 질문을 던졌다.

"존은 지금 어디 있는가?"

대통령당선자 아버지가 한국전쟁에 참전 중인 아들을 찾는 것이다. 2차대전 때도 유럽에서 아버지와 함께 싸웠던 아들 존 아이젠하워 소령이니. 중부 지역 최전선에서 전투 중이라는 보고를 받은 아이크가 또 말했다.

"내 아들을 후방으로 빼 주면 안 될까요?"

미군 사령관 밴 플리트는 내심 당황하였다. 자기 아들 짐 밴 플리트 공군 중위는 지난 4월 압록강 지역으로 출격 후 실종 전사하였는데…. 아이크가 말을 이었다.

"존이 전사한다면 영광입니다만, 만약 적군의 포로가 된다면 미국 정부도 국민들도 여러분도 대통령 아들 구출 문제로 난처해지지 않겠소? 적에게 약점 잡히는 대통령이 되면 전쟁을 망치게 될 것이오."

옆에 있던 클라크도 끄덕였다. 그의 아들 빌 클라크 육군 대위도 강원도 금화 전투에서 부상, 그 후유증으로 뒷날 숨진다.

아이크가 전선의 미군 장병들을 만나고 돌아온 오후 4시 반, 이승만 대통령이 백선엽 참모총장과 함께 방문했으나 인사만 나누고 헤어졌다.

4일 아이크는 한국군 부대를 찾았다. "미군을 한국군으로 교체하자"는 주장을 해 온 그는 1사단에 이어 수도사단을 방문, 이승만 대통령의 영접을 받고 한국군의 스탈린 고지를 향한 전투훈련을 나란히 참관하였다. 이승만은 비단에 수놓은 대형 태극기를 선물한다.

이승만은 조바심이 났다. 아이크가 낮에는 군부대를 시찰하고 밤엔 미 8군 숙소에서 꼼짝도 않는 것이었다. 새로운 미국 대통령을 직접 만나 '휴전 반대, 북진통일, 군사원조 요구' 등 대화해야 할 자료는 쌓여 있는데 도통 틈을 주지 않는 아이크의 속셈은 무엇인가?

아이크가 떠나는 12월 6일 토요일, 이승만은 아침부터 국무회의를 소집해 놓고 경무대에서 기다리고 있었다. 그때 클라크 장군이 나타나, 아이크가 오후 2시에 김포공항을 출발하기 때문에 이승만을 다시 만날 시간이 없다는 메시지를 전하였다. 놀란 이승만은 격분하였다. 물론 미국 대통령으로서 공식 방한이 아니라 당선자의 시찰 방문이라지만, 출국 인사는 하러 오리라 기다렸거늘 이렇게까지 무시할 수 있는가? 이 사실을 언론에 공개하겠다고 '협박 메시지'를 보냈다. 출발 예정 시각인 오후 2시가 지난 뒤 아이크의 차량 행렬이 경무대 현관에 들이닥쳤다.

이승만은 달려 나가 아이크를 껴안으며 반겼다. 국무회의장으로 이끌어 백두진 총리를 비롯한 각료들을 소개하고, 여성 장관 박현숙은 아이크의 가슴에 꽃을 달아 주었다. 이승만은 준비한 자료들을 보여 주며 요청 사항 등을 봇물처럼 쏟아 놓았다. 간단한 인사만 하고 돌아가려던 아이크는 무려 한 시간 반 동안 붙잡혀 이승만의 열변을 들어야 했다. 그러나 아이크는 한마디 코멘트도 없었다고 한다.

밖으로 나오자 3군 의장대가 도열해 있고, 군악대 연주 속에 내외신 기자들의 카메라 플래시가 연방 터졌다.

당시 조선일보는 이승만이 8개항을 미국 새 대통령에게 요청하였다고 보도했다.

[서울 6일발 중앙사=대한] 미국의 아이젠하워 차기 대통령은 금반의 한국방문중 이승만 한국대통령과 회견, 한국 정세에 대하여 협의하였는데 동 석상에서 한국측으로부터 아 원수에 다음과 같은 요청을 하였다.

한국은 북한을 분할한 어떤 휴전도 수락할 수 없다. 만약 필요하다면 무력을 사용해서라도 남북을 통일하여야 한다.

어떠한 정치적 해결안도 중공군의 철퇴(撤退) 및 북한괴뢰정부의 해세를 요승하는 것이 아니면 안 된다.

유엔은 북한의 총선거를 감시하여 한국의 북한병합을 실현하지 않으면 안 된다.

한국은 미군의 철퇴에 반대하며 공산세력침략을 격퇴하는 것을 계속 요청한다.

한국군 전력으로 반공전의 전선을 수호하는 것은 불가능하다.

한국군은 장비를 강화해야 하며 적어도 한국군은 20개사로 증강 구성되어야 한다.

장기적 대한원조계획을 진행하여 전투 종료후 즉시 실시하여야 한다.

북대서양조약기구와 같은 태평양방위조직은 즉시 설치되어야 한다.

당시 아이크를 수행한 미 육군참모총장 콜린스 장군은 뒷날 이렇게 회고하였다.

"미국 대통령으로 처음 한국이란 나라를 방문한 아이젠하워는 '전쟁보다 명예로운 휴전' 결심을 더욱 굳혔다."

아이크도 뒷날 회고록에 "그때 한국 가서 전쟁 종결을 최종 결심했으며, 대통령 이승만은 다루기 힘든 인물로 보였다"라고 썼다. 대선 공약인 전쟁 종결을 위해 한국 전선을 찾아와 시찰한 것은 미국 국민들에게 보이려는 정치 행사였을 뿐, 이승만의 통일전쟁론은 귀에 들어오지도 않은 것이다.

　남북통일이냐, 분단 휴전이냐… 아이크를 보낸 이승만은 더더욱 '미치광이'가 되지 않고서는 넘지 못할 새로운 장벽을 실감한다. 통일을 위해 꼭 필요한 미국의 힘, 어떻게든지 아이크를 설득하거나 굴복시키지 않으면 남북통일의 꿈은커녕 국토분단은 고착될 수밖에 없다.
　'통일 비치광이' 소리글 듣게 될 한국 대통령과 미국 새 대통령과의 한판 싸움은 이렇게 시작되었다.

스탈린 사망… 이승만 "휴전은 한국에 사망선고"

소련의 스탈린(1880~1953)이 갑자기 죽었다. 3월 1일 별장에서 쓰러진 스탈린이 5일 숨을 거두었다는 발표가 나오자 세계가 놀랐다. 정정하던 73세 독재자의 갑작스러운 죽음에 갖가지 의혹이 일었다. 가장 유력한 추측은 비밀경찰 총수 베리야가 독살했으리라는 것이었다.
　늙을수록 측근의 실력자들을 의심하여 날마다 '충성 테스트'를 즐겼던 스탈린은 주치의도 못 믿어서 죽이는 등 병적인 히스테리 증상을 보이고 있었다. 말렌코프, 몰로토프, 미코얀, 불가닌, 흐루쇼프 등 충복들이 배신하지 않을까 전전긍긍, 툭하면 모스크바 근교의 별장에 이들을 불러 연회를 즐기며 감시했다고 한다. 2월 28일 토요일 밤에도 새벽 4시까지 파티를 즐긴 스탈린은 "부를 때까지 방해 말라"고 경호원에 이르고 침실에 들었는데, 이튿날 저녁때까지도 나타나지 않았다. 경호원들은 꼼짝도 못 했다. 부를 때까지 방해 말라는 명령을 어기면 큰일 나기 때문이다. 결국 우편물 핑계로 방문을 열었더니 스탈린은 침대에서 떨어져 의식을 잃은 상태로 말을 못 하고 신음

만 연발하고 있었다고 한다.

베리야는 파티에서 여자들과 술 마시다가 연락을 받고 달려갔다.

"스탈린 동지가 잘 자고 있군. 모두들 여기서 나가. 잠을 방해하지 말아야지."

경호원들을 내보낸 베리야는 의사를 부르지 않는 것이었다.

쓰러진 지 12시간도 더 지나 나타난 의사들은 포기하였다. 마침내 스탈린은 숨이 끊어졌다. 소련 전역에서 엄청난 인파가 몰려들었나. 이십트 미라처럼 방부 처리하여 레닌 묘에 합상되는 스탈린을 보려는 사람들이 넘어져 수십 명이 압사하는 사고가 났다. 한쪽에선 "독재자는 죽어서도 국민을 죽인다"고 쑥덕거렸다.

당시 외무상 몰로토프는 회고록에 베리야가 자기에게 이렇게 자랑했다고 기록했다.

"내가 그를 처치했어. 내가 당신들 모두를 살린 거라구."

스탈린의 고향 조지아(그루지야) 후배인 베리야는 3개월 후 흐루쇼프에 의해 숙청당해 체포되었고, 다시 6개월 후 크리스마스이브 전날 총살되었다.

한반도 전쟁의 양측 당사국 미국과 소련 지도자가 거의 동시에 잇따라 교체되며, 판문점 휴전협상에도 막혔던 물꼬가 터졌다.

1951년 7월 10일 개성에서 시작, 10월에 공산군의 제안으로 판문점으로 옮겨 계속된 휴전협상은 군사분계선 설정, 외국군 철수, 정전감시위원회 설치, 포로 송환 방식 등이 주요 쟁점이었다. 11월 초까지 군사분계선 설정 문제로 시간을 보낸 다음엔 포로 송환을 싸고 평행선을 달려 1년 반을 질질 끈 것은 바로 스탈린 때문이었다. 워낙 스탈린은 전쟁이 계속되기를 바라 휴전협상에서 포로 교환 문제를 틀어줘고 한 치의 양보도 보이지 않고 있었다. 공산 측은 무조건 포로 전원을 교환하자는 자동 교환을 고집하였다. 그러나 유엔 측은 각자 자유의사에 따른 자유 송환 원칙을 양보할 수 없었다. 2차대전 후 스탈린 요구대로 소련군 포로들을 일괄 송환하는 열차가 오스트리아의 계곡을 지날 때, 4천 명 송환 포로 중 상당수 반공 포로들이 뛰어내려 집단 자살하는 참사가 일어난 선례가 있기 때문이다.

조속한 휴전을 원하는 영국은 1952년 9월, 영연방국 인도를 시켜 '본국 송환 거부 포로들은 제3국으로 보내 관리한다'는 타협안을 내놓았다. 이승만은 즉각 변영태 외무장관을 통해 다음과 같은 반대 담화를 발표하였다.

현재 유엔군의 관리 하에서 (북한으로) 귀환할 것을 거절하는 공산 포로들을 일시적 이민으로 인수할 만한 보호국 선정안을 추진시키고 있다 하는데 본 정부로서는 이와 같은 어떤 제안에도 응할 수 없는 것이다. 본시 우리 북한의 땅도 우리 선조로부터 물려받은 강토이다. 북한 동포는 무자비한 공산주의자의 학대를 받고 있으나 빨리 해방시켜야 할 우리의 동족이다. 귀환을 거절하고 우리와 함께 싸우고자 원하는 그들은 공산도배의 멍에로부터 속히 해방시켜야 할 것이다. 이들(반공 포로)을 외국인들같이 취급한다는 것은 절대로 안 된다. 이것은 우리들이 북한을 중공에다 넘겨주는 것과 다름이 없다. 또한 이북의 모든 동포들을 외국 사람으로 간주하는 노릇이 될 것이다. 만약 우리가 이런 패륜의 사태를 그대로 승인한다면 우리의 주권과 독립이 침식되고 말 것이며 (유엔의) 집단방위도 무의미하게 될 것이다.

무조건 일괄 교환을 고집하던 그 독재자 스탈린이 사라지자 공산 측이 먼저 포로 송환 문제를 양보하고 나섰다. 반년쯤 중지되었던 휴전회담을 재개하자면서, 환자 포로 교환도 제의해 왔다. 베를린 장벽이 무너지듯 '스탈린 장벽'이 무너지니 협상은 급진전되어 갔다.

당황한 이승만은 클라크 사령관과 무초의 후임 브리그스Ellis O. Briggs 대사를 불렀다.

"우리의 가장 중요한 요구 첫 번째는 우리 영토 북한으로부터 중공군이 절수해야 한다는 것이오. 만약 그것이 관철되지 않으면 평화는 없습니다. 미국이 나를 위협하더라도 소용없소. 우리는 살기를 원합니다. 생존하기를 바란단 말이오. 우리 자신의 운명은 우리가 결정하겠소."

청년 시절 혹독한 고문으로 생긴 후유증으로, 흥분하거나 분노하면 손가락을 후후 불며 비비고 얼굴을 경련하는 증상을 보이며 이승만은 클라크의 말을 가로막고 나섰다.

"당신들의 협박은 들으나 마나요. 이런 상황에서 미안하지만 아이젠하워에 협력 못 하오. 인도군은 단 한 사람도 우리 땅에 발을 들여놓을 수 없소."

아이젠하워에게 친서를 보냈다.

"이대로 휴전한다는 것은 한국이 저항 한번 못 하고 사형 선고 받는 것a death sentence for Korea without protest이니 미국과 한국이 상호방위조약을 맺어야 한다. 북한은 이미 중국, 러시아와 군사동맹을 맺고 있지 않은가."

바로 이때 이승만은 반공 포로를 전격 석방하기로 결심을 굳힌다.

'악마의 해방구' 거제도포로수용소

6·25는 소련·중국·북한이 일으킨 국제공산당의 침략으로 처음부터 '사상 전쟁'이다. 미국도 유엔 어느 나라도 공산군과 싸워 본 경험이 없는 시대, 그야말로 '빨갱이를 몰라도 너무 몰랐던' 상황이었으므로, '공산군 포로의 사상 투쟁'이라는 사상 초유의 사태를 예측은커녕 상상도 못 하였다. 따라서 미군의 포로 관리 역시 종래 방식 그대로 무방비나 다름없었다.

대규모 포로수용소가 생긴 것은 중공군 참전 이후이고, 분산 수용했던 포로들을 거제도에 집합시킨 것은 1·4후퇴 직후였다. 전선이 남북을 오르내리며 쏟아 내는 포로를 감당할 수 없어 거제도에 확장 설치한 것이다. 유명한 '흥남 철수작전'으로 거제도에 이미 북한 피난민 10여만 명이 몰려 북적대는 가운데 포로들도 17만 8천 명이 집중 수용되었다. 미 8군은 포로들을 1개 막사에 수천 명씩 배치하고, 한국군과 합동 관리에 들어갔다.

북한 공작원들 포로 위장 잠입, '해방동맹' 결성

북한군과 중공군 포로들이 혼재된 대규모 포로 집단에 '위장공작조'가 분산 잠입해 본부의 지령을 받아 '해방동맹'을 결성한다.

처음 몇 달은 잠잠하던 수용소에 첫 집단행동이 나타난 것은 1951년 7월 '하복 사건'이다. 엄청난 포로들에게 여름옷을 지어 입힐 천이 모자라 이것저것 불평이 터지자 이를 기화로 단식 농성에 돌입하더니, 수용소 안에서 최초의 인민재판을 시작하였다. 북한 깃발을 만들어 걸고, '적기가赤旗歌'를 부르고, 담요를 찢어 만든 군복에 북한 계급장을 붙이고 '반공 포로'를 끌어낸다. "이 간나새끼는 예수쟁이다" 지목하면 "죽여라!"며 주먹질, 발길질, 몽둥이, 돌멩이로 집단 폭력을 자행하였다. 이렇게 전 수용소에서 공개적인 학살로 숨진 반공 포로들의 피를 물감 삼아 '민족의 태양 김일성 장군 만세!' '민족 반역자 이승만 죽여라!' 등 플래카드를 만들어 수용소마다 철조망에 줄줄이 걸어 놓았다. 하룻밤에도 여러 명이 쥐도 새도 모르게 없어지니 반공 포로들은 죽지 않기 위해 별의별 짓을 다 하였다고 한다.

인민재판이 십난 학살로 돌변

처음엔 한두 명 처형으로 끝나던 인민재판은 갈수록 숫자도 처형 규모도 늘어 갔다. 반공 포로들은 특·1·2·3급으로 분류되어, 특급은 현장서 머리를 쳐서 사형, 1급은 곤장 500대, 2급 400대, 3급 300대로 무차별 폭행하였다. 50대도 맞기 전에 숨이 끊어지니 전원 사형이나 마찬가지다. 희생자가 사흘간 300~500명으로 집계된 적도 있다. 대책이 없던 수용소 당국이 뒤늦게 알고 진입했으나 국군과 미군 5명이 그 자리에서 살해되었다.

공산 포로들을 총지휘하는 실력자는 박상현 인민군 총좌(중령)였다. 소련공산당 출신으로 북한 정권 수립 때 입북, 노동당 부위원장이 되어 김일성의 직접 명령으로 거제도 특별공작대를 맡았다. 판문점 휴전회담 북한 대표 남일南日이 이 특별공작대를 편성, 감독, 지휘하며 각종 교란 작전을 지령하였고, 거제도 내 북한군·중공군 포로들은 또 하나의 인민군으로 조직되어 지령을 수행했다. 대형 북한 깃발이 24시간 휘날리는 '해방구' 수용소는 '거제인민공화국'이나 다름없었다. 수용소 부근 민간 마을에도 외부 공작대가 숨어 있고, 박상현의 본부인 77수용소 지하 곳방에는 여러 대의 무전기를 갖다 놓고 76, 78 수용소로 통하는 땅굴까지 뚫어 놓았다.

포로 송환 심사 거부 폭동

판문점에서 '강제 송환 대 자유 송환'을 놓고 줄다리기 할 때 남일은 "조국에 안 오겠다는 포로가 도대체 몇 명이냐? 숫자를 밝히라"라고 우겼다. 이에 유엔 측은 거제도 수용 포로들의 심사를 실시하기로 하였다. 그와 동시에 남일은 거제도 공작대에 지령을 내렸다.

1952년 2월 18일 공산당이 가장 많은 62수용소에 미군 심사팀이 들어섰을 때, 1,500여명의 공산군 포로들이 심사팀을 급습하였다. 죽창, 쇠창, 칼, 사체 송 능릉 몰대 민든 온갖 무기를 들고 일제히 공격하는 폭도들에게 미군은 즉각 발사하였다. 포로 77명이 죽고 140여명 부상, 미군 1명 사망, 38명 중경상. 남일의 폭동 지령은 대성공을 거두었다. 남일의 미끼에 걸려든 유엔 측의 송환 심사는 좌절되었고, 판문점 테이블에서 남일은 '미군의 만행'을 규탄하며 날마다 외신 기자들에게 세계를 향한 반미 선전 자료들을 나누어 주기 바빴다. '공산당을 모르는 미국'이 당한 상징적 사건이다.

포로수용소 내에서도 휴전 반대-휴전 지지 시위 대결이 벌어지고 좌우 포로들의 유혈 투쟁으로 사상자가 속출하는 가운데, 판문점의 남일이 이번에는 '반공 포로 분리 작업 저지, 고위 장교 납치' 지령을 보낸다.

수용소장 도드 준장 피랍

포로공작대는 처우 개선을 핑계로 연좌농성을 시작하며 수용소장 면담을 요구한다. 갓 부임해 물정을 모르는 수용소장 도드Francis Dodd 준장이 주변의 만류를 뿌리치고 철조망 안으로 들어가 진지하게 면담에 응하는 동안, 공격조가 뒤에서 달려와 덮쳐 버렸다. 도드 준장은 소지품을 몽땅 빼앗긴 채 끌려 들어갔다. 한국군이 발포를 주장했지만 미군이 이를 거부하고 공산 포로들의 요구를 모두 수용함으로써 도드는 풀려난다. 세계 전쟁사상 전무후무한 치욕적 사건이었다.

리지웨이 장군의 후임으로 도착한 클라크 유엔 사령관이 강경책을 발동해 포로들과의 합의를 무효화시키고, 후임 수용소장 보트너 장군은 적기를 게양하는 포로를 현장 사살하고 집단 폭동을 일으킨 수천 명 공산 포로들을 진압한다. 공작대 아지트에서 천막 기둥으로 만든 쇠창 3천 개, 칼 4,500개 등등 사제 무기고가 즐비하게 발견되고, 전체 포로들의 집단 탈출과 봉기 작전 계획서도 나왔다. 그제서야 미군은 공산 포로와 반공 포로를 분리 수용하고, 주변 민간 마을 주민도 이주시켰다.

연전연승한 남일은 도드 납치 사건을 역선전으로 협상에 집중 이용하고, 소련 〈프라우다〉 신문은 거제도 미군이 히틀러의 유대인 수용소보다 비인간적이고 악명이 높다고 떠들었다.

한미조약 요구하며 '단독 북진' 비상사태 선포

1953년 6월이 되자마자 판문점에선 '포로 교환 협상 타결' 발표가 나왔다. 지난해 인도가 추진하고 유엔에서 통과된 '송환 거부 포로의 중립국 관리' 그것이었다. 인도 장성을 대표로 중립국 감시위원단을 한국에 설치하고, 남한에 수용된 모든 포로들을 대상으로 유엔군과 공산군이 개별 면담을 진행하되, 포로가 남한에 남을 경우 북한의 가족이 당할 일을 경고하는 것도 허용한다는 것. 이렇게 되면 한국에 남겠다고 계속 버틸 수 있는 반공 포로가 몇 명이나 되겠는가? 유엔 측이 또 한 번 공산 측에 끌려들어 간 양보안이었다.

막혔던 둑이 터졌으니 포로 송환과 휴전협정 타결은 이제 일사천리로 진행될 판이었다. 황당하기 그지없는 이승만 대통령은 즉시 브리그스 미국 대사를 불러 단호하게 말했다.

"당신 대통령 아이젠하워에게 전하시오. 나의 결심은 변함이 없다고."

그러면서 3개항의 전제조건을 내밀었다.

1) 미국은 한국에 대한 외무 공석을 공동방위하는 그와을 대한민국과 속히 체결할 것.
2) 전쟁으로 파괴된 한국을 재건하기 위해 대규모 경제원조를 제공할 것.
3) 미국 공군과 해군은 한국에 계속 잔류할 것. 남북통일을 위해 한국군을 지원해야 한다.

이 조건을 받아들인다면 '중공군과 유엔군의 전면 철수'를 전제로 대한민국은 휴전을 수용할 수 있다고 이승만은 유연성을 보여 주었다.

"이 제안을 아이젠하워가 받아들일 수 없다면 우리는 싸움을 계속할 것이오. 어떤 휴전조약이나 평화조약으로 남북한을 또다시 분단시키기보다는 싸우는 길을 택할 수밖에 없소. 유엔군이 우리와 함께 싸워서 이 공동 문제를 판결하자는 것이 우리가 원하는 것인데, 이것이 불가능하다면 우리는 단독으로 싸울 것이오. 그것이 자살이라 해도 싸울 것이오. 지휘는 내가 하겠소. 우리의 민족자결주의를 행사해서 우리의 죽고 사는 사활 문제를 양단간에 결판낼 것이며, 언제까지 분단된 상태로는 살 수 없다는 점을 명백히 밝히는 바이오."

이승만의 '반 휴전, 단독 북진' 노선은 미국 의회 내 반공론자들의 지지를 받고 있었다. 유명한 태프트, 매카시를 비롯하여 놀런드, 제너, 모스, 저드, 플랜더스 등 상원의원들이다.

이때 이승만과 아이크 사이에 몇 차례 교신이 있었는데, 대표적인 것은 1953년 6월 6일자 아이크의 친서였다. 그동안 한미조약 요구를 번번이 차 버렸던 아이크가 이승만의 3개 요구조건 중 1, 2항은 '좋다'고 하고 3항은 뺀 편지를 보낸 것이다. 한미 방위조약과 경제 인고는 응미있다는 의사표시를 미끼로 약소국의 늙은 지도자를 달래 단독 북진 고집을 막자는 계산이었다. 그러나 미끼에 넘어갈 이승만이 아니다. 통일이야말로 무엇보다 우선한 민족 사활이 걸린 절대적 사명이었고, 한미조약은 그 필수조건이다. 따라서 3개 조건 모두는 한 덩어리 목표인 것이다.

경무대에서 이승만의 '자살 전쟁' 협박을 받았던 클라크 장군은 훗날 회고록에 이렇게 썼다. "이승만 대통령은 미국인보다 미국의 입장을 더 꿰뚫어보고 있었으며, 미국인보다 미국인의 심리를 잘 이용할 줄 아는 탁월한 전략가이다."

6월 7일, 이승만 대통령은 방송을 통하여 '북진통일'을 선언하고 남한 전역에 '특별 비상사태'를 선포하였다. 동시에 미국에 파견 훈련 중이던 한국군 전원에게도 귀국 명령을 내렸다. 한국군 단독으로라도 북진하여 중공군을 몰아내고 한반도를 통일하고야 말겠다는 결의를 전 국민과 미국에게, 아니 공산권과 전 세계에 알리는 선전포고였다.

이승만 대통령은 7일 오전 특별담화를 발표, "최악의 경우 단독북진할 것이니 한국국민과 육해공군은 정부 명령에 따르라"고 선언하고 새로운 침략 방지를 보장하지 않은 채 휴전협정을 성립시킬 경우에는 공산군과 전쟁을 계속하도록 명령하였다. 이에 따라 진헌식 내무장관은 이날 오전 한국전토(全土)에 비상경계령을 선포하였다.

한편 공보처의 특별발표에 의하면 정부에서는 현하 긴박한 정세에 대처하기 위하여 현재 도미중에 있는 육군총참모장 백선엽 대장 이하 육해공군 전장교의 즉시 소환을 명령하는 동시에 현재 도미 예정중이던 각 장성들에 대해서는 출발 중지를 명령하였다. (동아일보 1953. 6. 8)

이튿날 이 대통령은 아이젠하워 대통령으로부터 전달된 미국의 양보가 "만족할 만한 것이 아니다"라고 명백히 하였다. 8일 미군 제1군단의 참전 기념식에 참석하여 행한 연설에서 이 대통령은 "아이젠하워 대통령의 제안에 대하여 결정된 것은 아무것도 없다"고 밝혔다. "나는 슬픈 감정과 무거운 심정을 가지고 이곳에 왔다"고 말할 때 그의 목소리는 눈물에 떨려서 거의 들을 수 없었다고 조선일보는 보도하였다.

다음날 6월 9일, 변영태 총리서리도 "전 민족은 궐기하라"는 특별담화를 발표하였다.

"통일이 아니면 죽음을 달라"고 휴전을 반대하며 다만 북진통일만을 바란다는 민족의 염원은 요원의 불꽃처럼 방방곡곡에서 일어나고 있는 열렬한 데모로 유감없이 표시되고 있거니와 12일 부산에서 거행된 상이군인 데모에 이어 수도 서울에서는 팔다리와 눈을 잃은 상이군인들의 대대적인 데모를 비롯하여 남녀 중고 학생들의 시위행진이 성대히 거행되었다.

△ "진격명령을 내려주시오." 재경상이군인들의 혈서 메시지

△ 미국대사관 주변에 철조망, 소방차로 길을 막아 시민 통행을 금지

△ 국민은 자중하여 외국군에 신중하라, 교통 방해등 일체 금지

△ 전국민의 실망 최절정에 올라… 이대통령은 시위대에 격려 메시지

(동아일보)

세계가 놀란 반공 포로 석방

'북진통일' 방송 하루 전인 6월 6일 오후, 이승만은 원용덕 헌병총사 령관을 경무대로 불러들였다. 바로 1년 전 부산 정치파동 때 부산·경 남 계엄사령관으로 직선제 개헌을 성공시키는 데 결정적 역할을 한 원용덕은 그 후 이승만의 두터운 신임을 받아 부산과 서울의 경무대 출입이 잦아져 있었다. 이날도 포로 송환 타결로 긴장된 판이라 틀림 없이 무슨 중요한 지시를 받을 것 같은 예감으로 달려간 원 사령관이 대통령 앞에 앉았다.

"원 장군, 미국 사람들이 또 우리 의사와 관계없이 우리 애국 청 년(반공 포로)들을 죽음의 땅으로 보낸다니 큰일이야. 나로서는 단 한 명도 북한으로 보낼 수는 없어. 원 장군, 저 북한에 안 가겠다는 우리 동포 청년들을 석방했으면 하는데 무슨 수가 없겠나? 오늘 밤이라도 좋으니 방안을 만들어 와서 알려주게나."

원용덕은 무릎을 쳤다. 그전에도 "반공 포로는 석방해야 한다"는 대통령의 말을 몇 번 들은 바 있어 그는 이미 반쯤 구상이 끝나 있었 다. 제네바 협정의 포로 관계 조항 중 '인도주의', '교환은 의무적'이

란 것과, 전쟁 포로 처리 문제는 그들을 관리하는 국가의 주권에 속한다는 대목을 원용덕은 잘 알고 있었다. 현재 거제도 등 수용소 포로들은 유엔군, 즉 미군이 관리하고 있지만 현장 경비는 상당수 국군이 맡고 있으므로 우리 군이 경비를 풀어 버리면 모두 빠져나올 수 있는 것 아닌가.

원 사령관은 석방 시 협조가 필요한 내무장관 진헌식陳憲植을 찾아가 경찰 동원과 의복, 식사, 포로 보호 문제 등을 협의한 뒤 경무대로 달려갔다. 반기는 이승만에게 비밀삭선 계획서를 보고하고 또 다른 문건을 들이밀었다.

"각하, 부산에서도 그랬던 것처럼 국군 지휘권이 유엔 사령관한테 있으므로 이걸 만들어 왔습니다."

문건은 "오늘부터 육·해·공군의 헌병은 원용덕 중장의 지휘 하에 들어감을 명령함"이란 요지였다. 얼굴이 환해진 이승만은 즉각 '晚(만)'이라고 자필 서명을 해 주었다. 이어 대통령은 "나의 명령이니 반공 한인 애국 청년들을 석방하라. 可(가), 晚"이라고 친필 사인한 석방 명령서를 별도로 써 주고 원용덕의 두 손을 굳게 잡았다.

다음날 진헌식 내무장관은 경무과장 최치환崔致煥(뒤에 국회의원), 총무과장 신두영申斗泳(뒤에 감사원장)을 불러 극비리에 포로 석방 지원 대책을 마련한다.

사흘 후 경무대 구내에 임시로 마련된 원용덕 사령관 비밀 집무실에서는 비밀 작전회의로 시간 가는 줄 몰랐다.

"이 회의에 참석한 자는 단 한 마디라도 누설해선 안 되며 국가 1급 비밀을 엄수하라. 국방장관과 참모총장들에게도 입을 다물라."

국군의 지휘 계통을 뛰어넘는 국가 최고 극비 군사작전, 통수권자 이승만 특유의 혁명적 도전이 부산 정치파동에 이어 또 벼락처럼 터트릴 폭약을 채우는 작업이다. 원용덕이 내보이는 대통령의 친필 서명 문서 2개를 보면서도 중간간부들은 반신반의하며 고슴도치처럼 극비 업무를 서둘렀다.

절묘한 타이밍

반공 포로 석방은 당초 1953년 6월 11일 결행하려다가, 전략상 18일 새벽으로 미루게 되었다.

D데이 6월 18일 02시. 신호를 기다리는 전국 20여 개 포로수용소는 태풍 전야의 고요에 빠져 있었다. 초저녁 어둠부터 숨어든 검은 그림자들이 다람쥐처럼 재빠르게 막사들을 오가며 반공 포로 대표들에게 무언가 속삭이고 있었다.

"우리가 고대하던 자유의 날이 드디어 왔다. 이승만 대통령께서 석방 명령을 내렸소. 새벽 2시가 되면 여러분은 우리가 끊어 놓은 이 철조망으로 뛰시오. 탈출 후엔 최대한 멀리, 적어도 30리는 벗어나야 합니다. 그다음엔 경찰이 보호해 줄 것이오."

입에서 입으로 전달된 석방 소식에 포로들은 옷과 신발끈을 졸라매고 잠자는 체 누워서 기다렸다.

마침내 2시. 수용소 뒷산에서 전지 등불 신호가 세 번 반짝, 반짝, 반짝…. 안내 헌병과 기다리던 포로들은 일제히 끊어진 2중 철조망으로 물밀듯이 쏟아져 나가 달린다. 자유를 찾아 대탈주! 포로들이 70퍼센트쯤 탈출했을 때 요란한 총성이 콩 볶듯 울렸다. 그제야 알아차린 미군들이 혼비백산해, 미리 단전시켜 칠흑 같은 수용소에서 허둥지둥 뒤늦게 조명탄을 쏘아 올리고 어둠 속으로 총격을 가했지만 이미 상황 끝. 막사들은 텅텅 비었다.

석방 작전은 대부분 성공적이었으나 몇 군데 실패도 있었다. 영천포로수용소에서는 한국 경비대장 김모 소령이 평소 친분이 두터웠던 미군 수용소장을 믿고 거사 계획을 털어놓으며 '인도적인 부탁'을 하였다. 미군 소장은 이를 거부하며 즉각 비상령을 내리고 포로 간부들을 영창에 감금해 버렸다. 이래서 18일 새벽 탈출은 실패.

날이 밝은 후, 대구 육군 헌병사령부 김병삼 중령 앞에 서울 총사령부의 김문호 소령이 나타났다. 그는 아무 말도 없이 까만 보자기를 풀더니 큰 장도칼을 꺼내 놓았다.

"이것은 대통령 각하의 선물이오. 영친 포로들을 서방 못 하며 우리 이 칼로 자결합시다."

김문호 소령이 돌아간 뒤 김병삼 중령은 영천수용소의 김모 소령을 불렀다. 죄 지은 김모 소령이 헐레벌떡 달려와 책상 위에 놓인 장도칼을 보고 찔끔 놀란다. 이제 죽었구나!

"이 칼은 대통령 각하께서 보내신 것이오. 만약 오늘 밤 안으로 탈출작전을 성공시키지 못할 때는 나와 김 소령은 자결해야 돼. 알았소?"

질겁한 김모 소령은 영천으로 돌아왔다. 자신의 발설로 수용소엔 미군 장갑차 30대가 출동하여 포위 상태. 미군을 믿은 내가 바보….

김 소령은 조용집 소령과 특공작전을 짰다. 영천 시내 전기회사에 밤 9시 단전을 요청하고, 절단기 10개와 고춧가루 한 말을 사 왔다.

"끊으라."

명령에 수용소는 어둠에 잠겼다. 특공대원 30명은 번개처럼 작전을 개시해 미군 경비 헌병들을 3 대 1로 급습해 수갑을 채우고 철조망을 절단했다. 포로 복장으로 막사에 잠입해 있던 특공대원들이 포로들을 일시에 탈출구로 인도했다. 장갑차 공격조는 일제사격을 가해 라이트를 깨트리며 장갑차에 뛰어올라 고춧가루를 듬뿍 쏟았다.

꼼짝없이 당한 미군들이 쩔쩔 눈물을 쏟으며 기어 나왔으나 속수무책이다. 금호강 쪽으로 무작정 뛴 포로 1천여 명은 사복 경찰과 청년들의 안내로 마을에 분산되었다. 첫날 거사를 막았던 미군 수용소장은 그때 "방해 말라. 한국군과 싸우지 말라. 이것은 정치 문제"라며 미군을 말렸다고 김 소령은 전한다.

거제도와 영천을 제외하고 나머지 수용소들의 탈출작전은 비교적 순조로웠으나, 총격전이 벌어진 곳에서는 미군과 포로들 희생자기 멋 명삐 쌩시는 틀싱사노 피하기 어려웠다.

석방된 포로들을 미군으로부터 보호하는 방법도 가지가지였다. 부평국민학교 교정에서는 때맞춰 휴전반대 시민궐기대회가 열렸다. '통일 없는 휴전 결사반대' 결의문을 채택하고 시가행진에 들어간 시민들은 국도를 따라 인천 시내까지 행진을 멈추지 않았다. 수용소를 탈출하여 이동하던 반공 포로들은 검문하는 미군을 피해 이 행진 대열에 속속 숨어들었다. 휴전 반대도 하고 북한 반공 포로들도 보호하는 2중 작전을 펼친 것이다(이상 『비화 임시수도 천일』 발췌 요약).

이렇게 해서 이승만 대통령의 반공 포로 석방 조치는 대성공을 거두었다. 전국에서 이틀 동안 탈출한 포로들은 대강 2만 7천여 명. 내무부는 적극 보호 지원에 나섰고, 국민들의 지원 활동도 휴전 반대 분위기에 힘입어 더욱 활발하게 이루어졌다. 원용덕 사령관은 경무대 이승만 대통령에게 결과를 보고하고 성명서를 방송했다.

그동안 미국 언론들이 단독 북진을 열창하는 이승만을 '자살 폭탄을 안고 적진에 투신하는' 만화로 그리기 시작한 지 한 달. 그 만화를 이렇게 국제적인 드라마로 만들어 낸 이승만이었다. 클라크에게 "자살 전쟁은 내가 지휘한다"고 고함친 지 열흘 만에 유엔군에 예고도 상의도 없이 국군통수권을 휘둘러 반공 포로를 석방하는 '자살훈련'을 단독 감행한 결과는 약소국 지도자의 전무후무한 국제 외교 전쟁의 대승리였다.

더구나 타이밍 선택이 전략적으로 절묘했다. 6월 18일은 판문점에서 포로 송환 합의서에 양측이 서명하기로 예정된 날이었다. 게다가 바로 전날 17일 이승만을 달래려는 아이젠하워가 특사를 보내겠다고 하여 이승만이 수락하고는 그날 밤에 석방을 단행, 판문점 회담을 한 방에 깨면서 백악관 심장을 깅디히는 일서이る이 해폭탄을 날린 것이었다.

이승만 대통령은 '전 세계의 인류와 참전 우방국들을 향하여' 특별담화를 발표한다.

제네바 협정과 인권정신에 의하여 반공 한인포로들은 벌써 다 석방
되었어야 할 터인데 국제상 관련으로 해서 불공평하게도 이 사람들
을 너무 오래 구속해 왔던 것이다.

지금에 와서는 유엔이 공산측과 협의한 것이 국제적관련을 더욱 복
잡하게 하여서 필경은 우리 원수들에게 만족을 주고 우리민족에게
오해를 주는 결과를 일으킬 염려가 있었다.

그러므로 이런 결과를 피하기 위해서 내가 책임을 지고 반공 한인포
로를 오늘 6월 18일로 석방하라고 명령하였다. 유엔사령관이나 관계
당국들과 협의가 없이 이렇게 행한 이유는 설명하지 않아도 다 알
것이다.

각 도지사와 경찰에게 지시해서 이들 석방된 포로들을 아무쪼록 잘
지도 보호할 것이니 잘 행할 줄로 믿는 바이다. 우리 모든 민중이나
친구들이 다 협조해서 어디서든지 불필요한 오해가 생기지 않도록

해줄 것을 믿는 바이다. (조선일보 호외)

처칠·아이크 "이번엔 진짜 이승만 없애라"

세계가 발칵 뒤집어졌다. 서울발 아침 긴급 뉴스는 강대국들에 무차별 융단폭격을 가하였다. 런던서는 잠들었던 처칠이 침실을 뛰쳐나오고, 도쿄에서는 아침 샤워 하던 클라크가 면도칼을 떨어트렸다고 한다. 워싱턴의 아이젠하워는 즉각 백악관 비상회의를 소집하고 흥분한 일급로 번노를 노아였다.

"이승만은 우리의 적이다. 전쟁 하는 적들보다 더 무서운 적이다."

수많은 희생을 무릅쓰고 공산 측과 겨우 타결한 포로 송환 협정, 그 최종 서명이 오늘 18일로 예정되어 있는 판에 이승만이 산통을 깨 버렸으니 이승만에 대한 비상 대책이 더 급하다고 말했다. 누가 적인가를 재규정하자는 주장, 이승만은 더 이상 신뢰하면 안 된다는 주장, 한국군 지원과 경제원조까지 당장 끊어 버리자는 주장들이 속출하였다.

처칠은 "유엔 권위를 파괴한 극히 심각한 중대 범죄"라고 펄펄 뛰면서 아이젠하워에게 압박을 가하였다. "이승만은 세계 평화의 적이다. 배신자 이승만이 존재하는 한 한국전쟁에 협조 못 하겠다. 파병 16개국 군이 계엄령을 선포하고 이승만의 권한을 박탈한다는 '최후통첩'을 한국에 보내라"며 처칠은 아이크보다 더 길길이 뛰었다.

백악관 회의에서도 '이승만 제거' 논의가 불꽃 튀었다. 휴전을 결사반대하고 단독 북진통일 주장을 포기하지 않는 이승만, 그런 자살 행위를 왜 고집하느냐 말리면 "공산 지배를 받느니 자살을 택하는 길밖에 없다"는 이승만, 그를 만나 본 사람들 누구나 그가 입으로만 협박하는 것이 아니라 과감히 행동할 인물이라 판단했는데, 이번에 반공 포로 석방으로 그것이 실증되었다며 대책을 못 찾는 것이었다.

미국 정부는 두 가지 난제에 봉착했다. 하나는 실제로 이승만이 한국군의 작전통제권을 회수하여 단독 북진에 나서는 것, 두 번째는 이승만이 또 포로를 추가 석방할 경우 공산 측이 그에 대한 반발로 미군 포로를 돌려주지 않을 위험이 커졌다는 사실. 그래서 더 이상 이승만의 자유행동을 방치하면 안 되는 상황이란 결론에 도달하였다.

유엔 사령관 클라크는 우선 모든 포로수용소 경비강화령을 내리고 한국군 경비병을 미군으로 교체하는 한편, 미군 2사단에 '비상사태 대비' 특명을 내렸다. 이것은 준비된 '에버레디 작전Ever-Ready Plan(이승만 제거작전)'을 명령만 내리면 실행하겠다는 경고다. 지난해 부산 정치파동 때 '이승만 연금-제거' 작전을 마련해 놨다 보류한 바 있는데, 이승만의 휴전 반대, 단독 북진 투쟁이 격화되자 미 8군 테일러Maxwel D. Taylor 사령관이 이해 5월에 업그레이드해 놓은 것이다.

그러나 '불쌍한 약소국의 강력한 거인' 이승만의 리더십을 가까이서 접해 온 클라크 유엔 사령관의 가슴 한구석에선 연민과 동정이 언제부턴가 존경심으로 변하고 있었다.

덜레스John Foster Dulles(1888~1959) 미 국무장관은 아이젠하워 앞에서 "이승만이 우리 등에 칼을 꽂았다"고 화를 내면서도 신중함을 잃지 않았다. "공산 측과 이승만을 1타 2매로 밀어 버리는 휴전"을 실현해 보이겠다며 외교적 해결을 들고 나왔다. 덜레스는 이승만과 프린스턴대 국제외교 박사 선후배 사이다(이승만이 13년 연상). 부산 정치파동 때 애치슨 국무장관이 그랬던 것처럼 "이승만을 제거하기보다 다시 한 번 이용하자"면서 타협안을 제시한 것이다. 잠시 후 고개를 끄덕인 아이젠하워는 이승만을 불러다 달래 보자며 미국 방문 초청안을 낸다. 이승만은 "바쁘다"는 한마디로 거부하며, "할 말 있거든 덜레스를 보내라"고 응수한다. 덜레스는 국회 회기라서 안 된다며 자기 대신 동아시아태평양담당차관보 로버트슨William Robertson을 대통령 특사로 보내겠다고 했다.

마오쩌둥 "무서운 적은 미국 아니라 이승만"

반공 포로 석방 쇼크는 공산 측도 마찬가지였으나 뜻밖에 판문점에선 이를 문제 삼지 않았다. 왜냐하면 이승만은 이번에 중공군 반공 포로는 단 한 명도 석방하지 않았기 때문이다. 베이징(北京)방송이 6월 19일 중국어 방송에서 신화사 개성 특파원 보도로 미국을 물고 늘어졌다.

> 이승만은 무력을 행사하여 포로들을 강제로 수용소에서 탈출시켰다. 미국은 이승만에게 책임을 전적으로 전가하고 있으나 사실은 미국의 사주에 의한 것이다. 이 사건이야말로 휴전협상에 있어서 미국 측의 성의를 시험할 수 있는 기회가 될 것이다.

공산 측은 "미국은 꼭두각시 한 명도 통제하지 못하나? 이승만이 휴전협정을 지킬 것이라고 무엇으로 보증하나? 이승만을 끌어와 협정에 서명시키라"는 등 성화를 부렸다. 어렵사리 타결된 포로 송환 협정문을 책상 서랍에 다시 넣어 둔 채 양측은 이제 상대방이 아니라 이승만과 협상해야 하는 제2의 협상 국면으로 빨려 들어가는 형국이 되었다.

이제야 세계는 이승만을 다시 보게 되었다. 그는 결코 미국의 '괴뢰'가 아니라는 사실이 확인되었다. 미국만 믿고 있다가 이승만의 한 방에 휴전은 물 건너가게 생겼잖은가. 이승만이 언제 또 무슨 '휴전

방해' 돌발 행동을 저지를지 알 수 없었다. '단독 북진' 주장도 허세만은 아닐지도 모른다는 불안감에 유엔과 참전국들은 미국을 붙잡고 "이승만을 없애든지 달래든지 휴전을 마무리하라"고 다그치며 흔들었다.

훗날 중공 마오쩌둥은 말했다. "정작 무서운 적은 미국이 아니라 변화무쌍한 이승만이었다."

1953년 6월 25일 중앙청 광장에서 열린 '동란 발발 3주년 기념식'에서 이승만은 역설하였다.

> 중공군은 휴전협정 조인 전에 한반도에서 반드시 전면 철퇴해야 하고, 한미 방위조약도 휴전협정 조인 전에 반드시 조인되어야만 한다. 휴전 후 진행하겠다는 미국 제안의 정치회의는 3개월이내로 끝내야 하며, 만일 통일문제 해결에 실패하면 단독으로 통일전쟁을 할테니 국민은 단결하라.

이에 화답하는 '휴전 결사반대', '단독 북진통일', 시민들의 함성이 하늘을 울렸다. 지난 연초부터 이승만은 전국적인 휴전 반대 시위를 강화하였다. 부산 정치파동 때처럼 방방곡곡의 지방의회 조직을 총동원, '국민의 힘으로 목표 달성'을 위하여 국제심리전까지 구사하였다. 감수성 예민한 소녀들은 "부모가 죽은 것처럼" 울부짖고 통곡하다가 실신하기도 했다고 외신들이 보도하였다.

아이크 특사 로버트슨은 도쿄에서 클라크를 만난 뒤 6월 25일 그밤에 서울에 들어왔다. 마침내 한국 대통령은 한국전쟁 3년 만에 전쟁 종결권을 한 손에 틀어쥐게 되었다. 모든 것은 다시 시작돼야 한다. 판문점 휴전 합의들은 전면 파기하고 유엔군은 다시 북진해야 하며, 압록강·두만강에 태극기 휘날리는 날 통일도 한미 방위조약도 동시에 쟁취해야 한다.

"미국과 소련이 갈라놓은 우리 국토를 미국의 힘으로 통일시키는 순간이 곧 휴전이다."

이승만의 선언이다.

08

경무대의
'1인 세계대전'

고독한 투쟁

"나의 일생은 고독한 투쟁이었다."

부산 정치파동이 끝났을 때 이승만이 회고한 말이다.

한성감옥에서, 미국 유학에서, 하와이에서, 상하이임시정부에서, 미국 전역에서 사사건건 사면초가 혼자만의 투쟁. 공산당의 무차별 공세, 독립운동 파벌의 중상모략과 배신, 특히 해방 후 3년간 천지사방을 분간 못 하는 독립운동가들의 수구적 권력 싸움판이 가장 고통스러운 고독이었다.

스탈린과 싸우고 미국과 싸우고 김구·김일성과 싸우고 한민당과 싸우고, 그칠 줄 모르는 싸움의 연속에 지치고 지쳐 다 놓아 버리고 싶은 이승만, 그러나 또 놓아선 안 되는 혼자만의 싸움이 시작된다. 올해 나이 78세, 죽기 전에 이것만은 꼭 해 놓지 않으면 안 되기 때문이다.

'이것'은 무엇인가? 자유통일과 한미동맹이다. 이 싸움은 미국과 대결하였던 부산 정치파동과는 비교도 할 수 없는 '세계와의 전쟁'이다. 게다가 중국과 북한은 미국에게 '이승만이 정전협정을 지키겠다는 약속'을 받아오지 않으면 휴전회담을 백지화하겠다고 협박하고 있다. 그러니까 미국·중국·북한이 한편이 되어 이승만 1인에게 '휴전동의'를 강압하는 꼴이다.

휴신을 원아는 선 세세가 미국을 앞세워 유일한 휴전 반대자 이승만을 윽박지르는 새로운 국면, 그 1 대 100의 협상 전쟁의 막이 올랐다. 세계의 눈은 경무대에 집중되었다.

'경제원조를 미끼로 이승만의 휴전 동의 받아 내기' 목표 달성을 다짐하며 로버트슨 특사는 1953년 6월 26일 아침 9시 10분 경무대에 도착하였다.

군악대가 연주를 시작하였다. 신록이 우거져 아름다운 대통령 관저 넓은 뜰에 3군 의장대가 도열해 있고, 현관에는 국가원수라도 맞이하듯 한국 정부 각료들과 장성들이 나와 환영하였다. 로버트슨은 어리둥절해 하면서도 의장대를 사열해야 했고, "기다리고 있었다"며 반기는 이승만 대통령의 손을 잡았다. 노련한 이승만은 이렇게 아이크의 특사를 아이크처럼 국빈급으로 대접하는 것으로 협상의 첫 카드를 던졌다.

안으로 들어간 일행은 기념 촬영을 하고 첫 회담 테이블에 자리를 잡았다. 한국 측은 백두진 국무총리, 변영태 외무장관, 신태영 국방장관이 배석하였고, 미국 측에선 로버트슨 옆에 브리그스 주한 미 대사와 국무부 동북아과장이 앉았다. 첫 회담이 진행되는 동안 미국

NBC 방송 존 리치 기자가 토의 내용까지 녹음했다.

이승만이 입을 열었다.

"로버트슨 씨, 나와 국민들은 아이젠하워 대통령의 특별사절이자 덜레스 국무장관의 대표인 귀하를 환영할 수 있게 되어 행복하게 생각하오. 귀하는 대단히 중요한 시기에 한국에 왔소. 나는 귀하의 방한 중 우리가 어느 정도 합의점에 도달할 수 있기를 희망하는 바입니다."

로버트슨노 빗상구 졌나.

"뜨겁게 환영해 주시고 각하와 대화할 영광을 가질 수 있음에 매우 기쁘게 생각합니다. 나는 미국에 있는 귀하의 친구 두 분, 아이젠하워 대통령과 덜레스 국무장관의 문안과 메시지를 휴대하고 왔습니다. 우리 양국 간의 모든 문제가 순조롭게 풀리기를 기대합니다."

한·미 3명의 지도자, 이승만은 프린스턴대 박사, 아이젠하워는 컬럼비아대 총장을 지냈고, 덜레스는 프린스턴대 박사 후배다.

낮 12시 15분까지 2시간 30분이나 이어진 첫날 회담에서 이승만은 주로 로버트슨의 말을 듣는 시간을 가지면서 다시 한 번 한미 방위조약의 '즉각적인immediate' 체결과 군사·경제원조, 그리고 한국 육군 20개 사단의 증강 등을 환기시켰다. 이에 대해 로버트슨은 휴전협정에 대한 이승만 대통령의 태도가 '즉각적인 변화'를 보여야 한다는 점을 단도직입적으로 주장하였다.

이 대통령은 회담 후 기자들에게 "로버트슨 씨가 좋은 생각을 가져와서 많이 양해가 되어 가고 있다"고 말했다. 로버트슨 특사도 "매우 우호적인 회담이었다. 우리는 서로 오해를 없애는 데 진전을 보았고 또 만날 것이다"라고 조심스럽게 말했다. 그러나 로버트슨 특사의 침통한 표정과 또 외교 소식통이 전하는 '낙관 불허론'으로 미루어 회담 진행은 "결코 순조로운 것이 아니라는 관측이 지배적"이라고 조선일보는 보도하였다.

△6월 27일=이틀째 회담에서 로버트슨은 한국이 휴전협정을 지지하고 준수한다면, 동시에 한국군 작전지휘권을 무기한 유엔군에 맡길 것에 동의한다면, 한미 방위조약을 미·필리핀 조약과 유사한 수준으로 체결하는 문제를 즉시 협상할 용의가 있다는 아이젠하워의 입장을 전달하였다.

이에 이승만은 유엔군이 한국의 북진통일에 협력할 때만 작전지휘권을 계속 위임할 것이며, 방위조약은 무슨 일이 있어도 휴전 조인 이전에 체결되어야 한다고 재삼 강조하였다.

△6월 28일=일요일에도 논쟁은 계속되었고, 로버트슨은 3~4일이면 끝날 줄 알았던 회담이 장기화되리라 예상해 출국 스케줄을 바꿔야 했다.

△6월 29일=클라크와 로버트슨에게 이승만은 "한국전쟁은 내전이 아니며 공산주의와 민주주의 사이의 생존 투쟁"이라 규정하고, 군사적 승리만이 전 세계 공산화 야욕을 단념시킬 수 있을뿐더러, 싸워서 이겨야만 한국이 '제2의 중국'처럼 공산화되는 것을 예방할 수 있는 유일한 길임을 역설하였다.

로버트슨은 "미국은 군사적 방법으로 한국 통일을 실현시킨다고 약속한 적이 없다"면서, 방위조약을 맺는다 하더라도 한국이 북한을 공격하는 경우에는 적용되지 않는다고 잘라 말했다

회담이 평행선을 달리자 클라크와 브리그스 대사는 이승만 대신

양유찬 주미 대사에게 "휴전을 반대하면 미국은 군사적, 경제적 원조를 중단한다"는 아이젠하워 대통령의 방침을 전달한다. 초지일관 고집을 꺾지 않는 이승만의 의지를 꺾으려는 미국 정부의 노골적인 협박이었다.

△7월 1일=로버트슨은 덜레스에게 보낸 전문에서 "이승만은 빈틈없고 책략이 풍부한shrewd, resourceful 인물인 데다, 자기 나라를 국가적 자살행위national suicide로 몰고 갈 능력이 충분하고, 매우 감정적이며 비논리적인 광신자fanatic"라면서도 "그의 철저한 반공주의와 불굴의 정신은 지원받아야만 한다"는 동질감도 밝혔다. 따라서 협박과 회유의 양동작전을 구사하여 이승만의 협력을 얻어 내는 것이 여러모로 이익이며 그 가능성은 상존한다고 보고하였다.

이승만은 휴전 후 개최한다는 정치회의에서 통일을 실현시키겠다는 미국의 제안이 "실현성도 없고 어리석은 시간 낭비"이며 한국을 어린애로 보고 달래려는 '당근'인 줄 알면서도, 이것을 역逆협상 카드로 잡았다. "만약 정치회의가 실패할 경우 미국은 한국 통일 때까지 전쟁을 계속해 준다는 확실한 약속을 한다면, 휴전을 방해하지는 않겠다." 이런 약속도 없는 한 한국 국민을 설득할 방법은 없다는 배수진을 치며 다소 완화된 자세를 보인 것이다.

△7월 3일=로버트슨이 전쟁 재개는 미국 의회의 승인이 필요한 선전포고라고 꼬리를 빼자 이승만의 인내심은 툭 끊어지고 말았다. 암덩어리처럼 평생 가슴에 박혀 있는 역사의 상처가 피를 토하기 시작한다. 강대국의 만행, '약소국 패싱'이라는 패권주의 횡포에 대한 강연을 시작하였다.

"당신도 알다시피 우리 한국인은 1910년과 1945년 두 차례나 미국의 배신에 버림받았소. 조선왕국과 체결했던 '조미 수호조약'을 헌신짝처럼 버린 미국이 해방 후 한반도를 두동강 내더니, 지금 우리에게 일방적인 휴전을 강요하는 상황은 또 하나의 팔아넘기기another sellout, 즉 한국을 일본에 넘기고, 소련에 넘기고, 이번엔 중공에 넘기는 '세 번째 배신'이 되지 않겠소?"

회담이 아니라 역사 강의다. 이승만은 '왜 우리가 꼭 통일을 해야 하는지'에 대하여 미국 대표에게 열상을 뻗쳐 나섰다. 한국사, 동양사, 미국 독립운동사를 넘나들며, 식민지 쟁탈전에서 세계대전 두 차례, 그리고 공산 전체주의에 이르기까지, 특히 미국이 얼마나 일본과 공산주의에 무지했는지, 어떻게 일본과 소련에게 속아 넘어가 한국 민족을 배신하였는지를 시간 가는 줄 모르고 설파하는 것이었다.

여기서 잠깐, 이승만이 말하는 미국의 '두 번의 배신'을 짚고 넘어가자. 이것은 이승만이 직접 겪은 슬픈 역사 이야기, 강대국들의 식민지 나눠 먹기 이야기다.

미국의 첫 번째 배신, 태프트·가쓰라 밀약(1905)

1904년 러일전쟁이 일어나자, 한성감옥의 29세 이승만은 8월에 출감 휴가 형식으로 석방된다. 친분이 두텁던 고종황제의 시종장 민영환을 만나 국가 위기 돌파 대책을 건의한다. "미국이 러일전쟁 종전 협상을 주선한다니, 이때 민 대감이 가서 미국의 도움을 얻어 대한제국의 독립을 확보해야 하지 않겠느냐"고 촉구한다. 고종을 만나고 온 민영환은 "영어를 잘하는 자네를 파견하기로 했으니 가라"고 말한다.

1904년 11월 3일 제물포를 떠난 이승만은 미국 도착 후 선교사들의 도움으로 미국 상원의원과 국무장관을 만나고 시어도어 루스벨트 대통령 면담을 서두르지만, 뜻밖에 국무장관이 죽고 백악관에선 소식이 없다. 그 길에 이승만은 조지 워싱턴 대학에 입학했다.

이듬해 1905년 7월 27일 미국과 일본은 도쿄에서 극비리에 밀약을 맺는다. 미 육군장관 태프트와 일본 총리 가쓰라는 "미국은 일본의 한반도 지배를 묵인하고, 일본은 미국의 필리핀 지배를 방해하지 않는다"는 내용에 극비로 합의하였다. 일본은 청일전쟁으로 조선을 장악한 데 이어 러시아와 싸워 이겼고, 미국은 스페인과의 전쟁서 얻은 필리핀에서 독립군을 진압하는 중이었다.

8월 4일, 루스벨트가 이승만을 불렀다. 러시아와 일본의 강화회담 대표들이 몰려온 뉴욕 롱아일랜드의 여름 백악관, 한걸음에 달려가 독립 청원서를 내밀고 설명하는 이승만에게 루스벨트는 손을 내젓는다. "코리아 공사관을 통하여 정식으로 접수시키면 검토해 보겠노라."

뛸 듯이 기뻐하며 워싱턴 대한大韓 공사관에 달려간 이승만은 절망한다. 이미 일본에 매수된 공사 김유정은 흑인 경비원을 시켜 이승만을 내쫓고 철문을 달았다.

11월 17일, 이토 히로부미(이등박문)는 고종을 협박하여 을사조약을 맺고 대한제국 이름은 세계에서 사라진다.

태프트·가쓰라 밀약의 존재는 그로부터 19년 후에 밝혀진다. 분노한 이승만은 독립운동 강연마다 이 사실을 폭로하며 복수를 다졌다. 1941년 8월 영문 저서 『일본의 가면을 벗긴다』를 출간, 미국의 약소국 배신과 고립주의·평화주의, 그리고 스탈린과 어울리는 친소 정책을 맹렬히 공격한다. 이 책을 접한 미국 대통령 프랭클린 루스벨트(시어도어의 조카)와 측근들은 '미국의 배신'이 부끄럽고, 이승만이 경고한 '일본의 미국 공격 임박' 예언이 4개월 뒤 진주만 기습으로 나타나자 경악한다. 그리하여 이 책은 미 육군의 필독 교재가 되고, 2차대전 종전을 다루는 카이로 회담에서 전후처리 문제 중에 유독 '한국 독립' 조항이 명문화되는 쾌거를 거둔다.

미국의 두 번째 배신, 친소 정책과 38선(1945)

"일본이 물러가면 소련이 내려온다. 대한민국 임시정부를 속히 승인해야 한다."

미일전쟁(太平洋戰爭)이 일어나자 이승만 박사가 다급하게 미국 정부에 여러 차례 요청한 말이다. 그때마다 거부한 자는 알저 히스Alger Hiss, 루스벨트 대통령의 총애를 받는 측근이자 국무부 실세로 행세한 그는 뒷날 매카시 의원의 공산당 고발 때 소련의 간첩으로 드러났다.

알저 히스 외에 더욱 치명적인 방해 공작은 한국인 공산주의자들에 의해 이루어졌다. 중국에선 김원봉이 장제스 정부의 임정 승인을 가로막고, 한통속인 한길수는 미 국무부와 미국민에게 이승만을 중상모략하고, 게다가 평안도 출신 '서북파' 교민들이 재미 연합단체 이름으로 이승만의 발목을 잡고 늘어졌다.

그렇게 시달리는 가운데 전쟁의 막바지 1945년 2월 얄타 회담이 열렸고, 스탈린과 루스벨트의 밀착을 근심하던 이승만 앞에 주요 정보가 날아들었다. 소련공산당에서 전향했다는 사람이 제공한 내용은 미국과 소련이 '한반도는 전쟁이 끝날 때까지 소련에 맡겨 둔다'는 비밀 흥정을 맺었다는 것이었다.

역시나 청천벽력 같은 정보에 이승만은 벌떡 일어섰다. 미국 최대 언론 네트워크에 뉴스를 제공하고 잡지에 폭로하며 루스벨트를 공격한다. 미 국무장관이 '낭설'이라고 부인하는 성명을 내고, 영국 의회도 들썩거렸다.

이승만의 계산은 이러했다. 첫째, 잊혀져 가는 한국 문제를 세계에 부각시키고, 둘째, 비밀거래가 없었다는 확인을 얻어 냈고, 셋째, 전후처리에서 한국 독립 문제를 주요 변수로 못 박은 것이다.

루스벨트가 죽고 트루먼이 대통령이 된 후, 1945년 7월 포츠담 회담에서 스탈린의 야욕이 드러나자 마침내 미국도 뒤늦게 한반도 출병을 결심하게 된다. 8월 6일 미국이 히로시마에 원자탄을 투하하자, 교활한 스탈린은 루스벨트가 그토록 애걸하던 '참전'을 그제야 선언한다. 8월 10일 일왕이 항복 의사를 밝히자 소련은 만주를 통해 물밀듯이 진격하며 북한을 점령하기 시작한다. "일본이 물러나면 소련이 내려온다"는 이승만의 경고 그대로였다.

미 군부는 부랴부랴 한반도 허리에 38선을 그어 소련의 합의를 얻고, 멀리 오키나와에 있던 미군을 뒤늦게 출동시킨다. 엎질러진 물, 한번 그어진 38선은 스탈린의 한반도 공산화 전략으로 굳어져 버렸고, 이승만의 집념으로 대한민국이 건국되자 소련은 6·25 무력 침공을 감행한다.

"아이크의 결재 문서로 가져오라"

△7월 4일=미국 독립기념일. 로버트슨은 이승만에게 "결판을 내자"고 덤볐다. "우리 두 나라가 함께 갈 것이냐 각자의 길을 갈 것이냐, 이것은 전적으로 **당신에게 달려 있다**It's up to YOU"면서, 미국이 제공하는 '선물'을 받을지 말지 양자택일을 촉구했다. "이것은 결코 위압COERCION이 아니오"라고 다그치는 얼굴은 생떼와 애원이 얽혀 한껏 붉어졌다.

이승만도 맞받았다.

"서울 지척에 중공군 100만이 진을 치고 있는데, 미국은 상원의 동의 없이는 전쟁을 못 한다면서 선물은 무슨 선물이냐? 방위조약 체결도 립 서비스에 불과할 뿐, 상원이 조약을 비준하지 않을 경우 어쩔 셈인가? 문서로써 확실한 보장을 하라."

문서가 아니면 약속이 아니다 – 특히 국가 간의 약속 문서를 가장 중시하는 국제법 박사 이승만. 이날 비로소 한미 방위조약의 미국 측 소안을 보기로 하고 경부대 회담을 끝냈다.

로버트슨은 덜레스에게 전문을 보냈다. △이승만이 휴전에 동의를 못 하는 것은 분단의 영구화 우려 때문이라는 것, △장차 중공이나 소련만이 아니라 일본의 재침을 우려한다는 것, △이승만이 미국 정치사를 너무 잘 알아서 상원의 조약 비준에 대해 불신이 깊다는 것, △아이젠하워 대통령이 상원 지도자들의 비준 보장 증거를 만들어 이승만에게 보여 줘야 하겠다는 것 등이다.

이튿날 로버트슨에게서 한미 방위조약 초안을 받은 이승만은 '한국의 희망과 생명이 걸린 문서'를 꼼꼼히 검토해 나갔다.

△7월 7일=이승만은 로버트슨에게 비망록을 보냈다.

1) 미국 측 초안에는 조약 당사국 중 한쪽이 공격 받을 경우 다른 쪽이 '즉각적이고 자동적(instataneous and automatic)'으로 개입한다는 조항이 없다는 점.

2) 한국은 필리핀, 호주, 뉴질랜드와 달리 '순식간에 치명타(a swift crippling blow)'를 당할 위험성이 항상 존재하는 나라임을 명심하고 조항을 다시 만들 것.

3) 최소한 '일본 내와 주변에(in and around Japan)' 미군 주둔을 명문화한 미일 안보조약과 같은 조약이 되어야 한다.

△7월 8일=이날 회담에서 이승만은 "미국은 한국이 의지할 수 있는 '유일한the only 우호 국가'임을 솔직하게 고백한다"며 또다시 마음을 드러내 보였다.

로버트슨도 감동했던가, "요청하신 대로 한국 내와 주변에in and around Korea 미군이 주둔하는 조항을 수용하셨습니까"라며 신듯 '빔새 선물'을 꺼내 놓는 것이었다. 그는 대신 "휴전 후 한국 통일 문제를 다룰 정치회의가 결렬될 때까지는 시간 제한 없이 한국군을 유엔군에서 철수하지 말아 달라"고 다시 한 번 요청하였다.

'협상의 달인'의 침묵 회담 30분과 낚시질 3시간

"잘되면 사흘 정도, 길어도 1주일 내로 끝난다."

로버트슨 자신은 물론 한국 참모들도 비교적 낙관한 '경무대 휴전협상'은 열흘이 지나서야 이제 한미조약 문서 검토가 시작되는 단계에 왔다. 워낙 극비리에 대통령 관저에서 진행되는 일인지라 언론은 날마다 코끼리 만지기 식으로 관측통들의 추측 기사만 난무하는 지경이다. 어제는 '의견 일치', 오늘은 '팽팽한 대립', 이런 식이다. 회담 관계자들을 비롯, 도쿄에서 왕래하는 클라크도 지치고, 워싱턴에서 회담을 조정하는 팀도 지치고, 경무대 앞에 진을 친 취재진도 지쳐 갔다.

당시 경향신문 이혜복 기자의 회고담이다.

1주일 동안 로버트슨 국무차관보는 연일 경무대로 이 대통령을 방문. 끈질긴 설득 작업을 펼쳤다. 그때 나도 경무대 맞은편 경복궁 신무문(神武門) 앞에서 대기했다가 회담을 마치고 나오는 로버트슨 차관보와 노상 인터뷰를 날마다 되풀이해야 했다.

하루는 경무대를 나온 로버트슨이 "오늘은 할 얘기가 정말 없다"고 자리를 뜨려 하자 "그게 무슨 뜻이냐?"는 질문이 쏟아졌다.

그는 "오늘은 이 대통령이 입을 꽉 다물고 선 채로 창밖을 내다보며 30분 동안 묵묵부답이라서 더 이상 말도 못 붙이고 서 있다가 되돌아 나올 수밖에 없었다"고 털어놓았다.

그런 기사를 썼으니 그날 신문 제목은 '침묵회담'으로 나갔다.

또 어느 날 외무장관 변영태는 "이 대통령은 휴전 후의 정치회의가 90일 이내 한국 통일을 해결하지 못할 때는 전투를 재개하는 데 미국의 보장을 요구하는 원칙을 포기하지 않는다고 버티고, 미국 측은 수락할 수 없다고 버티고 있지만, 우리들이 아직도 토의를 계속하고 있다는 사실 그 자체가 회담이 절망적인 것이 아니라는 것을 증명하고 있잖으냐"고 웃기도 했다.

경무대 소식통은 "로버트슨이 빈손으로 워싱턴에 돌아가진 않을 것"이란 말만 반복하였다.

공산 측도 지치기는 마찬가지였다.

북경방송은 (1953년 7월) 5일 이대통령에게 휴전을 수락하도록 설복하는 미국의 노력에 대하여 공공연하게 동정을 표시하였다.

동 방송은 미국에 대한 견해에 있어서는 놀랄 정도로 온건하며, 이 대통령에 대해서는 극도로 신랄하게 폭발하였다. 북경의 편측통이 보는바에 의하면 이것은 이대통령이 휴전수락을 거부하더라도 공산

측은 한국 휴전에 조인할지도 모른다는 것을 의미하고 있다한다.

동 방송은 "이대통령은 너무나 무리를 하고 있다. 역사의 운명은 결코 그런 자의 손에는 들어가지 않을 것이다. 이대통령은 미국 국민에게 그의 정권을 위하여 계속 피를 흘리도록 하려고 한다. 미국 국민들은 결코 그런 함정에 빠지지 않을 것이다"라고 말했다.

동시에 이 방송은 워싱턴 동경 서울의 서방언론들이 이대통령이 반대하여도 휴전을 조인할 준비를 갖추어야한다는 보도를 다량으로 보내고 있다는 점을 강조하였다.

이제 북경방송은 한국 때문에 곤경에 빠진 미국이 정직하다고 생각하고 있는 것 같다.

북경방송은 이제는 이대통령을 미국의 '괴뢰'로 언급하지는 않는다. 이날 방송은 그동안 반공북한포로 석방에 미국이 '공모자'라던 비난을 되풀이하지 않았다.

오히려 이대통령의 언사를 웃음꺼리로 집중비난하면서 "이것은 미국민의 독립정신을 모욕하는 것"이라고 보도, 중국 공산당 방송이 미국의 민주주의와 독립정신까지 언급한다는 것은 실로 놀라운 일이다. 또한 클라크 장군이 "곤란한 입장에 놓여 있다"고 동정적으로 머리를 끄덕이며 수긍하는 모습을 보이고 있다. (동아일보 1953. 7. 7)

공산측은 8일 한국의 참여 없이 휴전 성립을 위한 최종노력을 기울이자는 지난 6월 29일 클라크 장군의 제안을 수락하였다. 이로써 경무대의 한미회담에 새로운 위기가 초래되었다고 워싱턴 당국은 우려를 표명하고 있다.

공산측의 압박으로 미국은 휴전성립을 위해 큰 결단을 필요로 하고 있다. 이승만·로버트슨 회담도 판문점 휴전회담이 재개되기 전에 어떤 결론을 내리지 않으면 안되는 단계에 이르렀다. 그러나 이승만 대통령은 의연히 지금까지 기본적인 방침을 포기하지 않고 있다. 모든 것은 오직 이승만 대통령의 결단에 달려있다. (동아일보 7. 8)

7월 8일 이날도 경무대 앞에서는 수천 명의 군중이 "통일 없는 휴전 반대"를 외치며 시위를 벌이고 있었다. 대통령 비서 한 사람이 판문점에서 공산 측이 배포한 '휴전회담 재개 수락' 문서를 들고 황급히 경복궁 신무문으로 달려 들어갔다.

이승만은 경회루 연못에 낚싯줄을 던져 놓고 잠든 듯 기도하는 듯 꼼짝도 하지 않고 있었다. 비서가 문서를 건네자 한번 훑어본 이 대통령은 본체만체 다시 연못의 물그림자만 들여다보았다. 그 물그림자에 비치는 얼굴은 누구인가? 하나님… 이승만은 기도 중이었다.

"주여, 이 나라를 구하소서."

24살 때 감옥에서 터진 첫 기도의 순간 성령의 불을 받은 이승만은 그 후 평생 동안 기도를 잊은 날이 없다. 제헌국회 개원식도, 건국정부 선포식도 기도로 시작한 '하나님의 택자擇者'는 자나 깨나, "걸어가면서도 기도하는 대통령"이라고 프란체스카는 일기에 적었다. 휴전, 통일, 한미동맹…. "주여, 남북통일을 잊지 말고 반드시 이루소서." 해방이 분단이었던 그때부터 뇌리에 박힌 이 기도를 경회루 물결 위에 천 번 만 번 던지며 이승만은 무슨 전략을 구상하고 있는 것일까?

약 3시간 후 비서가 기자들에게 말했다. "잉어 몇 마리 낚았습니다."

미국·중공·북한이 한편 되어 이승만 협박

'휴전회담 재개.'

그것은 정전협정 조인을 하자는 말이다. 미국과 중공이 손잡고 또다시 '코리아 패싱'이다.

휴전 반대 1인과 휴전 지지 강대국들의 대결. 주전파와 휴전파가 이렇게 뒤바뀔 수 있는 전쟁이 언제 어디 있었던가? 휴전을 반대하는 사람은 대한민국 대통령 오직 한 명인데 휴전을 찬성하는 대결 세력은 미국, 유엔 참전국들, 중공, 북한 등 20여 개국이다. 중립국까지 더하면 전 세계가 이승만을 에워싸고 "그만 휴전하라" 무섭게 총공세를 퍼붓는 판국이다. 전선에선 서로 총질 하며 싸우는 아이크의 미국과 마오쩌둥의 중공, 북한이 한편이 되어 유엔과 함께 밀어붙이는 대공세를 78세 노인 혼자 힘으로 언제까지 당해 낼 수 있단 말인가.

대한민국 대통령 대對 세계의 휴전전戰. 미국, 영국 언론들은 '소小 휴전회담'이라 부르며 휴전을 재촉하는데, 조그만 경무대 안에서는 '1인 세계대전'이 벌어지고 있었다.

몸이 부서져도 용납 못 할 분단, 지구가 깨진다 해도 포기 못할 통일!

이 시기 이승만이 남긴 기록들을 보면 그 뼈아픈 고뇌와 절절한 애국의 언어들에 읽는 이의 가슴이 울컥 울컥 파도친다.

△7월 9일=어제 경회루 연못에서 무엇을 건진 걸까? 잉어 몇 마리가 아니라 새 전략이라도 낚은 걸까? 이승만은 밤중에 손수 타이프라이터로 작성한 비망록을 로버스튼에게 건넸다.

아이젠하워 대통령 특사라지만 로버트슨의 말을 액면 그대로 믿을 수는 없는 이승만이다. 한미 방위조약도 "아이크의 말이 아니라 문서 공약이 필요하다"며 친서를 두 개나 받아 낸 이승만은 날마다 로버트슨과의 대화도 문서로 작성하여 증거물로 비치하고 꼼꼼하게 대화를 진행한다. 그런 이승만이 쓴 비망록을 읽어 가는 로버트슨의 심장도 떨린다.

"… 큰 장애물 하나가 사라졌습니다."

새로운 제안이 나온 것이다. 로버트슨은 지긋이 바라보는 이승만에게 감사를 표하였다. '휴전 조인 전에 중공군이 꼭 철수해야 한다'는 조건을 이승만이 철회한 것이다.

이승만보다 여덟 살 아래인 로버트슨은 원래 금융 전문가로, 트루먼 정부에 들어가 중국에 파견되어 국민당 정부의 경제 문제를 도왔던 터라 '덜레스 뺨치는 반공주의자'로 평가받는 인물이다. 그런데 무골의 장제스와 달리 양파처럼 무궁무진한 전술을 구사하는 지략가 이승만 대통령을 만나 진땀을 흘린 회담이 벌써 2주일째, 한 문제가 끝나는가 싶으면 문서화를 요구하고는 또 새로운 조건을 꺼내 드는 이승만의 협상술에 끌려들어 녹초가 될 지경인데, 드디어 숨통이 뚫리는가 싶어진다.

"미국 상원의 비준 말인데…."

미국 정가를 꿰뚫고 있는 이승만이 다시 입을 열었다. 7월 말 회기 안엔 시간상 비준이 불가능하다는 아이젠하워의 문제 제기엔 동감을 보인다.

"다음 회기 안엔 조약을 반드시 비준하겠다는 아이젠하워의 방침에 동의하지만, 정치회의 90일도 기간이 매우 짧아요. 우리의 통일 노력에 유엔군이나 미군의 참여가 어렵다면 우리 국군 증강에 정신적, 물질적 지원을 아끼지 않겠다는 이 문서 약속을 그 기간에 시킬 수 있겠소? 분명한 보장을 미국 대통령의 결재 문서로 경무대에 갖다주기 바라오."

　같은 날 아침, 클라크 일행이 경무대를 방문하고 나왔다. 경복궁
주변부터 클라크가 지나가는 연도에서는 수천 명의 시민들이 태극기
와 성조기를 흔들며 사나운 구호를 외치고 있었다.
　"통일이 아니면 죽음을 달라!"
　"한미 방위조약 빨리 체결하라!"
　"단독 북진! 남북통일!"
　상이용사 부대는 목발을 흔들며 소리소리 지르고 성조기를 흔들
며 "유엔군 만세!"도 불렀다.
　판문점에서는 유엔군 측이 휴전협정 조인 준비 태세로 본회의를
재개, 비밀리에 30분쯤 회동한 뒤 끝났다. 언론에선 유엔 사령부가
한국 정부에 "곧 조인하겠다"고 정식 통고했다고 보도하였으며, 백
악관이 '최후통첩'을 보냈다는 설에 대해 로버트슨이 "사실무근"이
라 부정하였다는 기사도 나왔다.
　이튿날 이승만 대통령이 무거운 침묵을 지키는 가운데 로버트슨
이 기자들의 질문에 "우리는 금명간 공동성명을 발표할 준비를 하고
있다"고 대답하였다.

공동성명 발표
기다리고 기다리던 공동성명이 마침내 7월 12일 아침 10시에 발표되
었다.

　지난 2주일간 우리는 여러번 만나서 솔직하고도 간곡한 의견 교환을
　하여 나아가는 사이에 현재 한미 양국 간에 존재하고 있는 깊은 우

의를 특히 강조하였으며 정전 절차, 포로 교환 및 장차 개최될 정치 회의 등에 관하여 일어난 여러 가지 곤란한 문제에 대하여 상호 이해에 도달하는 데 상당한 진전을 보았다.

그동안 회담을 통하여 우리는 공산 침략이 시작된 이래 3년간 우리 양국 관계의 특징으로 되어 왔던 밀접한 협조를 공동 목표를 위하여 정전 후에도 계속하여 더욱 강화하겠다는 우리의 결의를 공고히 하였다.

포로 문제에 관해서는 우리는 여하한 포로도 강압을 받아서는 안 되며 일정한 기한이 경과한 후에는 공산 치하로의 송환을 불원하는 모든 포로들을 남한에서 석방하고 반공 중국인 포로에 있어서는 그들 자신이 택하는 목적지로 가게 해야 한다는 우리의 결의를 재강조하였다.

우리 양국 정부는 공동 방위협정 체결에 관하여 합의를 보았으며 동 협정 체결을 위한 교섭을 현재 진행 중에 있다.

우리는 또한 정치 경제 및 방위 등 세 문제에 관하여 상호 협조할 것을 상의하였으며 그동안 회담을 통하여 이러한 문제에 관하여 우리들 사이에 합의를 보고 있는 점이 많음이 밝혀졌다.

특히 우리는 가능한 한 가장 조속한 시일 내에 우리들의 공동 목표, 즉 자유롭고 독립한 통일 한국을 실현하기 위하여 같이 노력하여 나아가겠다는 결의를 강조하고 싶다.

우리들은 그동안 회담을 순조로이 진행케 한 상호 합치의 정신과 그 결과 생긴 광범한 합의에 뒤이어 서로 위해 주는 마음과 서로 편의를 보아 주는 정신이 계속되어 그 결과 안전하고 또 영속적인 영구 평화라는 우리들의 광대한 목표가 꼭 이루어지리라는 것을 확신하여 마지않는 바이다. (조선일보 1953. 7. 14)

한미 관계자들은 다음 세 가지를 경무대에서 합의한 것으로 보인
다고 해설하였다.

1) 미국은 정치회의 기간을 90일로 하자는 이 대통령의 요구를 수락
   하였고, 만일 정치회의가 실패할 경우 전투 재개 문제는 한국과
   미국이 그때 협의하여 결정하기로 할 것.
2) 한미 상호방위조약은 휴전 성립 후 양국 간에 최단 시일 내 체결
   하도록 최선의 노력을 한나.
3) 미국은 한국이 석방한 2만 7천 명 반공 포로를 묵인하는 대신에
   한국은 현재 억류 중인 8만 5천 명의 포로는 석방하지 않고 휴전
   협정에 의하여 처리하는 데 공동보조를 취한다.

"휴전 반대하지만 방해는 않겠다, 딱 90일 동안만"

"방법은 변할지언정 통일 목표는 불변"

[서울 13일발 INS＝합동] (1953년 7월) 13일 대한민국 공보처에서는 다
음과 같은 이승만 대통령의 성명서를 발표하였다.
"다수의 신문기자들과 해외 친구들이 우리회담에서 나온 결론의 성
질에 관한 각종질문을 나에게 보내고 있다. 모든 우리의 친구들이
한국국민과 한국정부의 입장을 이해하기를 원하고 있는 것이므로
나는 이러한 관심을 대단히 고맙게 생각한다.
우리는 현시점에서 발표할 수 있는 것들만 명백히 한 것이다. 앞으
로 연구를 요하는 문제가 약간 있다. 최후적으로 결정될 때까지 우

리는 공동성명에 만족해야 된다.

친구들은 내가 지금까지 전한국의 재통일과 독립을 위하여 또 공산 침략을 좌절시키기 위하여 지켜온 입장을 오늘날에도 견지하고 있다는 것을 이해함에 틀림없을 것이다. 방법의 변경은 있을지 모르나 목적의 변경은 결코 있을 수 없는 것이다." (동아일보 1953. 7. 15)

이승만 대통령은 또한 미국 신문과의 인터뷰에서 다음과 같이 말하였다.

"우리는 휴전을 수락하지는 않으나 적어도 3개월간은 휴전에 방해를 하지 않기로 동의하였다. 미국은 3개월 협상으로 한국을 통일하고 중공군을 철퇴시킬 수 있다고 생각하는 모양인데 우리는 그렇게 생각하지 않고 있다."

한국을 떠나는 로버트슨은 이승만 대통령이 "90일 동안만 한국이 휴전을 반대하지 않겠다는 데 미국이 동의했다"고 언명했다는 소식을 듣고 당혹감을 감추지 못하였다. 부산 수영비행장에서 로버트슨은 논평을 거부하였으나 한국인 부관에게는 "미국을 곤경에 몰아넣는 것"이라면서 "우리는 약속이 있었는데…" 하고는 입을 다물었다.

"한국을 대등한 국가로 대접하라"

한미 방위조약을 맺는 정지작업은 대충 끝났다. 미국을 붙잡고 일방적 휴전을 막기 위해 내걸었던 '중공군 사전 철수'를 양보한 이승만은 아이젠하워의 '한미 방위조약의 조속한 비준' 약속을 문서로 받아냈다. 대신 미국은 '단독 북진'을 외치던 이승만으로부터 "휴전은 반대하지만 미국을 방해하진 않겠다"는 간접적 휴전 용인 약속을 드디어 확보하였다.

이로써 한미 양국은 오랜 씨름 끝에 '안보동맹'으로서 새로운 출발을 할 준비에 들어가게 된 것이다.

그래도 미심쩍은 이승만은 7월 24일 담화를 발표하고 미국에 대하여 채찍을 휘두른다.

> 첫째, 한국이 양보한 것은 세상이 다 아는 일인데 미국이 약속한 양보는 공식화된 것이 없다. 한미 방위조약도 한국은 초안을 보냈는데 왜 아직 회답이 없느냐?
>
> 둘째, 정치회의 기한 문제도 명확한 답변을 빨리 보내라.
>
> 셋째, 반공 포로의 외국 송환은 절대로 안 되며, 중립국 군대의 한국 상륙은 불허한다.

막연한 구두 보장만으로는 미국을 믿을 수 없다고 백악관을 몰아붙였다. "미국을 믿고 중대한 양보까지 하였는데 미국은 판문점에서 공산 측에게 또 양보를 할 모양이니, 우리 회담은 무효란 말이냐? 나는 가만히 입을 닫고 있지 않겠다"고 노골적인 엄포를 놓으며, 휴전 조인을 서두르는 미국에게 더 이상 양보하지 말라고 쐐기를 박은 것이다.

로버트슨에게 보낸 '한국의 조약안'을 보며 미국의 조약안을 만들고 있을 덜레스 국무장관에게 이승만은 25, 26일 연이틀 친서를 보내 '조약에 꼭 들어가야 할 항목'을 강조했다. 한미조약은 필리핀 수준이 되어서는 너무나 불충분한 것이라며 "왜냐하면 이 조약은 공산군만이 아니라 일본의 재침도 사전 사후에 막기 위한 것"임을 다시금 상기시켰다. 샌프란시스코 조약에서 미국이 천황제를 존속시켜 줌으로써 일본의 침략 팽창주의는 언제라도 되살아나게 생겼으며 한국의 국가적 생존national survival은 여전히 보장받기 어렵게 되었기 때문에, 공산군이나 일본군의 공격 시 미국이 '즉각적이고 자동적인' 군사적 대응을 해야만 "우리는 살 수 있다"는 점을 다시 한 번 상기시키고 다짐을 두었다.

이와 함께 이승만은 미국 내 친일 세력이 막강하므로 한미조약 체결이 지연될까 우려한다면서 이 점을 특히 유념해 달라고 거듭 당부하였으며, "대한민국이 주권 국가로서 더 이상 '하찮은 존재cipher' 기 이니요, 미국과 농능한equal 자격을 가진 협력국 내지는 동맹 국가로서 대접을 마땅히 받아야 한다"는 원칙도 재확인했다. 이것은 로버트슨에게 날마다 강조하였던 것으로, 덜레스에게 '대등한 조약'을 만들어야 한다는 주문 겸 경고다.

휴전협정 조인, 한국은 서명 거부

'국제연합군 총사령관을 일방으로 하고 조선인민군 최고사령관 및 중국인민지원군 사령관을 다른 일방으로 하는, 한국 군사 정전에 관한 협정Agreement between the Commander-in-Chief, United Nations Command, on the one hand, and the Supreme Commander of the Korean People's Army and the Commander of the Chinese People's volunteers, on the other hand, concerning a military armistice in Korea.'

긴 이름의 휴전협정이 조인되었다. 이승만 대통령과 로버트슨 미국 특사의 '경무대 휴전회담'이 타결됨으로써 공산군의 침략 전쟁은 3년 1개월 만에 정전cease-fire을 마이하였다. 1953년 7월 27일 오전 10시, 판문점 회담장에서 유엔 측 대표 해리슨William K. Harrison, Jr. 장군과 공산 측 대표 북한 남일이 협상 2년 17일 만에 협정문에 서명을 하였다.

조선일보는 이날 조인식을 '기이한 전쟁, 기이한 휴전'이란 제목으로 보도하였다.

[판문점 조인식장에서 최병우 특파원발] 백주몽(白晝夢)과 같은 11분 가의 휴전협정 조인식은 모든 것이 너무나 우리에게는 비극적이며 상징적이었다. 학교강당보다 넓은 조인식장에 알닝된 한국인 기자 석은 둘뿐이었다. 유엔측 기자단만 약 백명이 되고 참전하지 않은 일본기자석도 10명을 넘는데, 또한 휴전회담에 한국을 공적으로 대표하는 사람은 한사람도 볼 수 없었다. 이리하여 한국의 운명은 또 한번 한국인의 참여없이 결정되는 것이다. 27일 상오10시 정각 동편 입구로부터 유엔측 수석대표 해리스 장군등 4명이 입장하고 거의 동시에 서편입구로부터 공산측 남일 이하가 들어와 착석하였다. 악수도 없고 목례도 없었다. '기이한 전쟁'의 종막다운 '기이한 장면'이었다. (조선일보 1953. 7. 29)

대한민국과 한민족이 원하지 않는 일방적 휴전, 무방비의 한국을 기습 남침한 공산군이 세계의 응징 앞에 애원했던 휴전, 미국 대통령이 대선 공약을 지키려 앞장선 휴전, 전투 기간보다 협상 기간이 더 길었던 전쟁, 전장은 조그만 한반도 내였으나 그 피해와 전쟁 경비 규모가 제2차 세계대전과 맞먹는 전쟁의 휴전, 그 인명 피해만 400만 명이다.

6·25전쟁 피해 상황

한국군: 전사 13만 8천여 명, 부상 45만여 명, 실종자 포함 총 60만 9천여 명

미군: 전사 3만 6,516명, 부상 10만 3,248명, 실종자 8177명

(유엔군: 미군 포함 전사 5만 8천여 명, 부상 15만여 명, 실종·포로 등 합계 48만여 명)

북한군: 사상자 52만여 명, 실종·포로 등 총 80만여 명

중공군: 사망자 13만 6천여 명, 부상 20만 8천여 명, 실종·포로 등 합계 7만 3천여 명

대한민국 민간인: 사망 24만 5천여 명, 학살 13만여 명, 부상 23만 명, 피랍 8만 5천여 명, 행방불명 30만 3천여 명, 합계 100여만 명

전장의 포성이 멈춘 것은 협정 조인 12시간 후. 협상 막바지인 이 시각까지 공산군은 '철의 삼각지' 금성지구를 맹공격하여 10킬로미터를 더 빼앗았고, 유엔군은 북한 임시수도 강계를 비롯한 주요 격전지에 맹폭을 감행하였다. 이때 퍼부은 공산 측 포탄이 약 5만 발, 유엔군도 재고 포탄을 몽땅 터트리는 등 양측은 마치 '정전 불꽃놀이'라도 하듯 최후 공방을 벌였다.

이날 밤 10시, 마침내 한반도 전쟁은 멎었다.

'3개월 내 정치회의' 명문화

전문 4개조 63개항으로 구성된 휴전협정문에는 참 희한한 조문이 한 개 뒤늦게 끼어들었다.

제4조. 쌍방 관계 정부들에의 건의

60. 한국 문제의 평화적 해결을 위하여 쌍방 군사령관은 쌍방의 관

계 각국 정부에 정전협정이 조인되고 효력을 발생한 후 3개월 내에 각기 대표를 파견하여 쌍방의 한 급 높은 정치회의를 소집하고 한국으로부터의 모든 외국 군대의 철수 및 한국 문제의 평화적 해결 문제들을 협의할 것을 이에 건의한다.

이 조항이 말하는 '3개월 내 정치회의'란 말할 것도 없이 이승만 대통령의 북진통일 주장을 막기 위하여 미국이 제시했던 '이승만 달래기' 아이디어다.

그러나 이승만은 미국을 너무나 잘 알고 있었다. 문서가 아니면 아무것도 안 되는 나라가 미국이다. 끝까지 버티는 이승만에게 떠밀려 미국은 마지못해 이를 명문화함으로써 미국 체면도 살리고 공산권의 재도발 견제용으로도 기능하게 하자는 것이다. 동상이몽, 공산측은 또 하나의 국제 선전 무대를 만들어 주겠다니 얼씨구나 맞장구쳤다.

정전협정문은 영어, 중국어, 한글로 각각 작성된 것으로 유엔 측이 9통, 공산 측이 9통씩 나누어 가졌다. 판문점 인근 유엔군 전진기지에서 해리슨이 가져온 협정 문서 18통에 "무거운 마음으로heavy hearted" 최종 서명한 클라크 사령관은 짤막한 성명을 그 자리에서 써서 읽었다.

이 시간 내 마음은 기뻐할 수 없습니다. 지금은 기도할 시간입니다. 이 정전이 인류의 이익이 되도록 힘껏 노력함으로써 성공하기를 기원합시다.
여기서 희망을 찾는다면, 끊임없는 경계와 노력이 있어야 구원을 얻는다는 것입니다.

클라크는 아이크 정부의 강압 정책에 따라 휴전을 이루었지만 "내 생애 중에 공산주의 전쟁이 끝나지 않을지도 모른다"고 탄식하였다. 그는 미국 사령관 중 승리를 얻지 못한 채 정전협정에 서명한 최초의 사령관이 되었다"고 자탄하면서 유명한 한마디를 덧붙였다.

"공산군과의 전투나 협상보다 정녕 힘들었던 전쟁은 이승만과의 협상이었다."

"북한 동포여, 실망하지 말라"

"북한 동포는 희망을 버리지 말고 기다려 달라."

휴전협정이 조인된 날 이승만 대통령은 경무대에서 성명을 발표하였다.

나는 정전이라는 것이 결코 싸움을 적게 하는 것이 아니라 더 많이 하며 공산측이 전쟁과 파괴적 행동을 준비하여 더욱 공격하게 될 서곡에 지나지 않을 것이라고 확신하였기 때문에 정전의 조인을 반대하여 왔던 것이다. 그러나 이제 정전이 조인되었음에 나는 정전의 결과에 대한 그동안 나의 판단과 예측이 옳지 않은 것으로 되었으면 좋겠다.

북한의 해방과 통일문제를 평화리에 해결하기 위하여 일정한 기간 정치회의를 개최한다하니 그동안 우리는 정전을 방해하지는 않을

것이다. 우리와 미국 사이에 도달된 합의는 양국의 공동이익이 관련
되어있는 지역의 안전을 유지하기 위하여 양국은 협조한다는 것을
보장하고 있다. 그리고 대한민국의 재건과 부흥은 즉시 그리고 효과
적으로 진전될 것이다. 공산측은 북한을 위하여 이만한 일을 할 것
인가?

공산 압제하에서 계속 고생하지 않으면 안되게 된 우리 북한 동포
여, 희망을 버리지 마시오. 우리는 여러분을 잊지 않을 것이며 모른
체하지도 않을 것입니다. 한국 민족의 기본목표 즉 북쪽 우리의 강
토와 동포를 다시 찾고 구해내자는 목표는 계속 남아있으며 결국 성
취되고야 말것입니다. 유엔은 이목표를 위하여 협조하겠다고 약속
하였습니다.

휴전을 매듭지은 클라크 사령관이 테일러 8군 사령관을 대동하
고 경무대를 방문, 경과를 보고하고 휴전 준수를 다시금 당부하였다.
"수고했다"고 치하한 이승만 대통령은 국민에게 보내는 장문의 성명
을 또 발표하였다.

"국민은 더 인내하라… 미국이 통일 약속했다" 이승만 전 국민에 성명

이대통령은 (1953년 7월) 27일 전국민에게 보내는 장문의 성명서를 발
표하였는데 남북통일을 실현하지 못한 채 휴전이 되었으나 이는 유
엔과 미국의 협동아래 특히 아이젠하워 미국대통령의 노력으로 한
국통일을 평화적으로 해결하겠다고 약속하였으므로 앞으로 열리는
"정치회담의 결과를 3개월 동안만 기다려보자는 것"이니 남북 동포
들은 너무 조급히 굴지 말고 좀 더 참고 기다려보자는 것이라고 당
부하였다.

"소위 휴전에 대해서 우리가 처음부터 의도한 목적은 지금에도 조금도 변동된 것이 없으며 오직 시간만을 몇 달동안 물리기로 한 것이니, 이는 유엔과 미국의 협동을 지켜보며 몇 달 기한을 물려서 그동안에 정치회담으로 적군을 물려보낼 수 있다는 가능성을 시험해서 3개월 이내로 성공이 되면 좋을 것이오, 성공이 못되는 때에는 유엔과 미국의 합작으로 우리와 같이 통일을 도모하자는 그 결의에 대하여 허락된 것이니 우리는 그 휴전조약에 서명하거나 협동하자는 것이 아니다. 오직 그 기한 내에는 상해를 주지 않겠다는 전제하에서 휴전조약이 성립되는 것이니 우리 남북 동포들은 아무리 조급하고 견디기 어려운 형편이라도 이 어려운 형편에서 가장 상응조처된 것으로 믿기 바라는 바이다.

첫째로는 잠시라도 휴전이 성립되어서 양편에서 많은 인명을 상하게 되는 것을 피하게 되는 것이니, 우리 국군으로는 장병들을 교체시킬 여유도 없이 밤낮으로 적군의 수없는 공격을 대항해서 강철이 아닌 육신으로 싸워왔다. 아무리 강한 군인이라도 잠시 정지하게 된 것은 심히 다행으로 생각하는 바이다. 그 결과로 우리가 많은 담보를 얻은 것이 있으니,

첫째는 아이젠하워 대통령이 정치회담에서 3개월 이내로 통일완성을 성공할 신념을 가진 것을 장담하므로 비록 우리 관찰에는 이것이 성공되기 어렵다 할지라도 아이젠하워 대통령이 무슨 권능으로든지 성공할 수 있다는 일을 거부만 하는 것이 지나친 고집이므로 당분간 고집을 접고 한번 더 시험해 보아서 성공한다면 전쟁보다 평화적으로 통일함이 더 나을 것이며,

둘째, 설령 이 계획이 실패될지라도 그 때에는 세상이 평화수단은 무용지물임을 주지하게 될 것인즉 우리는 세계의 동정과 지지를 얻어 우리 자

력으로 통일을 완성할 길도 생길 터이며, 미국뿐만 아니라 유엔 16개국도 6·25 사변당시와 같이 적이 다시 남침해 온다면 단연코 우리와 협력하여 적을 응징할 결심을 약속하고 있는 것이니 우리 대한민국에 완전한 안전보장을 굳게 세운 것이다.

따라서 미국과 방위조약이 내년 미국국회에서 통과된다는 것을 아이젠하워 대통령과 덜레스 국무상이 미국 국회의 모모 지도자들과 협의해서 완전한 담보를 받아놓은 바 되었으니, 지금부터는 공산군의 침략뿐이 아니라 어떤 강국의 침략이라도 우리가 외교적 방비할 우려가 없어졌다. 우리는 미국대통령의 호의만 치하할 게 아니라 미국의 모든 자유권을 사랑하는 친우들의 의로운 동정을 감격히 여기지 않을 수 없는 것이다.

특히 아이젠하워 대통령이 미국회에 특별히 요청해서 타스카 사절단의 주선으로 오는 3년 안에 10억불을 원조하자는 예산안을 국회에 제출하여 내년 예산에 편입될 것인데, 그 전에 급히 재건사업을 시작하기 위하여 2억불을 미리 지불하게 하라는 요청에 미국회에서 허락이 되어서 상원에서도 이번 폐회 전에 통과되리라는 메시지가 왔으므로 우선 우리는 6개월 이내로 2억불을 가지고 공장설립과 모든 재건을 위하여 부지런히 일해야 될 것이다.

유엔군은 여전히 여기 있을 것이요, 따라서 우리 국군확장도 육군만 증가하는 것이 아니오 해군 공군을 다 그만한 비례로 확장하기로 협의된 것이다. (…)" (조선일보)

가짜 김일성의 기사회생

김일성은 끝내 판문점에 나타나지 않았다. 조선일보는 "북한반역집단 군사령관 김일성이 공개석상에 나타남을 두려워하는 이유는 그가 사기한詐欺漢임이 판명될까 전전긍긍하고 있음이며 그가 평양을 떠나면 내부 소요사태가 일어날까 우려했기 때문"이라고 전한다. "왜냐하면 본래의 김일성은 김석원 장군 및 중국 장개석(장제스) 등과 한때 일본 육군사관학교 학생이었고 그 김일성은 오래전 사망하였으며 현재 장개석은 대만에 있고 김석원 장군은 한국군에 있기 때문에 지금 김일성은 국제무대에 나설 수가 없다. 그는 유명한 항일투사 김일성 장군의 이름을 도용하고 있는 일개 공산군 청년이므로 정체를 숨기려 하는 것"이라고 보노아냈다.

7월 31일 평양에서는 '정전협정 축하행사'가 열렸다. 소위 조선최고인민회의(국회)가 주최한 자리에서 김일성은 중공 인민지원군 사령관 펑더화이(팽덕회)를 비롯한 고위급들에게 훈장을 수여하고 이어서 거나한 술파티를 벌였다.

북한과 중공에게 휴전은 억지만이 아닌 대승리일 수밖에 없는 전과였다. 지구상에서 완전 소멸될 뻔한 북한은 휴전으로 살아났고, 중공과 군사·경제동맹을 맺었으며, 강대국 미국을 상대로 휴전을 협상하고 서명하는 '대등한 지위'를 획득하게 되었다. 지금 21세기의 미국 트럼프 대통령이 "김정은을 사랑한다"며 고립된 북한을 살려 주는 것은 그때에 이어 두 번째 미국의 실수 아닌가.

한편 중국 마오쩌둥 역시 중국대륙을 차지한 지 1년도 안 돼 금방 최강국 미국과 전쟁하여 '항복'을 받아 내었고, 영국 등으로부터 국제적 공인을 받을 수 있었으며, 소련의 군사·경제원조를 확보하여 국가 재건의 기초를 다졌다. 또한 넘쳐나는 국민당 군대를 인해전술로 '다량 소비'함으로써 내전 후의 난제를 푸는 동시에, 스탈린이 죽음으로써 북한 정권을 소련으로부터 중국 편으로 빼앗아 오는 데도 성공을 거두는 행운을 잡게 되었다. 동아시아의 맹주는 이제 중국 공산 당이 된 판이었다.

워싱턴에서 아이젠하워 대통령도 '대선 공약 실현'을 국민에게 자찬하는 성명을 마련하였으나 발표를 취소하고 말았다. 맥아더와 마찬가지로 '전쟁의 목표는 승리'임을 잘 아는 장군인지라, 수많은 양보를 공산 측에 던진 끝에 이뤄진 '항복 같은 휴전'을 축하할 기분이 아니었다. 더구나 한국의 이승만 대통령이 언제 어떻게 휴전을 깨고 나올지 도대체 알 수 없는 상황, 한미 방위조약을 맺어 주면 그 늙은 고집쟁이는 그 '단독 북진' 집념을 포기할 것인가? 아이젠하워는 자축 성명 대신에 라디오와 텔레비전을 통하여 간단하게 경고 방송을 하였다.

"우리는 전쟁터에서 휴전을 성립시킨 것이지 세계 전체를 위한 평화를 획득한 것은 아니다."

이날 아이크는 국회에 한국의 재건비 중 우선 2억 달러 제공을 요청하는 교서를 제출하였다.

이날 밤 클라크 장군은 "한국인에 대하여 1만 톤의 식량을 즉시 전달하라는 아이젠하워 대통령의 명령을 받았다"고 발표하면서 "이 식량은 원조로 제공하는 것이 아니다. 미국민들이 한국민들에게 느끼는 동정의 표시요, 공산군 침략에 맞선 용감한 투쟁에 대한 감사의 표시"라고 강조하였다. 이 식량은 현금으로 치면 800만 달러가 넘는다고 했다.

그런데, 이승만은 왜 정전협정에 서명하지 않은 것일까?
이유는 크게 세 가지다.

첫째, 통일 없는 분단 휴전은 있을 수 없는 일. 반드시 통일 휴전이라야 한다.

둘째, 북한은 반란군이다. 대한민국의 영토가 되어야 할 북반부를 불법 점령한 소련공산당 하수인들이다. 한 줌밖에 안 되는 공산당 폭력배들이 700만 동포를 포로 삼아 살인 강탈 착취하는 최악의 독재 집단, 궤멸 추방해야 할 반란 조직을 상대로 무슨 협상이며 무슨 휴전 서명인가? 서명하는 순간 이적단체를 국가로 인정하는 반민족 행위, 헌법을 위배하는 반국가행위다.

셋째, 북진통일의 기회는 항상 열려 있어야 한다. 휴전은 오래가지도 못할 것이고, 공산군은 재침략을 준비할 터이다. 이를 막기 위해 미군을 붙잡아 두려면 한국의 단독 북진 가능성을 열어 둬야만 미군이 머물러 감시할 것 아닌가. 전시작전권을 유엔군 측에 맡겼지만 언제든지 회수해도 된다. 이미 작년 부산 정치파동 때 전작권 회수를 카드로 써먹지 않았던가. 지금 미국은 더더욱 이승만이 전작권을 회수하지 않을까 주시하고 있다.

즉, 전체적으로 이승만 특유의 '전략적 불확실성' 확보다. 한국이 휴전 당사국이 아니라는 사실은 언제라도 단독 작전을 가능케 해 주는 '불확실한 인물 이승만'의 칼이었다. 약소국의 리더가 세계를 잡고 흔드는 외교 9단다운 전술로서, 휴전협정 서명 거부는 한미 군사동맹 체결의 길을 열었다.

고래와 새우의 동맹

'서울공항'이라 불리던 여의도 비행장.

1953년 8월 4일 밤 10시 5분, 시커먼 미군 4발기가 어둠을 뚫고 한강 한가운데 내려앉았다. 예정보다 12시간 늦게 덜레스 미 국무장관이 한국 땅에 두 번째로 내려섰다. 지난주까지 18일 동안이나 이승만과 매일 진땀 나는 줄다리기를 해야 했던 로버트슨 차관보도 동행하였다. 육해공 3군 군악대가 미국 국가를 연주하고 예포 19발을 쏘아 국빈급 환영을 베풀었다.

남북통일의 운명을 좌우할 마지막 기회. 그동안 양측이 합의한 한미 방위조약 초안을 다시 손길히여 가져온 귀빈들이다. 이승만은 타고난 절약 정신에다 전쟁 중 초긴축 생활 중인데 이때만은 덜레스를 위하여 집권 후 처음으로 경무대의 대식당을 개방하여 극진히 대접하였다.

덜레스는 강대국의 실권자 풍모를 과시하며 이승만 대통령 앞에서 이야기를 늘어놓았다.

"미국은 지금 한국과 세계 각국과의 관계를 새로운 토대 위에서 정립하려 합니다. 지금까지는 강대국들과 만나 한국 문제를 결정하여 한국에 통보해 왔습니다만 이젠 아닙니다. 내가 여기 왔다는 것 자체가 엄청난 의미를 갖는 것이오. 미국의 국무장관이 약소국 대통령과 대화하고 정책 조율을 하기 위해 지구를 반 바퀴나 돌아 왔다는 것은 역사적으로 유례가 없는 일입니다. 중요한 것은 여기서 내리는 결정보다 우리들이 한국에 왔다는 이 사실이오."

동석했던 올리버가 끼어들었다.

"미국 역사에 처음 있는 일입니다. 아이젠하워 대통령과 국무장관께서는 아시아를 상대하는 방법에 진정한 혁명을 일으켰습니다."

덜레스의 말은 마치 미국이 가져온 조약문에 이승만이 손대는 것을 막으려는 것 같았다. 알고 보니 미국의 초안에는 이승만의 요구,

미군의 한국 주둔과 즉시 자동 개입 내용이 빠져 있었던 것.

실무회담을 진행하고 경무대를 찾은 한국 협상단에게 이승만 대통령이 물었다.

"조약문에 미국이 북한 공산당을 몰아내기 위해 군사 행동을 한다는 보장이 들어 있소?"

"아닙니다. 미국은 의회만이 전쟁 선포권이 있어서 그건 헌법 규정 위반이라고…."

이승만의 분노가 폭발하였다.

"실패야. 모든 게 실패야. 미군의 자동 개입 조항이 없다면 나머지는 겉치레야. 다른 것은 아무것도 중요하지 않아. 그런 조약은 필요 없어. 휴지 조각이야."

펄펄 뛰는 이승만을 무엇으로 진정시키랴. 이승만은 회의로 몇 밤 새우더라도, 덜레스가 수용 않더라도 기필코 그 조항을 넣기 위해 싸워야 한다고 되풀이해 다그치며 손가락을 후후 불며 서성거린다.

"전쟁으로 못 이룬 것을 테이블에서?"

8월 7일, 이승만과 덜레스의 마지막 회담. 당시 자유세계 반공의 두 거물이 마주앉았다. 덜레스의 눈에 경련이 일고 지친 기색이 역력하다. 이승만의 눈은 어느 때보다 빛이 난다.

"대통령 각하, 이제 그만 동의해 주시기 바랍니다."

"당신은 내 뜻을 알지 않소? 그 점을 논의합시다."

"이것은 참전 17개국의 결정입니다. 바꿀 수가 없습니다."

(벌떡 일어나며 노한 음성) "그렇다면 왜 왔소? 내가 준 조건을 무시한다면 전문으로 보내지 한국까지 올 필요 없잖소."

"각하를 무시하는 게 아니라… 우리가 원하는 것은 각하의 휴전 승인이오. 각하의 승인을 받으려고 내 자신이 온 것입니다."

지난번 이승만 대통령이 로버트슨에게 준 휴전 동의는 휴전 승인이 아니다. 미국이 휴전 후 정치회의를 열어 공산국들과 통일 문제를 해결하겠다고 약속해서 그 결과를 지켜보겠다는 것, "회의 기간 90일간만 휴전을 군사적으로 방해하지 않겠다"는 것이었다.

"우리 목표도 각하와 같습니다. 미국도 유엔도 한국의 완전한 통일을 지원할 것입니다. 유일한 차이는 각하께서는 그것을 전쟁을 통해 달성하자는 것이고, 우리는 평화적 방법으로 달성하고 싶은 겁니다. 어째서 계속 싸워야 한다고 고집하십니까?"

"나도 압니다. 그렇게만 되면 가장 고통 받는 우리 남북 국민이 더 기뻐할 것이오. 다만 한 가지, 만약 평화적 방법으로 실패할 경우, 그다음은 어떻게 되는 거요?"

평화협상, 약자를 속이는 거짓말, 패배자의 자기기만. 덜레스는 할 말을 못 찾고 있다. 히틀러에 속은 영국이 그랬고 진주만 기습을 몰랐던 미국이 그랬는데 또 그러고 있다.

(조소를 띠며) "미국이 전쟁으로 얻을 수 없던 것을 협상 테이블에서 공산주의자들이 장관에게 선물로 주리라 기대할 수 있단 말이지요?"

덜레스는 대꾸할 말을 찾지 못하고 이승만의 경련하는 얼굴만 바라본다.

"만약 90일 이내에 정치회의에서 우리의 공동 목적을 달성하지 못한다면 장관께서는 미국의 전투 재개에 동의하시겠소?"

"나에게 그런 권한이 없습니다…."

"그렇다면 평화협상이 실패할 경우 어떻게 하겠다는 말이오?"

"실패란 미국의 방식이 아닙니다. 우리 목표가 달성될 때까지 평화적 수단을 밀고 나갈 작정입니다."

그리고 긴 침묵이 이어졌다. 두 사람은 번갈아 창가를 서성이며 먼 하늘을 내다보곤 하였다. (이상의 대화 내용은 회담에 배석한 올리버의 『이 승만의 대미투쟁』에서 발췌 인용)

다음날 8월 8일 아침 경무대 회의실. 백두진 총리 등 전 각료가 배석한 가운데 변영태 외무장관과 덜레스 미 국무장관이 '한미 상호 방위조약'에 서명, 가假조인하였다. 두 사람 등 뒤에서 이승만 대통 넝은 '실패 만 성공 반' 착삽한 심성으로 지켜보았다. 조약문에 나토 NATO식 '즉각 자동 개입'의 조문화엔 실패하였지만, 그 대신 '미군의 무기한 주둔'을 명문화한 것은 역사적인 대성공이다.

그러나 이것으로 물러설 이승만이 아니다. 유비무환의 절묘한 수를 꺼냈다. 다음해 1954년 진행된 군사원조 협상에서 집요한 공세로 따낸 것이 주한 미군의 주둔지 선정, 즉 공산군 남침이 재발할 경우 주요 침략 축선軸線인 서부전선 문산 경로와 중부전선 의정부 경로 등 3개 지역에 각각 사단 규모의 미군 기지를 구축하게 결정한 '인계 철선引繫鐵線 배치tripwire deployment'가 그것이다. 휴전선 바로 밑에 막강한 미 군사력을 상시 주둔시킴으로써 공산군이 재침 시 불가피하게 미군 기지를 공격하게 되므로, 이 경우 미국은 국회의 승인 없이도 정당방위에 나설 수밖에 없기 때문에 '미국의 자동 개입'을 기정사실화한 것이다. 미국법과 국제법에 정통한 이승만이 한미 방위조약에서 빠진 '자동 개입'을 보기 좋게 현실적으로 확보한 '신의 한수'다.

이때 미국은 최전방 미군 배치에 적극적으로 호응하였다고 한다. 왜냐하면 서울 북방에 미군이 주둔하고 있어야 언제 돌발할지 모를 이승만의 '단독 북진'을 막을 수 있다고 판단하였기 때문이다. 동상이몽의 한미동맹이라 해야 할까. 손자병법에 정통한 이승만의 승리였다.

1954년 10월 1일 워싱턴 미 국무부에서 공식 체결된 한미 상호방위조약의 전문(현행)은 다음과 같다.

대한민국과 미합중국 간의 상호방위조약

본 조약의 당사국은 모든 국민과 모든 정부와 평화적으로 생활하고 사 아는 희망을 재인식히며 또한 태평양 기여에 있어서이 평하 기구를 공고히 할 것을 희망하고 당사국 중 어느 일방이 태평양 지역에 있어서 고립하여 있다는 환각을 어떠한 잠재적 침략자도 가지지 않도록 외부로부터의 무력 공격에 대하여 그들 자신을 방위하고자 하는 공통의 결의를 공공연히 또한 정식으로 선언할 것을 희망하고 또한 태평양 지역에 있어서 더욱 포괄적이고 효과적인 지역적 안전보장 조직이 발달될 때까지 평화와 안전을 유지하고자 집단적 방위를 위한 노력을 공고히 할 것을 희망하여 다음과 같이 합의한다.

제1조. 당사국은 관련될지도 모르는 어떠한 국제적 분쟁이라도 국제적 평화와 안전과 정의를 위태롭게 하지 않는 방법으로 평화적 수단에 의하여 해결하고 또한 국제관계에 있어서 국제연합의 목적이나 당사국이 국제연합에 대하여 부담한 의무에 배치되는 방법으로 무력의 위협이나 무력의 행사를 삼갈 것을 약속한다.

제2조. 당사국 중 어느 일국의 정치적 독립 또는 안전이 외부로부터의 무력 공격에 의하여 위협을 받고 있다고 어느 당사국이든지 인정할 때는 언제든지 당사국은 서로 협의한다. 당사국은 단독적으로나 공동으로나 자조와 상호 원조에 의하여 무력 공격을 방지하기 위한

적절한 수단을 지속하고 강화시킬 것이며 본 조약을 실행하고 그 목적을 추진할 적절한 조치를 협의와 합의 하에 취할 것이다.

제3조. 각 당사국은 타 당사국의 행정 지배 하에 있는 영토와 각 당사국이 타 당사국의 행정 지배 하에 들어갔다고 인정하는 금후의 영토에 있어서, 타 당사국에 대한 태평양 지역에 있어서의 무력 공격을 자국의 평화와 안전을 위태롭게 하는 것이라고 인정하고 공통된 위협에 대처하기 위하여 각자의 헌법상의 절차에 따라 행동할 것을 선언한다.

제4조. 상호 합의에 의하여 미합중국의 육군, 해군과 공군을 대한민국의 영토 내와 그 부근에 배치하는 권리를 대한민국은 이를 허여하고 미합중국은 이를 수락한다.

제5조. 본 조약은 대한민국과 미합중국에 의하여 각국의 헌법상의 절차에 따라 비준되어야 하며, 그 비준서가 양국에 의하여 워싱턴에서 교환되었을 때에 효력을 발생한다.

제6조. 조약은 무기한으로 유효하다. 어느 당사국이든지 타 당사국에 통고한 후 1년 후에 본 조약을 종지시킬 수 있다.

양해사항

어떤 체약국도 이 조약의 제3조 아래서는 타방국에 대한 외부로부터의 무력 공격을 제외하고는 그를 원조할 의무를 지는 것이 아니다. 또 이 조약의 어떤 경우도 대한민국의 행정적 관리 하에 합법적으로 존치하기로 된 것과 미합중국에 의해 결정된 영역에 대한 무력 공격의 경우를 제외하고는 미합중국이 대한민국에 대하여 원조를 제공할 의무를 지우는 것으로 해석되어서는 안 된다.

제1조부터 3조까지는 '단독 북진'하려는 이승만의 발을 묶는 조

약이다. 특히 '양해사항'은 미국 의회가 다음해 비준할 때 덧붙인 것
으로, '대한민국(남한) 영토 내의 전쟁만' 원조한다고 대못을 박아 놓
았다.

"자손만대 복락의 토대"
다음날 이승만은 전 국민을 향하여 감개에 젖은 담화를 발표한다.

1882년 조미통상조약 이래로 오늘날 미국정부와 공동방위조약이 설
립된 것은 처음되는 일이요, 또 우리나라 독립역사상에 가장 귀중한
진전이다.

강대한 이웃나라 중간에서 약소국이란 명칭을 가졌을 뿐 아니라 우
리 금수강산에서 소산되는 물품이 풍부함으로 자고로 우리나라를
탐내는 나라들이 많아서 어떤 큰 이웃나라를 의지하지 않고는 독립
을 보장하기 어렵다는 의도하에서 우리 반도강산을 주인없는 물건
으로 보았던 것이다.

우리는 자초로 국제상 도의를 믿고 무력을 무시한 결과로, 무력을
숭상한 일본이 서양각국의 지지를 받아서 우리나라 전고에 없는 치
욕과 통분의 40년간의 노예명의를 받게 되었던 것이다. 일본이 무력
을 믿고 세계를 정복하려다가 패전하게 되고 그후에 각국이 한국을
어떻게 조치할까 하여 저희들끼리 모여서 정책을 정하고 우리로 하
여금 그 결정에 복종시키려고 노력한 결과로 필경은 남북분단의 참
담한 상태를 이루었던 것이다.

다행히 천의인심에 응하여 우리 전민족의 한마음 한 뜻과 우리 청년
의 애국 충심으로 우방의 도움을 얻어 국군을 조속한 시일내에 동양
에 큰 강병이란 칭송을 듣게 된 것이니 실로 커다란 공로를 성취해

놓은 것이다.

지금에 와서 이 결과로 한미방위조약이 성립된 것은 그 영향이 자손만대에 영구히 미칠 것이니 우리가 잘만해서 합심합력으로 부지런히 진전시키면 이웃나라들이 우리를 무시할 수도 없을 것이고 무시하는 자가 있어도 침략하는 자가 없을 것이니 이번 아이젠하워 대통령의 지도로 미국무장관 일행이 와서 이만치 해 놓은 것은 감사히 여기지 않을 수 없는 것이다.

이번에 민세스끼 일행이 여기 와서 성공한 것은 방위고덕으로써 후대에 영원한 복리를 우리에게 줄만한 토대를 세워 놓은 것이니,

첫째로 미국이 10억불의 예산으로 우리 건설을 돕기로 타스카씨의 제의로 거의 성안이 되어서 내년 국회에서 통과될 것인데 미국대통령의 특별주선으로 2억불을 불일내로 지출해서 우리 건설과 공업등 발전을 시작하기로 된 것이니 지금부터 오는 정월까지를 한하고 계획을 만들어서 다 쓰게 될 것인데 지나간 5~6년 동안에 미국에서 우리에게 원조를 준 것은 다 외국인이 주장해가지고 사용한 결과로 명의상으로는 우리에게 준 돈이지만 사실상으로는 일본 경제를 부흥하는데 태반 사용되고 우리는 소비품만을 받게 되었던 것이므로 실상 효과는 심히 박약했던 것이다. 이제는 한미 양국대표가 합동경제위원회에서 작정하여 미국원조 목적대로만 쓰게 된 것이니 우리 경제력을 발전케 하는데 막대한 성공을 우리가 치하하지 않을 수 없는 것이다.

둘째로는 우리 국군확장인데 지금까지는 미국 육해군의 중요한 권위자들이 우리를 양해하고 동정해서 각각 자기들의 힘에 따라 이만치 발전시켜온 것이므로 우리 육군은 이만치 발전되었으나 해군 공군에 대해서 태반부족의 약점을 가졌던 것인데, 지금부터는 우리 국

군세력의 방위력이 상당해서 미국방 원조예산중에서 한국에 육군증강과 해공군력을 증진시키기로 이번 토의결과로 협정된 것이니 우리 전민족이 경하하지 않을 수 없는 것이다. (…) 우리 군인들은 이 기간에 몸과 마음을 굳건이 준비해서 기회가 오거든 일시에 밀고 올라가야 될 것이다.

이런 관계 이유에서 휴전조약에 서명도 아니하고 오직 휴전을 막지 않기로 협약된 것이니 정치회담에서 성공만 될 수 있으면 다행인 것이오, 못되더라도 많은 손실은 없을 것이오, 우방들의 협의도 상승케 할 것이다.

이 동안에 우리가 할 일이 하고많은 중에 한편으로 국가재건에 전력해서 2억불과 기타 다른 원조경비 등으로 우리 공업을 대확장해서 자급자족의 기초를 이때 세워놓아야 하니 일반경제가나 국민이 사소한 이익을 도모하지 말고 국가경제 대발전의 토대를 이때 건설함으로써 많은 피를 흘리고 또 많은 희생을 한 큰 의의를 장래에 미치도록 전국민의 단결로 만들어 놓아야 할 것이다.

09

재건과 부흥

자립경제 기반 구축

'산업부흥 5개년계획'에서 '전후재건계획'으로

'산업부흥 5개년계획'이란 말을 들어본 적 있는가? 이를 기억하는 세대는 거의 사라졌다. 박정희 시대 '경제개발 5개년계획'은 귀가 아프게 들었지만 '산업부흥 5개년계획'은 생소하다.

1948년 8월 15일 대한민국 건국을 선포한 즉시 대통령 이승만이 나라경제를 다시 일으키려 만든 경제 재건 플랜이 바로 '산업부흥 5개년계획'이다. 동시에 '물동物動 5개년계획'도 함께 만들었다. '물동'은 요즘 말로 물류物流다. 생산과 수요 공급, 즉 당시 산업 부흥의 종합계획이었다.

유엔의 남북한 총선을 거부하여 한반도 분단을 고착시킨 소련은 남한에 제공하던 전력도 끊어 버렸다. 철광, 석탄을 비롯한 주요 지하자원과 공업지대를 소련에 빼앗긴 이승만이 산업 에너지조차 사라진 남한에서 빈약한 경공업만 가지고 "국산품을 애용하자" 소리치며 '산업부흥 5개년계획'을 발동한 지 2년째, 소련은 6·25 남침으로 그마저 송두리째 잿더미로 만들고 말았다.

당시 남한의 국민총생산은 4,818억 원, 전쟁 피해는 4,105억 원, 그야말로 황무지만 남은 형편이다.

"다시 시작하자. 산업부흥계획을 국가 재건 프로젝트로 전면 다시 짜라."

아이젠하워가 경제 특사 타스카를 보낸다고 했을 때 이승만은 정부에 명령하였다.

'통일 없는 휴전 결사반대'를 부르짖는 이승만을 달래기 위해 아이크는 경제원조 당근으로 2억 달러를 우선 주겠다고 손을 내밀었다. 반공 포로 석방 2개월 전의 일이다. 우여곡절 끝에 휴전이 성립되고 한미 방위조약까지 조인되었으니 이제야말로 미국이 준다는 돈으로 폐허 복구, 경제부흥에 나서지 않으면 안 되었다. 3년 전 출발한 '산업부흥 5개년계획'은 이리하여 '전후 재건부흥계획'으로 전면 수정되었다. 600페이지짜리 영문 프로젝트를 미국 특사 앞에 내놓았다.

8월 14일 상오9시부터 경무대 관저에서 이대통령 주재로 열린 국무회의에서는 미국의 2억불 경제원조에 관하여 기획처에서 입안한 '원조수입 사용방도'의 세목을 상정하고 토의하는 한편, 공무원 대우개선을 위한 대폭적인 감원문제 등도 동시에 논의하였다.

백두진 국무총리는 기자회견에서 2억불 원조에 대한 수입용도 세목은 15일 각의에서 의결을 거쳐 한미합동경제위원회에 회부할 것이라고 말하였다.

기획처 당국자가 14일 언명한 바에 의하면 지난 10일이후 연일 각 부처간 토의를 통하여 6억5천만불에 달하는 각부처의 요구액을 2억 불로 감축 재조정하였고, '물동계획국'에서는 다음과 같이 자금배정 원칙을 정하였다고 한다.

1) 도입될 물자는 건설자재 60%, 원자재 30% 소비자재 10%의 비율로 책정하고,

2) 도입물자의 배정은 지난 번 공표된 대통령 유시에 따라 비료공장 건설 (2천만불)을 비롯, 시멘트공장 건설, 전력개발 및 복구, 탄광개발, 항만 시설 확장, 교통(철도·선박)기관 복구, 통신시설의 보수 등의 순위로 책 정한다.

한편 재무부 고위층도 동 문제에 대하여 "한미합동경제위 미국측 위 원들도 속속 입경중에 있으므로 수일내 한국정부안을 중심으로 본 격적 협의로써 결말을 낼 것"이라고 부언하였다. (조선일보)

당시 한국의 2년 예산을 넘는 2억 달러 원조와 도합 10억 달러에 달할 미국 원조금 사용을 앞두고 이 대통령은 국가 재건을 위해 국민 분위기를 일신시키려는 조치를 연달아 내놓았다.

하나는 '특별법'을 제정하자는 것이요, 또 하나는 공무원 기강을 바로잡는 일이다.

이 대통령은 (9월) 3일 미국의 10억불 대한경제원조에 있어 이를 국가 민족의 번영과 복리를 가져오도록 유효 적절히 사용해야할 것을 강 조하는 한편, 이렇게 하기 위해서는 '특별법'을 제정해서 대통령 권 하에 맡겨 극소액이라두 함부루 사용치 무하두록 해야 될 거이라는 요지의 다음과 같은 담화를 발표하였다.

"아이젠하워 미국대통령이 한국원조 정책으로 10억불을 미국회에 제출해서 명년 정월에 미국회가 개회할 때에 통과할 수 있도록 마련하고, 우선 그안에서 대통령의 특청으로 국회에 요청해서 2억불을 우리가 사용케 되었으므로 미대통령과 미국민들에게 깊이 감사한다. (…)

우려되는 것은 첫째로 이 재정을 가지고 경제기본을 확립해서 생산을 증진하고 자족자급하는 나라의 만년복리 토대를 삼아야 할 것인데 성공이 못되는 날에는 우리가 우방에 대하여 알릴이 없을 깃이니 사리와 사욕에 이끌려 협잡이나 사기 등 폐단이 생기면 결코 안될 것이다.

그러므로 이에 대한 특별법을 정해서 대통령의 권한에 맡겨서 원조금에 대하여 극소액 한푼이라도 범용하면 사형에 처하는 조건까지 만들어야 한다. 나라를 사랑하고 동포를 아끼는 마음으로 발각되는 대로 중벌에 처하도록 할것이며 이런 각오하에 각개인이 노력할 것은,

한 푼이라도 내게 돌아올 것을 희생해서 우리 동포 전체를 위해 쓰자는 결심,

우리가 얼마동안 굶고 다소 배가 고플지라도 참고 지내서 국가공업 생산기관을 확장해서 공동이익을 성취해야 할 것,

모든 물품을 생산할 큰 공장과 큰 기계를 놓아서 3천만 민족이 충분히 소용될만한 것을 만들어 낼 것인데 아직 우리나라에 상당한 재정가(재력가)도 없으니 부득이 정부에서 해 갈 수밖에 없으며, 때가 오면 모두 다 민유(民有: 민간 소유)로 돌아가게 할 것이다.

큰 공장과 기계시설을 하루바삐 설비해서 각종 수공업을 다 기계로 할줄 알아야 하는데 손으로 만든 것은 특별한 수공업품으로 돈을 많

이 받을 것이오, 그 밖의 큰 수요는 기계로 만들어내서 대량 산출해야 국내는 물론 해외에 내어서 돈을 만들어야 이 나라가 경향(서울 시골 전국)에서 생활정도를 개량하여 발전할 것이다. (…)" (조선일보 1953. 9. 5)

이대통령은 7일 하오2시반, 진 내무부장관, 신 농림부장관 및 권 내무부 지방국장을 즉시 파면하고 새 장관이 임명될 때까지 현 차관들을 임시상관서리로 시무케 할 것이라고 다음과 같은 담화를 발표하였다.

"정부 관리가 민간에 나가서 재산이나 물자를 토색하는 것은 옛부터 다스리는 것이요, 더욱이 대한민국은 이를 엄금하는 법률을 집행해가는 중인데 근래에 어찌 정령(政令)이 해이해져서 지방에서 토색하는 것이 50~60종류에 이른다니 실로 놀랄만한 일이다.

이것은 첫째 경찰이 책임을 다하기는커녕 경찰 중에 관련된 자도 있다는 보고가 있으니 법대로 다스릴 것이어니와, 종당 책임은 내무장관이 지지 않을 수 없으며, 농림부장관으로서는 지방에 이런 폐단이 있는 것을 알 지경이면 국무회의에서 막을 방법을 제출해서 충분한 교정을 있게 하는 것이 국무원의 중대한 책임일진대, 사사로운 관계로 인연해서 오히려 정부가 잘못하는 것으로 신문지상에 공포, 국가위신을 손실케 한 것은 또한 방임할 수 없는 것이므로 내무부장관과 함께 농림부장관을 파면시키고, 또한 내무부 지방국장은 제가 처리할 책임은 행치 않고 보고만 하고 있다면 남의 일처럼 구경만 하는 자기 죄를 자복하는 것이니 즉시 파면해서 책임을 회피하는 자는 다시 정부에 없이 하도록 할 것이다." (조선일보 1953. 9. 9)

앞에서 보았듯이 이승만 정부의 '부흥계획'은 원조 자금에 의한 것만은 아니었다. 6·25 전인 1949년 최초의 '산업부흥 5개년계획', '물동 5개년계획' 말고도 '51년, '54년, '56년 등 잇따라 경제계획을 수정·증설하였으며, '농업증산 5개년계획', '석탄증산 5개년계획' 등 부처별로 마련한 업종별, 제품별 부흥계획들도 추진해 나갔다. 우선 파괴된 공장 시설 복구에 집중하면서 재원 마련을 위해 중석(텅스텐)이나 쌀 등 1차 산품 수출에도 노력하였다. 1953년에 이승만은 "올해는 풍작이니 인기 좋은 쌀을 일백만 석 정도 수출히자"며 견재도 하였다.

머나먼 '수출주도 공업화'의 꿈

공산품 생산 공장도 없던 당시 '수출주도형 공업화'는 상상도 못 하였고 어디까지나 '수입대체 공업화'에 국력을 쏟아부어야만 하였던 이승만은 연거푸 특별담화를 발표한다.

"공업건설로 경제발전, 합심협력으로 자급체제 확립"(수입대체 공업화 특별담화)

이대통령은 9일 한국 경제자립책에 관하여 "한국은 지금까지 농업으로써 경제의 근본을 삼아왔으나 앞으로는 공업을 발전시켜 경제의 자족자급을 기하도록 해야 할 것"을 강조하는 특별담화를 발표하였다.

"한국은 자래로 농업에 힘써서 인민 8할이 농민으로 '농자는 천하의 대본'이라 하였으나 근대에 이르러 세계인구가 날로 증가하고 토지와 재원은 증가되지 못하여 땅 파서 양식 만드는 것이 가장 인력이 많이 들므로 농민생활이 더 힘드는 것이오, 영국과 일본 같은 나라는 섬 속에서 저의 소산만으로는 인구를 먹여 살리기 어려우므로 공업을 발전시켜 해외 각국에 널리 수출시키므로, 각국에서 재정과 재물을 모두 사들여다가 편히 먹고 쓰고 도시와 누각을 굉장하게 만들어 살며 세계 상권을 얻기 위해서는 전쟁도 해온 것이다. 이리하여 근대 공업과 상업이 전에 없는 발전을 이루어 동양에 와서 경제를 말리고 부강한 나라를 이루었다. (…)

미국은 일본을 동양의 생산국가로 만들어서 미국처럼 부강한 나라 민들기를 립의아써 각방면으로 일본의 공업 상업을 부흥시키려 노력하고 있는 중이며 일인들은 한인을 고립시키려고 미국에서 오는 원조금을 친일 미국인과 협동하여 일본이 생산한 소모품을 한국이 원조금으로 사들여 이것으로 구급책을 삼게 하며, 일본은 생산국가가 되어서 물건을 만들어 팔기만 하니 재력이 급증하고 한국은 남이 만든 물건을 사서쓰기만 하는 **경제적 노예가 될 것이 아닌가**.

우리가 이 기회를 이용해서 공업의 기초를 세우지 못하면 장래 우리 생활이 망할 것이니 우리 한인은 이것을 소홀히 생각할 수 없으니 우리 손으로 물건을 만들어 수입물품과 경쟁해야 할 것인데, 이것이야말로 실로 오늘날 천하지대본이 되는 것이다.

이전에 손으로 만들던 것은 다 집어내버리고 모두 기계로 생산하도록 하여 대량생산으로 하면 값싸게 만들 수 있으며 남의 나라와 경쟁할 수 있는 것들을 만들어내야 우리도 우리 뒤에 오는 자손들도 살게 해야 할 것이다.

이 시기에 우리 재정가들이 자기들만 생각하여 소규모로 이기주의나 하려는 그런 생각은 포기해야 할 것이며, 우리 공업건설 시기에 업자들이 각각 기계를 사들여다가 각 방면에서 공업반건 기기미 딜 것인데, 민간에서 이리 될 때까지 기다리면 어느 세월에 할지 모르므로 각종 공업을 정부에서 주장해서 충분히 진행되어 이익이 발생하기 시작할 때에는 재정가들이 이를 사서 운영하게 될 것이므로, 그때까지 우선 정부에서 주관할 수밖에 없고, 우선은 사회주의를 행한다는 비평이 날지 모르지만 무슨 방법으로든지 민간에게 맡기게 될 것이다.

자본을 반이상이라도 내놓는 사람들에게 정부에서 돈을 융자해서 시작하여 융자금을 갚는 대로 민간사업으로 바꿔서 불공평이라든지 사정에 얽힌 일이나 폐난이 없이 해야 될 일이다.

그러므로 모든 공업가들은 극히 성실하고 결백한 것을 숭상하여 외국이 얄팍하게 눈가림으로 만들어내는 것을 우리는 완벽하게 만들어내어 한국 물품이 세상의 명예를 얻도록 합시다.

국산물품이 처음엔 미비하고 비쌀지라도 전국민이 국산품을 사서 자족자급을 이루어나가야 할 것으로, 우리 민족이 합심합력만 되면 하등 무서울 것이 없으니 이를 전국적으로 선전 실행하도록 부탁하는 바이다." (조선일보 1953. 9. 11)

'미국이 주는 달러로 미국 물건 사다 써라.'

미국의 원조 정책이 이랬다. 달러를 현금으로 주면서 그러는 것도 아니다. 미국서 남아도는 농산물(잉여농산물)인 옥수수, 밀가루를 실어다 놓으면 그것을 팔아 현금을 만들어야 했던 이승만. 그 돈도 한국의 계획에 맞춰 뜻대로 쓸 수 없었던 것이다. 1952년 5월에 구성된 한미 합동경제위원회Combined Economic Board를 통하여 원조와 달러에 관한 모든 사항을 협의, 아니 승인을 얻어 내야만 하였다. 원조 감독자의 달러 파워! 한국이 물자 구입 비율로 '시설재 7, 소비재 3'을 주장한 반면, 미국은 '소비재 7, 시설재 3'을 고수했다. 막강한 '갑의 명령'과 가난한 '을의 자존심' 이승만의 투쟁은 불가피했다.

"원조의 목적이 무엇이냐? 한국이 하루빨리 자립해야 원조 정책이 성공하는 것 아니냐"

원조 자금이 많을 때 생산 공장을 지어 자립 기반을 닦으려는 '수입대체 공업화' 정책이다.

가장 시급한 것이 비료였다. 원조 자금 2억 달러 중 1억 달러를 비료 수입에 써야 할 형편이었다.

"급한 일부터 해결하라. 비료가 필요하면 미국 비료나 일본 비료 사다 써라."

미국 비료를 현물로 가져다 국내 농민에게 판매하고 그 대금은 미국이 도로 가져갔다.

"주는 대로 받아먹을 것이지 생산 공장은 무슨…."

이러는 미국과 벌인 '달러 전쟁'은 대한민국의 '경제 주권 전쟁'으로서, '휴전 반대 통일전쟁'과 함께 이승만의 양면 투쟁이었다.

그를 누가 말릴 수 있으랴. 이때부터 7년간에 걸쳐 그의 공업화 집념은 충주비료공장, 문경시멘트공장, 인천유리공장까지 세우고야 만다. 수력·화력발전소도 지었고, 탄광 지대 태백산맥에 '석탄 철도' 3개 노선도 개통하였다. 그뿐인가, 역사상 최초의 원자력연구소 문을 열고 대학에 원자력공학과를 연달아 신설하여 과학 수재들을 불러모았다.

4·19 후 이승만이 하야한 뒤 그를 '경제 병신'이라고 욕한 사람들, 외세의 여론 조작에 놀아난 국내 정치판과 언론, 지식 사회의 파당적 사대주의 역사가 부끄럽다.

이중환율제로 '환율 전쟁'

이승만의 자립경제 정책 중 가장 미국의 미움을 산 것이 '이중환율제도'다.

숙원의 한미동맹을 결성한 이승만이 전후복구에 나섰을 때 미국 원조 자금을 어떻게 아껴 쓰고 효과적으로 쓰느냐에 온 신경을 집중한 것은 당연하다. 이승만 대통령은 '수입 환율'은 낮추고 '수출 환율'은 높인 이중환율제를 고집하였다.

장관들의 외국 출장비까지 "늘려 아끼라"며 시어머니처럼 챙기던 이승만이 한 푼이라도 더 늘리려는 외화 정책을 마련해 원조 물자 구입 환율을 낮추자 미국은 경악하였다. 해마다 한미 경제협력회의 주제는 환율 인상 요구였다. 그러나 이승만은 "내가 살아 있는 동안은 안 된다"며, 1955년 한 차례 올려 주고는 4·19로 하야할 때까지 초지일관 이중환율을 고수해, 국가 재건 외화벌이를 통하여 수입대체 공업화 목표를 달성해 나가면서 수출 기반까지 쌓아 올린 것이다.

이때 시작한 환율 전쟁은 이승만의 집권 기간 수많은 우여곡절과 에피소드를 낳았다.

월터 매카나기 미국 대사가 1959년에 부임할 때 정가에선 "한국 뒤집으러 오는 놈이다. 조심하라"는 소문이 나돌았다고 한다. 서울에 온 매카나기는 송인상 재무부 장관과 신현확 부흥부 장관에게 환율 인상부터 집요하게 요구하였다. 오래된 미국의 숙제, 환율을 올리면 미국에 큰 이익이요 한국은 큰 손해이므로, 매카나기의 일방적 압력에 '대통령의 철칙'을 적극 지지하는 두 장관이 결론을 낼 리가 없었다.

"정 그렇다면 내가 이 대통령을 만나겠소."

매카나기는 경무대로 달려갔다. 접견실 문을 열고 들어서자 이승만은 소파에 앉은 채로 미국 대사를 빤히 쏘아보았다. 인사도 없고 앉으라는 말조차 없다. 엉거주춤 서 있는 매카나기 얼굴이 붉게 물들었다. 눈싸움이 몇 분 지났을까, 이승만의 낮은 목소리가 울렸다.

"I don't need any penny of your money. Pack and go! (당신네 돈은 한 푼도 필요 없소. 짐 싸서 가시오!)"

한마디를 던진 이승만은 벌떡 일어나 뒤도 돌아보지 않고 방을 나가 버렸다.

호통만 들은 매카나기 대사. 그가 4·19 이듬해인 1961년 임기를 마기고 눌이끼니 "매카나기가 이승만을 골탕 먹였다"고 사람들이 수군거렸다. 전국적인 4·19 데모의 조직화 배후에 미국 대사관의 '선풍기'가 있었으며, 계엄령 하에 감행된 '교수 데모'에 참여했던 누군가가 "이것도 미국 작품"이라는 정보도 흘렸다. 미국이 '말 안 듣는 이승만'을 부정선거 사태를 기화로 겨우 쫓아냈다는 얘기다.

직후 집권한 민주당 정부 장면 총리는 미국의 숙원인 '환율 대폭인상'부터 단행하였음은 물론이다. 부산 정치파동 때 장면을 대통령시키려던 미국으로서는 무척 반가웠을 터이다.

"새해 1월 1일까지 통일시켜라"

"정치회의 못 열면 즉시 북진"

휴전협정이 조인된 지 3개월. 제4조 60항에 "한국 문제의 평화적 해결을 위해 3개월 이내에 정치회의를 개최한다"고 얼버무려 휴전을 강행했던 그 3개월의 종료일인 10월 26일, 판문점에서 예비회담이 가까스로 열리게 되었다. 덜레스가 뛰어다니며 겨우 야수을 기긴 냄이다.

이승만은 10월 13일 〈이브닝 스타〉의 서울 특파원과 회견에서 말했다.

"만약 한국의 평화적 통일을 위한 구체적 조치가 1954년 1월 1일까지 취해지지 않는다면 나는 행동의 자유를 회복한 것으로 인정하겠다."

이승만은 이럴 경우 미국과 유엔 제국에게 평화적 통일이 아닌 다른 통일 방안을 제시하겠노라고 기자에게 재확인해 주었다.

여기서 '행동의 자유'란 휴전 반대 투쟁에서 누누이 다짐했던 '단독 북진'을 말하며, '다른 통일 방안'이란 미국으로부터 동의를 받았다고 이승만이 주장하는 '한미 무력 통일전쟁 재개'임을 세상이 다 알고 있다. 발목을 잡힌 덜레스는 유엔 특별총회를 열어 정치회의 개막을 서둘렀다. 왜냐하면 휴전협정엔 "정치회의를 연다"는 말뿐, 구성이나 절차에 관한 규정도 마련하지 않았기 때문이다. 미국이 "소련도 참가하라"며 양보하자 소련은 "인도를 꼭 끼워 달라"고 요구했으나, 미국과 한국이 반대하자 인도는 자퇴하였다.

[판문점에서 본사특파원 최병우발] 한국정부 대표도 옵서버로서 참석한 가운데 (1953년 10월) 26일 판문점에서 막을 연 정치회의 예비회담은 예기한바와 같이 개회벽두부터 쌍방의 주장이 대립되어 정치회의 자체의 개최는커녕 그것을 마련하기 위한 예비회담의 타협조차 의문시되며 만2년을 끌었던 휴전회담에 지지않는 파란곡절을 예상케 하였다. 즉 아측은 정치회의 개최의 시일 장소들을 협의하자고 제안한데 대하여 공산측은 구성국 문제의 토의가 이에 앞서 있어야 할 것을 제안하고 나아가서 아시아 중립국의 참가까지 주장하였다. 그런데 아측은 구성국문제의 재론에는 응하지 않겠다는 것을 재차 역설하여왔던 것이다.

휴전협정대로 한다면 지금쯤은 정치회의 자체가 진행중이어야할 것인데 협정조인후 만 90일째인 이제야 비로소 예비회담이 열리게 되었다는 것은 한국문제의 평화적 해결이라는 것이 지난하다는 것을 여실히 입증하는 것이다. (조선일보 1953. 10. 28)

[서울 4일발 AP=본사특약] 이대통령은 (11월) 4일 만일 앞으로 개최되는 정치회의에서 한국통일이 실패로 돌아가거나 혹은 동회담이 개최되지 못한다면 한국선쟁을 재개하여 공산군을 북한으로부터 축출하기로 한 한국의 결의를 재확인하였다. 이대통령은 판문점에서 정치예비회담이 교착상태에 빠져있는 이 기회에 수주일전 AP가 제출한 질문서에 회답하였다.

이대통령은 서면으로 된 동회답에서 "어떤 문제라도 앞으로 개최될 정치회의에서 평화리에 해결되리라는 것은 믿을 수 없는 일이다"하고 말했다.

이대통령은 "정치회의가 실패하거나 혹은 개최되지 않는 경우 한국은 한국통일을 실행하지 않으면 안될 것이다"라고 말하고 이어 "종국에 우리 전국토를 자기 손아귀에 넣으려는 사상을 북한에 부식하고 있는 중공을 구축하지 않으면 안된다"고 말하였다.

또한 이대통령은 동 회답에서 "우리의 결의를 실행하는데 있어서 미국 및 유엔 제국의 지지를 환영한다. 그러나 우리 한국만을 위하여 그들의 의사에 반하는 지지를 청하지는 않을 것이다. 만일 그들이 전쟁 시초에 생각한바와 같이 한국을 위한 전쟁은 곧 자기자신을 위한 전쟁이라는 것을 지금 인식하지 못한다면 우리는 그들에 대하여 한국에서 더 이상 전쟁할 것을 강요하지는 않겠다"고 답변함으로써 불굴의 결의를 재확인하였다. (조선일보 1953. 11. 6)

닉슨 부통령 내한 '이승만 달래기'

1953년 11월 12일 닉슨Richard Nixon 미국 부통령이 여의도에 착륙하였다. 휴전협정 조인 110일째, 한미 방위조약 조인 후 40여 일이 지난 날이다.

이승만을 위협하고 달래서 겨우 휴전을 성립시킨 미국은 이승만에게 "정치회의로 통일을 달성시켜 주겠다"고 장담했지만 어림도 없는 형편이다. 90일 이내 개최한다던 정치회의는 그 마지막 시한 10월 26일에야 겨우 예비접촉을 시작해 아직 세사니길음이다.

이승만이 가만히 있을 리가 없다. "내 이럴 줄 알았다. 내년 1월 1일까지 한국을 통일시키라"며 유예 기간을 '180일로 연장'시켜 준다고 발표하였다. "90일간만 휴전을 방해 않겠다"던 것에 90일 더 보태 주는 '아량'을 보이며 "그 기간 내 통일을 못 하면 나는 자유행동" 한다면서 '단독 북진 전쟁' 재개를 거듭 공언하였다. "전쟁 재개 땐 미국 지원"을 말하던 이승만은 이제 "우방 지원 없어도 전쟁 한다"고 외친다. 이승만이 언제 깰지 모르는 휴전협정은 다시금 원점으로 회귀한 꼴, 한국 통일을 반대하는 공산권의 장난에 고전하는 아이젠하워는 겨우겨우 예비회담을 열자마자 닉슨 부통령을 이승만에게 파견한 것이었다.

떼를 쓰듯 원하던 방위조약을 체결해 줘도 북진통일, 2억 달러 원조를 준대도 북진통일…. '통일 미치광이' 늙은 고집쟁이 이승만을 이제 와서 또 제거할 수도 없는 노릇이다. 당근으로 안 되면 채찍뿐, 아이크는 전에 없이 강력한 친서를 닉슨에 들려 보냈다.

도착한 날 경무대로 이승만을 예방한 닉슨은 2시간쯤 첫 회담을 가졌다.

당시의 풍경을 닉슨 회고록The Memoirs of Richard Nixon(1978)에서 간

추려 본다.

이승만 박사는 마른 체격에 키도 작아 보였다. 감색 양복에 감색 넥타이를 맨 그의 힘찬 악수와 당당한 걸음걸이는 78세 노인으로 믿어지지 않았다. 나는 주머니에서 아이젠하워 대통령의 서한을 꺼내 그에게 건네며 "나는 미국 대통령의 특사이며 오래된 우정을 한국에 보내는 친구"라고 말했다.

그동안 이 박사는 나를 뚫어질 듯한 시선으로 쏘아보고 있었다.

그는 조심스럽게 편지를 집어 들었다. 마치 편지의 무게를 재어 보는 것처럼 침착하게 봉투를 뜯더니, 차분한 목소리로 편지를 소리 내어 읽었다.

편지에서 아이젠하워는 위엄 있고 분명하게 미국은 전쟁 재개를 초래하는 어떤 행동도 용납하지 않을 것이라고 못 박고 이승만 대통령이 이 점을 다시 한 번 명백하게 보장하라고 요구했다.

이 박사는 다 읽은 편지를 무릎에 내려놓고 말없이 편지를 한동안 응시하고 있었다.

그가 얼굴을 들었을 때 그의 두 눈은 눈물이 어려 반짝이고 있었다.

"매우 훌륭한 편지입니다." 그는 조용히 말했다.

그리고 나서 마치 편지 같은 건 없었던 것처럼 이야기를 시작하였다.

"북한에 사로잡혀 있는 우리 동포들을 생각할 때 한민족의 지도자로서 어찌해야 하겠소? 가능하다면 평화적 방법이 좋겠으나 필요할 경우엔 무력을 써서라도 조국을 통일하여 민족을 구해야 하지 않겠소? 이것이 나의 의무라고 생각되지 않는단 말이오?"

그러면서 이 대통령은 "미국 정책에 부합되지 않는 어떠한 일도 하고 싶지 않은 게 사실"이라면서 그러나 "분단된 채로는 한국은 물론 미국에도 진정한 평화가 오지 않을뿐더러 전쟁은 끊임없이 일어날 것"이라는 전쟁평화론을 펼쳤다. 새파란 젊은이 40세 부통령이 팔순의 역전 노장의 역사적 이야기들을 경청하고 있을 때 이승만이 미소를 흘리며 얼굴을 가까이 접근시키는 것이었다.

> 이 대통령은 갑자기 내 쪽으로 몸을 비스듬히 기울이더니 "언제가 되든지 내가 어떤 일방적 조치를 취할 때에는 사전에 가장 먼저 아이젠하워 대통령에게 통고할 것을 약속하지요"라고 말했다. 그러나 이것은 아이젠하워 대통령이 요구한 보장은 아니었다. 나는 그래서 이승만 대통령이 아이젠하워 대통령과 합의를 보기 전에는 어떤 상황에서도 어떤 조치를 취해선 안 된다는 것을 이해하는 것이 중요하다고 단호하게 말하였다. (닉슨 회고록)

대사관에 돌아온 닉슨은 "첫 회담이 소득 없이 끝났음을 깨닫고 불안해졌다"고 썼다.

다음날 11월 13일 아침 중앙청 광장에서는 '우리의 은인 미국 부통령 닉슨 환영' 대회가 열렸다. 학생과 시민들이 운집한 가운데 이승만 대통령 부처가 닉슨 부처를 소개하였고, 닉슨은 너무나 대규모의 환영에 감격한 듯 흥분된 얼굴로 연설하였다.

"미국에서는 일곱 살 어린이들까지 한국 국민을 어떻게 도와주느냐고 근심하고 있습니다. 우리 양국은 어깨를 나란히, 몸과 마음이 한 덩어리가 되어 공산당을 반드시 물리치고 통일을 이루어야 합니다. 오직 전진이 있을 뿐입니다."

서울이 떠나갈 듯한 박수와 환호가 쏟아졌다.

변영태 외무장관은 이 자리에서 아이젠하워 친서를 낭독하였다. 정상끼리 교환한 서한을 공개 낭독하는 것은 선진국에선 관례상 극히 드문 일이지만 이승만이 곧잘 이용한 외교술의 하나로서, 이미 아이젠하워와 클라크 등이 보낸 '압력'에 속하는 편지들은 몇 차례 신문에 전문을 공개한 바 있었다.

서울시장은 닉슨에게 금빛 행운의 열쇠를 주었고 닉슨 부인에겐 한복을 선물하였다.

미국 정부 내에서 반공 강경론자로 알려진 닉슨에게 이승만은 각별하게 극진한 대접을 베풀었다.

전날 12일 낮에도 여의도공항에서 경무대에 이르는 시내 연도에 '100만 인파'가 나왔다고 보도될 정도로 열광적으로 환영하는 군중을 보고 닉슨 부부는 두 차례나 차에서 내려 악수 세례를 받아야 했다. 관공서는 물론 가정마다 태극기와 성조기를 달았고, 거리마다 넘친 인파는 닉슨이 떠나는 15일까지 나흘 동안 잔치 분위기를 연출하였는데, 이것은 정부가 동원했다기보다 '전쟁에서 나라를 구해 준 은인이자, 한미 방위조약을 맺어 준 동맹자'로서 첫 손님인지라 한국민들은 서울만이 아니라 전국에서 닉슨을 반기는 분위기였다고 언론은 보도하고 있다. 동아일보는 환영 기사에서 "폐허화된 수도 서울을 직접 본 닉슨씨가 거국적으로 환영하는 한국 국민이 무엇을 바라고 무엇을 요구하는지도 똑바로 감지했을 것"이라고 썼다.

이승만은 13일 환영대회 후 닉슨을 정례 국무회의에 초청하여 각료들을 소개하였고, 닉슨은 "참혹한 전란을 이기고 전후복구에 매진하는 한국 정부와 국민들에게 무한한 존경을 표한다"고 인사하고 경제 재건에 미국이 적극 돕겠다고 약속하였다. 이 자리에서도 "공산당과 협상은 무용지물이며 군사적 승리만이 통일을 가져올 것"이라고 되풀이하는 이승만의 '고집'을 확인하며 낭감해진 닉슨은 무슨 수로 '북진 포기 각서'를 받아 낼까 초조해졌다.

중공군이 점령했다가 도망치면서 불을 지른 흔적이 여기저기 남아 있는 중앙청을 돌아본 닉슨은 국회로 달려가 연설한다. "이승만의 북진통일론을 제발 꺾어 놓고 오라"는 특명을 받은 닉슨은 작심한 듯 국회의원들에게 제네바 정치회의와 평화적 통일을 역설하였다.

"신익희 의장께서 통일이 아니면 죽음을 달라고 하신 말씀을 잘 알고 있습니다. 여기 계신 입법부 여러분은 국민에 대한 책임을 져야 합니다. 즉, 통일은 가능하면 평화적 통일을 가져와야 한다는 것입니다. 죽음 없는 통일이 곧 국민을 위한 것이기 때문입니다."

당시 한국 국회의원들과 환담한 닉슨은 자신이 하원의원 시절 국무성 고급 간첩 알저 히스를 고발한 일 등 반공 경력도 소개하였다. 알저 히스는 이승만의 독립운동 시절의 천적, 소련 간첩이다.

시공관市公館에서 열린 '환영 공연'에선 뜻밖에 이런 일도 일어났다.

닉슨 부통령은 14일밤 그의 짧은 체한일정가운데 가장 인상적인 감격의 장면을 직접 연출하였다. 한국에서 마지막으로 보내게 되는 14일밤 닉슨씨 부처는 시공관에서 그를 환영하는 예술의 밤에 참석하였는데 관현악단과 합창이 진행되는 도중 돌연 무대장치가 파손되어 여자 합창단 전원이 쓰러지고 막이 내리게 되자 무대정면 2층 최전열 좌석에 자리잡고 있던 닉슨씨는 돌연 기립하여 열렬한 격려의 박수를 보내면서 전관람석도 호응하도록 종용하였던 것이다.
즉 구노 작곡 '병사의 합창'이 바야흐로 클라이막스에 도달하려는 무렵 돌연 20명의 여자 합창단이 서 있던 단이 무너져서 전원이 쓰러지고 관현악단의 연주가 중단되어 부득이 막이 내리자 전선시찰 등으로 피곤한 몸을 쉬려는 듯 조용히 좌석에 앉아있던 닉슨 씨는 벌떡 몸을 일으켜 3분간에 걸친 열정적인 박수로서 쓰러진 합창대원들을 다시 일어서게 하고 실망의 충격으로 악기를 떨어트렸던 관현악대로 하여금 마치 황폐화한 한국재건사업을 힘차게 고무하듯 열광적인 연주를 다시 계속케 함으로써 영원히 잊지 못할 인상을 남겨주었던 것이다. (동아일보)

이날 프로는 고전무용(장고무, 태평무, 화랑무, 승무), 신라시대 관등놀이, 그리고 모윤숙 여사의 닉슨 환영 자작시 낭독, 해군 정훈음악대의 민요 연주 등 45분간 공연하였다고 한다.

닉슨, 이승만의 '불확실성 전술'에 감복

마지막 날 이승만은 닉슨과 경무대에서 배석자도 통역자도 없이 단독 회담을 열었다.

저고리 안주머니에서 하얀 종이 두 장을 꺼내 주면서 이승만은 닉슨에게 말했다.

"보안 유지를 위해 내가 직접 타이핑한 거요. 참고용으로 쓰고 찢어 버려도 좋소."

아이젠하워 대통령에게는 곧 따로 직접 편지를 써 보내겠노라고 했다.

그 영문 타이핑 문서의 요지는 이랬다.

공산주의자들이 '미국은 이승만을 뜻대로 조종하고 있나'고 믿게 되는 순간, 당신들(미국)은 당신들이 가지고 있는 가장 효과적인 협상

카드 하나를 잃게 될 뿐만 아니라, 우리들의 모든 희망을 잃게 될 것입니다. 공산주의자들은 미국이 평화를 원하기 때문에 평화를 위해선 어떤 양보라도 해 줄 것으로 믿습니다. 우리 서로 솔직합시다. 나는 그들의 생각이 맞는 것 같아 걱정입니다. 그러나 그들은 본인(이승만)에 대해서는 평화를 위해서 무슨 양보라도 할 것으로는 생각지 않고 있소. 그러므로 미국은 이승만이 무슨 일을 할지 모른다는 공산주의자들의 의혹을 제거해 주어서는 안됩니다. 본인이 모종의 행동을 저지를지 모른다는 불안과 공포가 공산주의자들에게 끊임없는 제동력이 되고 있음을 당신들은 알아야 합니다.

'솔직해지자'는 이승만 대통령이 마침내 속마음을 털어놓은 것이었다. 지금까지 '독자적 행동'을 끊임없이 말해 온 것은 "결국 미국을 돕기 위한 것"이었으며, "미국의 군사적 지원 없이 한국만의 단독 행동은 불가능할뿐더러 한미 두 나라는 반드시 공동보조를 취하지 않으면 안 된다"고 힘주어 말하며 이승만은 닉슨의 손을 꽉 잡았다.

"대한민국이 살기 위해 도움을 청할 나라는 미국밖에 없고 도움을 주는 나라도 미국밖에 또 누가 있겠소?"

드디어 이승만은 막내아들 같은 미국 부통령에게 마음을 열어 눈물을 보였다.

이날 두 지도자는 다시 한 번 '한미동맹'을 확인하면서 '통일을 위한 정치회의'에 대해서도 공감하였다. 이승만은 "한국의 완전한 자유독립은 통일뿐"이라며, 어떤 경우든 조속한 통일을 위해 협력해야 한다고 거듭거듭 다짐했다.

3박 4일 방한 마지막 날 아침 8시 반 경무대로 출발 인사 하러 온 닉슨은 기자들에게 "한미 양국의 공동 목표는 한국 통일이며 이는 정치회의에서 이뤄져야 한다"고 말하고, "무의미한 대공 유화 정책은 있을 수 없는 일"이라 강조하였다.

이승만은 닉슨과 동승하여 여의도공항까지 나가 전송하였다.

그 후 미국 제37대 대통령을 지내고 은퇴한 닉슨은 1978년에 출판한 회고록에서 한국과 이승만 대통령에 대한 기억을 길게 기록해 놓았다.

나는 한국 국민들의 용기와 인내, 이승만 대통령의 정신력과 지혜에 깊은 감명을 받고 한국을 떠났다. 나는 또한 공산주의자들을 다룰 때는 예측불가능성(unpredictability)을 유지하는 것이 중요하다고 말해 준 이 대통령의 통찰력 있는 충고를 두고두고 생각해 보았다. 그후 여러 나라를 여행하면 할수록, 많은 것을 겪으며 배우면 배울수록 그 노정치가가 얼마나 현명했는지를 이해하게 되고 갈수록 감탄하게 되었다.

크리스마스 카드로 외화벌이

성탄절이 다가오는 11월. 한국에 들어와 있는 수십만 명의 미군 등 외국인들은 크리스마스 카드와 성탄 선물을 고향에 보내야 하는 명절인데 서울에선 도무지 이런 물건들을 구할 길이 없다. 복구사업도 제대로 못 하는 전쟁 폐허에서는 '성탄 분위기'조차 찾기 힘들 지경이다.

이들의 해결 방법은 결국 일본이다. 일본이 만든 카드와 성탄 기념품들이 대량으로 들어오게 되었다. 이에 이승만 대통령은 국민 담화를 발표하고 안타까운 심정을 토로한다.

작년에 성탄 예물과 성탄 엽서를 많이 만들어서 팔게 하라는 담화를 낸 후에 그 성적이 매우 좋아서 외국인들이 이 엽서와 기념품을 사다가 자기 나라에 많이 보냈던 것인데, 우리 한국인들도 차차 눈을 떠서 1년동안 틈틈이 만들어두었다가 때맞춰 팔 것으로 기대했던 바, 금년에 아직도 이런 물건이 장에 나오거나 PX에 진열한 것이 도무지 없으므로 여러 사람들이 각방면으로 구해도 얻기 어려워 매우 실망하고 있다한다.

이 엽서는 붓으로 그린 것이 아니라 각색으로 인쇄한 것을 한 장에 미화 25센트씩 주고 사게된다고까지 언론이 사사하니 우리 모든 미술가들과 이 방면에 관심있는 사람들이 다 외화 벌기를 싫어하는지 잊어버리고 있는지 자연 섭섭한 일이다.

지금이라도 외국친구들이 한국산을 사서 성탄예물로 가족이나 친구들에게 보내려고 하는 것인즉 우리가 밤을 새워서라도 만들어 내다 팔면 돈벌이가 될 것이니 이 기회를 놓치면 안될 것이며, 외국인들이 아무것이나 사서 보내면 우리 능력 없음을 보여주는 셈이다.

우리 경제를 걱정하는 친구들이 말하기를, 한국 풍속과 특색을 그린 엽서들이 일본에서 들어온다 하며, 한국에서 난 것이 있으면 이것을 쓰겠는데 부득이 일본 것을 사게 된다하니 우리 경제발전을 이런 데까지라도 주의하여 생각하지 못하면 세계에서 도와주려고 해도 생활개선이 안될 것이니 모두 각성해서 부지런히 무엇이든 만들어 발전케 해야 할 것이다.

"평화 구걸은 전쟁 부른다"

닉슨 미 부통령이 다녀간 뒤 외신들은 이승만 대통령의 태도에 어떤 변화가 일어났는지 알기 위하여 잇따라 인터뷰를 신청하였다. 이승만이 닉슨에게 어떤 보장을 주었는지, 휴전을 "반대하지만 방해하지는 않겠다"는 행동 방침에는 변화가 없는지, 판문점에서 계속되는 정치회의 예비접촉이 공산 측의 선전장으로 변해 가는 상황에서 한국 휴전 상태는 이대로 정착될 수 있을 것인지, 언제 깨질 것인지, 세계의 눈은 또다시 이승만에게로 집중되고 있었다.

다음은 INS가 보도한 '이승만의 휴전 전망' 요지다.

"미국은 한국을 도우라, 또 하나의 체코를 갖고 싶지 않거든"
[동경 15일발 방송편 INS제공=합동] 난맥 속에 빠진 현재의 한국 휴전 뒤에는 거대한 그리고 잠재적 폭발성을 내포한 문제가 가로 걸리어 있다. 이승만 대통령이 휴전 조건을 수락함에 있어서 이것을 다시 재고하기로 작정한 기한인 명년 1월28일까지도 그의 불만을 그대로 남겨놓게 되는 경우에 이대통령은 과연 어떠한 행동을 취할 것인가?라는 문제가 그것이다.

실로 미국과 세계에 대한 대단한 잠재적 중대성이 이 문제의 해답 속에 가로놓여 있음에 비추어 INS 통신사는 이대통령에게 그가 보는 바대로 정세를 전망해줄 수 있는가를 요청하였던바 이대통령은 친히 집필한 다음과 같은 기사로써 응답하였다.

"과거 수십년 동안 미국에서의 평화주창과 평화론자들의 대부분은 그들의 반전 공식을 그릇된 전제위에 놓고 주장하여 왔던 것이다. 즉 그들은 정의를 추구하는 대신에 어떤 대가를 지불하고라도 평화를 얻어내려는 노력만을 해왔다.

그들은 까마득한 옛날부터 모든 인류사회에 있어서 정의만이 평화의 진실한 기초였다는 사실과 인류문화가 지탱되는 한 이것이 인류사회 우애의 초석이 되어야한다는 사실을 망각하였다. 그리하여 각국간에 어떤 형식의 평화를 미봉적으로 마련하여 놓으려고 노력한 현실주의정치가들은 전쟁제조 세력들과 유화宥和하는 과정을 밟기 시작하였다.

이런 유화란 가장 흔한 방식—즉 약소국가의 영토 침략자도 약속대로 하려니 하는 허망한 바램으로 평화애호국가의 군비를 축소하는 것, 각양각색의 외교적인 에누리 흥정—의 형식으로 시종하였었다. 그러나 유화라는 무서운 대가를 지불하면서 사들인 이 미봉적 평화의 과정이란 '정의의 원칙'을 배반하였기 때문에 무참하게 실패로 돌아가곤 하였다.

이 유화론자들은 비단 평화를 획득하지 못하였을 뿐 아니라 그들이 피하려고 노력하던 바로 그 전쟁들을 오히려 장려하여 왔다는 사실을 발견하게 되었다.

과거 2차에 걸친 세계대전은 고립주의정책이 세계정복을 꾀하는 자들에게 타국을 하나씩 차례로 패배시켜가면서 급기야는 모든 국가들을 굴복시키는 기회를 줄 뿐이라는 것을 모든 미국인들로 하여금 충분히 깨닫게 하였을 것이다.

20세기의 역사뿐만 아니라 모든 인류의 기록들은 유화라는 것이 평화로 가는 것이 아니라 전쟁에로 불가피하게 이끌려 가는 것이라는 사실을 가르쳐주고 있다. 유화는 호전국가들을 영토와 부와 인적자원으로 배불려 줌으로써 그들을 강대하게 만들어주며 나아가서 그들은 새로운 침략을 꾀하게 되는 것이다.

거대한 잠재력을 가진 소련은 명백히 세계정복을 목표로 하는 잔인무도한 모험을 시발점으로 하여 발족한 나라이다. 소련은 미국이 어떤 대가를 지불하고라도 평화를 추구하는 국가임을 믿기 때문에, 그리고 또 미국이 약소국가를 구원하러 나오지 않으리라 믿었기 때문에, 북한 공산괴뢰를 한반도 남부로 보내 한국전체를 소련의 지배하에 넣으려는 야만적 시도를 하게 시켰던 것이다. 그러나 당시 트루먼 대통령과 미국은 즉석에서 유화의 안티테제라고 할 결정을 내렸다. 그리하여 한국의 민주주의를 수호하기 위해서 미국으로부터 육해공군과 전쟁기재가 쇄도하게 되었다. 이것은 정의의 위대한 원칙을 떠받들기 위한 적극적인 조치의 시작이었다. 다른 자유국가들도 미국의 선도에 따라 작은 나라 한국에서 자유가 소실되는 것을 막는 것을 돕기 위하여 군대를 보내왔다. 자유애호 국가들은 서슴으로 무력에 호소하여 쉽사리 정의의 법칙을 침해하고 자위수단이 없는 소국을 도둑질하려던 침략도당을 응징하는 시도에 뭉치었다.

자유세계가 행한 바는 법치사회에 있어서 약한 사람이 강도당하였을 때에 준법적이고 평화애호자라면 누구나가 취하였을 바로 그 행동이었던 것이다.

이것은 인간사회에 있어서 약자를 돕는 유일한 길이다. 위법자는 처단되어야하며 이렇게 함으로써만 그 사회는 평화를 누릴 수 있는 것이다.

그러나 불행히도 어떤 대가를 지불하면서라도 평화를 획득해야겠다는 일부 정객들은 또 하나의 세계대전이라는 공포에 사로잡혀 어떻게 해서라도 전쟁을 막는 방법을 찾으려 하고 있으며 (…)

물론 무서운 전쟁보다는 평화라는 말에는 이론의 여지가 없다. 문제는 선택에 있는 것이 아니라 전쟁을 방지하고 평화를 보장하는 방법인 것이다.

이런 면에서 하나의 문제가 집요하게 제시된다. 즉 이제 우리가 발포를 중지함으로써 제3차대전의 발발가능성을 막아줄 수 있을 것인가?

세계 공산세력이 정복을 자행하는 대로 맡겨두지 않고 적이 한반도 전체를 병탄하는데 반항하는 것이 우리의 과오라고 치자. 그러면 잔여국가들은 고사하고 미국만이라도 평화와 안전이 보장될 것인가? 정상적 사고방식을 가진 사람이라면 한국을 공산주의에게 내주면 크렘린을 고무격려하게 될 것이며 소련이 다른 자유국가들을 위성국가라는 노예수용소에 몰아넣게 하는 날을 더 앞당기리라는 것을 내다볼 수 있을 것이다. 그 결과는 무엇인가? 물론 재앙일 뿐이다. (…) 백만 중공군을 한국 땅에 남겨 둔 채로 이것이 평화라고 수락할 수 있겠는가?

첫째로 우리는 살아날 길이 없다. 둘째로 그러한 대공굴복은 결국 한국에서 전쟁을 끝낼 수 없으며 다른 지역에서 전쟁을 방지할 수도 없게 된다.

만약 우리가 우리의 소생을 위하여 싸움을 고집한다고 우리를 비난하는 자가 있다면, 우리는 그들에게 이렇게 묻고 싶을 뿐이다.

'당신네들의 적이 소련이든 중공이든 일본이든 독일이든 간에 당신네 국토 안에 백만 대군의 적군을 주둔시킨 상태의 평화를 당신네들은 평화라고 수락할 수 있겠는가?'

도대체 미국은 아무런 저항없이 공산주의로 넘어가는 또 하나의 체코를 갖고 싶은가? 그렇지 않으면 한사코 공산주의와 투쟁하는 더 많은 한국을 갖고 싶은가?

만약 미국으로서 더 많은 한국이 나타나게 격려하고 싶다면 미국은 대한민국이 중공군을 그 출발점으로 쫓아내는 싸움을 돕지 않으면 안된다. 한 많은 분할의 우리 땅에서 우리국토를 분할시킨 공산주의자들과 더불어 살아야 한단 말인가." (동아일보 1953. 11. 22)

이승만의 독립정신이 잘 요약된 말이다. 어찌 이승만만의 독립정

신인가.

여기서 '또 하나의 체코'란 이승만이 해방 후 '남북 좌우합작'을 강요하는 미국과 싸울 때도 되풀이했던 말이다. '저항 없이 공산화된 체코'는 저 유명한 뮌헨 협정의 산물이다. 1938년 독일 뮌헨에서 영국 총리 체임벌린Arthur Neville Chamberlain(1869~1940)이 프랑스와 함께 히틀러 앞에 굴복한 '유화의 상징' 뮌헨 협정. 체코의 일부 할양을 요구하는 히틀러에게 반항하는 체코를 돕지는 못할망정 "땅을 내주라"고 압력을 가한 평화주의자 체임벌린. 다음해 히틀러는 체코를 침공해 합병하였고, 폴란드를 침략하며 제2차 세계대전이 일어난다. '전쟁을 피하고 싶어' 체코를 양보했던 체임벌린은 노벨 평화상까지 탔지만 화병으로 죽는다.

세계대전이 끝나자 히틀러에 당했던 체코는 소련의 적화 공작에 저항 없이 공산화되고 만다. 그리고 뒤늦게 자유화 봉기를 일으켰지만 히틀러보다 잔혹한 스탈린의 철권 탄압에 꼼짝 못 하고 소련이 붕괴할 때까지 70년간 위성국 노예 생활을 감내해야 했다.

공산당과의 정치 협상이 백해무익함을 되풀이 경고한 이승만은 판문점 예비교섭이 난항에 빠지자 "무의미한 희극은 그만 치우라"고 선언한다(자료 3).

"공산당과는 협상 못 한다"

"통일협상은 1월말까지만… 전투재개에 동참하라"

이승만대통령은 (1953년 12월) 9일 미국과 유엔우방이 정치적 수단에 의하여 한국을 통일시키는 "최종기일은 명년 1월말일"이라고 재확인하고 만일 그것이 실패한다면 그들은 "전쟁재개에 자동적으로 참가해야한다"고 말하였다.

이 한국 지도자는 만일 필요하다면 단독으로라도 싸우려는 한국의 의도에는 아무 변함도 없다고 말하고, 이어 "나의 태도는 변하지 않았다. 내가 어찌 내 방침을 변경할 수 있는가"고 언명하였다. 또 이대통령은 참전우방가운데 일부 국가는 전쟁 재개에 참가하기를 원하지 않을것이라 지적하고 그들에게 다음과 같이 말하였다.

"한국전쟁이 그들 자신의 자유와 안전의 방어에 아무런 관계도 없다고 믿는 국가나 사람이 있다면 그들을 집에 돌아가게 하자. 남북한은 통일되어야한다. 북한에 있는 동포들은 우리들의 도움을 절규하며 요구하고 있다. 우리는 함께 행동해야 한다. 한국군은 전투를 원하고 있다. 아무도 우리 국군을 말리지는 못할 것이다"고 말하였다.

이대통령은 다음달 안으로 정치회의가 열리지 않을 경우 그가 취할 조치를 상세히 말해달라는 기자의 요청에 대하여 이렇게 설명하였다.

"(…) 누구나 알다시피 90일이라는 기한이 추가되어 있다. 만일 정치적 시도가 이 기한 내에 실패한다면 참전 제국은 통일전쟁을 재개함에 있어 자동적으로 우리들과 협력해야 한다. 이 전쟁은 처음부터 독립민주 한국을 실현하려는 목적을 위해서 싸우게 됐다는 사실을 잊지 말자. 이 목적은 무시되거나 망각될 수 없는 것이며 또 우리 의식 밖으로 몰아낼 수도 없는 것이다. 그것은 평화시와 전시를 막론하고 언제나 대한민국의 목적인 것이다"고 천명했다.

이대통령이 명년 1월말일이 최종기한이라고 못박은 것은 정치회의 개최 마감일 다음날인 지난 10월28일부터 시작하여 원래의 90일에 90일간이라는 추가기간을 계산하여 나온 최종일이다.

이대통령은 싸우기를 원치 않는 국가들에게 다음과 같이 말하였다.

"그들이 본국으로 돌아가는 것은 자유이다. 그들이 옳다고 믿지 않는 대의를 위해서 또 그들이 자신의 것이라고 생각지 않는 대의를 위해서 그들이 피를 흘리는 것을 우리도 원치 않는다. 우리는 충심으로부터 우리의 이성을 가지고 그들은 그들의 전쟁을 해왔고 우리도 우리의 전쟁을 싸우고 있는 것이라고 믿는 바이다. 공산주의자들과 협상하려는 시도는 무익한 것이며 공산주의자들은 공정한 평화를 협상하려는 의지를 갖고있지 않다"고 단언하였다.

"공산주의자들은 한국(한반도)의 남쪽에 대한 학살행위를 위한 힘을 증강하기 위해서만 휴전에 동의한 것이다. 판문점에서 공산주의자들이 역사상 유례없는 오만한 언행으로 비타협적인 태도를 보인 휴전회담이 끝난 후에도 자유세계가 이를 정확히 인식하지 못하고 있다는 것은 도저히 이해할 수 없는 일이다. 일단 이것을 인정하기만 한다면 민주적 원칙 하에서 한국을 통일시킬 수 있는 길이 열리게 될 것이다."

이대통령은 중립국들을 회담에 참석시킨다는데 반대 입장을 분명히 재확인하고 "인도는 체코나 폴란드와 똑같은 나라이며 중립과는 전연 반대편에 서 있는데 중립국이라 인정해줌으로써 우리가 또 기만당하기를 기대하는가"

고 물었다. (조선일보 1953. 12. 12)

"대공협상은 무의미" 이대통령, 예비회담 결렬에 담화

이대통령은 (12월) 15일 판문점 예비회담에서 미국측 대표가 퇴장한데 대하여 "이것은 당연한 것으로 유엔측의 승리"라고 지적하는 한편, "종전사실로나 이번 경험을 통해 볼 때 공산주의자들과의 타협적인 태도는 아무 효력도 없다"는 것을 거듭 경고하는 담화를 발표하였다.

"미국대표가 자기 국가의 명예와 위신을 보호하기 위하여 회담에서 퇴장한 것은 이번이 처음이다. 우리가 알다시피 판문점에서 공산측은 3개월간 한국정부가 애국반공포로를 석방하였을 때 미국이 공모하였다고 비난하였다. 이것은 세균전 운운과 같은 수많은 허위비난중 하나이며 어떻게 하면 미국을 모욕하고 또한 쓸데없는 회담을 끌어나감으로써 자유국가들을 피로하게 만들 수 있는가 하는 것을 전 세계에 보여주려는 것에 지나지 않는다.

미국특사 딘씨는 이러한 모욕을 더 참을 수 없었으며 공산측이 이 허위비난을 철회할 것을 요구하였다. 그러나 유엔측의 유약한 정책을 잘 알고 있는 공산측은 이 요구를 거부하였으며 따라서 딘 특사는 퇴장할 수밖에 없었다. 그의 퇴장은 유엔측으로 볼 때 하나의 현저한 승리이며 전세계 반공인민들의 사기와 정신을 크게 고무할 것이다.

판문점 예비회담의 원래 목적은 정치회담의 시일과 장소를 결정함에 있었다.

그러나 공산측은 3개월 이상 수많은 무관한 문제를 제의하고 불필요하게 긴 발언을 함으로써 회담을 정체상태로 이끌어 왔던 것이다. 그네들은 할 수만 있다면 앞으로도 또다시 3개월이나 그 이상 끌어갈 것이다. 우리들은 시초부터 공산주의자들이 어떠한 자들이며 또 그네들이 무엇을 하려고 하고 있는지를 잘 알고 있었다. 그래서 우리들은 처음부터 공산주의자들과의 여하한 회의도 이를 반대하여 왔던 것이다. 우리들은 이번 경험을 통하여 공산주의자들이나 소비에트 국가들에 대하여서는 온건하고 타협적인 태도가 아무 효력이 없다는 명백한 사실을 유엔측이 깨닫게 되기를 바라는 바이다. 딘 특사는 최대한의 인내력과 적절한 위엄을 가지고 그의 사명을 다하였으며 우리는 그를 자랑으로 삼는 바이다." (조선일보 1953. 12. 17)

"한쪽만 양보하는 코미디 그만 치우자" 이승만 외신 회견

[서울 21일발 모이나 특선=세세] 이대통령은 (12월) 21일 만일 정치회의 개최후 90일이 되어도 한국통일이 달성되지 않는다면 "한국은 북한에서 굶주리고 있는 동포를 구출하지 않으면 안될 것이다"라고 천명하였다. 로이타 통신기자가 제시한 질문서에 대한 회답에서 이대통령은 아이젠하워 미대통령과 덜레스 장관으로부터 미국을 방문하여 달라는 '비공식 초청'을 받았으나 공무관계로 초청에 응할 수 없다고 밝혔다.

'판문점 예비회담의 결렬은 최종적인 것이라고 생각하는가'라는 질문에 대하여 이대통령은 "예비회담은 이 이상 필요치 않다. 예비회담은 정치회의에 소련을 중립국으로 참석시키라는 엉터리 요구와 반공포로 석방에 대한 야비한 욕설을 7주일간이나 계속해 왔다. 이래서야 정치회의를 어떻게 할 수 있겠는가? 우리는 모든 양보가 한쪽에서만 행해지는 이러한 희극을 그만 치우는 것이 좋다"고 확언하였다. (조선일보 1953. 12. 23)

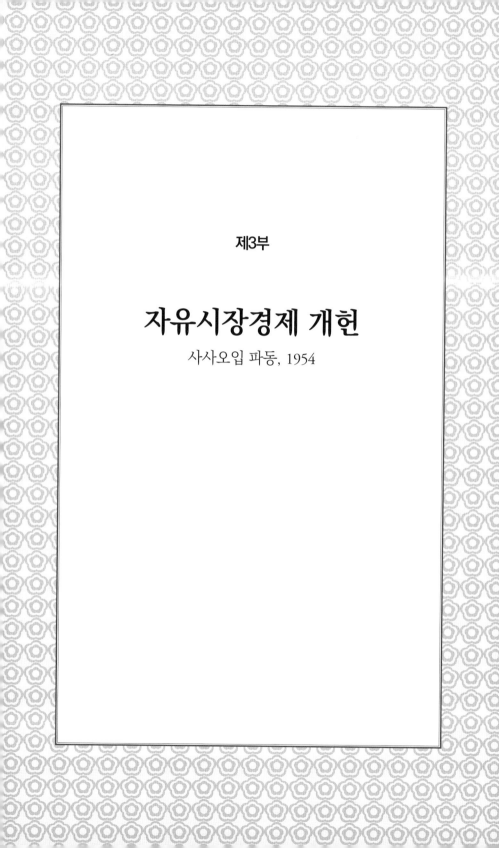

제3부

자유시장경제 개헌

사사오입 파동, 1954

망명객이 국빈으로⋯ 미 의회서 연설
1954년 7월 28일 미 의회 상·하 양원 합동회의에서 연설하는 이승만 대통령. 뒤 왼쪽부터
그 전해 방한한 리처드 닉슨 부통령(상원의장), 조지프 마틴 하원의장.

10

경제 개헌안 제출

휴전 무효 선언, 미국과 또 싸우다

미군 철수 발표에 "갈 테면 가라"

아이젠하워가 주한 미군 철수를 선언하였다. 그가 좋아하는 조지아 주 오거스타 소재 '소小 백악관'에서 크리스마스 휴가를 보내는 아이 젠하워는 "평화협상 무드에 기여하기 위해 한국에 있는 지상군 2개 사단을 우선 철수하겠다"고 발표하였다. 전면 철수냐? 중공군도 철 수하느냐? 기자의 질문에 아이젠하워는 "점진적으로 철수할 것이며 이번에 1차 철수"라고만 답하였다.

이것은 두말 할 것 없이 닉슨까지 서울에 달려가 원조를 보장하 며 달랬는데도 불구하고 '북진통일' 주장을 꺾지 않는 이승만이 협상 무용론과 전쟁 재개를 계속 주장하자 던진 강력한 견제구다. 크리스 마스 다음날 날아든 '미군 철수' 선언은 판문점 정치회의 예비접촉이 지지부진한 가운데 미국 대통령이 직접 공산 측에게 '미국의 전쟁 재개 거부'라는 메시지를 전하는 '유화 선언'이다. 더구나 한국과는 한마디 사전 논의도 없었다.

1954년 새해가 밝자 1월 9일 이승만은 '장군 멍군' 성명을 발표하여 아이젠하워를 정면으로 비판하였다. 한미 방위조약 조인 후 5개월 만에 처음으로 미국 대통령을 비난한 것이다.

나는 어떤 국가도 그들이 한국에서 싸움으로써 그들 자신의 기요의 안전도 지켜진다고 생각하지 않는다면 더 이상 그들의 국민이 한국서 싸우기를 원하지 않는다. 미국 정부는 전쟁 재개를 원치 않고 있으며 그들이 생각을 바꾸지 않는 한 본국으로 돌아가는 것이 좋을 것이다. 가고 싶으면 언제라도 가라. 이번 결정도 한국 정부와는 사전 협의가 없이 이루어졌다. 나로서는 '최량(最良)의 우방'인 미국에 반항하고 싶지 않으나 그렇다고 해서 공산주의자들과 협상도 안 되는데 전쟁을 재개하지 않고 언제까지나 평화가 오기를 기다리고 있지는 않을 것이다.

이에 응답하듯이 아이젠하워가 발표한 새로운 전략은 "육군은 대폭 철수하되 해·공군을 강화하고 원자 무기를 실전 배치하겠다"는 것이었다. 철수하는 2개 사단 무기와 장비는 한국군에 넘겨주겠다고 했다.

방위조약 비준… 이승만, 비준서 교환 유보
새해 미국 의회의 새 회기에 맞춰 한국 국회는 한미 상호방위조약을 비준하였다. 1954년 1월 15일 본회의에 상정, 토론을 생략하고 기립 표결로 가부를 물은 결과 123명 출석 전원이 찬성하였다.

미국 상원은 1월 26일(한국 시각 27일) 조약을 표결, 81 대 7로 통과시켰다. 이승만과 친분이 두터운 상원 원내총무 윌리엄 놀런드 의원(공화당)은 이 조약의 필요성을 강조하였다.

"대한민국이 60만 병력을 동원한 헌신적 전쟁 노력을 높이 찬양한다. 앞으로 미국이 만약 어느 곳에서든지 전쟁에 휩쓸린다면 한국이 맨 먼저 자진해서 우리를 도우러 달려올 것은 의심할 수 없는 진실이나. 다시 자유통일국가로 합치기를 열망하는 한국 국민을 위해 미국은 변함없이 도와야 하며 이를 위해 한미 상호방위조약은 반드시 필요한 것이다."

이로써 양국이 조약을 비준하였으니, 그러면 한미조약은 발효된 것인가? 아니다. 대통령이 서명한 비준서를 서로 교환해야 발효되는 것이 국가 간 조약이다. 이승만과 한국민이 그토록 갈망하던 한미방위조약. 그러나 발효까지는 10개월이란 세월을 더 필요로 하였다. 왜? 뜻밖에도 이승만이 비준서를 교환하지 않은 것이다. '통일을 위한 정치회의' 약속을 미국이 지키는지 어떤지, 그 협상 결과를 보아야 하기 때문이었다.

인하공대·한국외국어대 설립

1954년 2월 5일, '인하공과대학' 설립을 인가하였다.

6·25전쟁이 한창이던 1952년 11월 이승만 대통령은 당시 김법린 문교부 장관에게 "한국의 MIT를 세우라"고 지시한다.

보나마나 휴전이 될 전망인데, 휴전하면 한국 경제를 일으켜 세워야 하고, 그러려면 공업기술을 닦아야 한다. 마침 하와이 이민 50주년이므로 이를 기념하여 첫 이민이 떠난 제물포 인천에 미국의

MIT 같은 공과대학을 세우도록 주문하였다. 학교 이름을 '인하仁荷'라 지었다. 인천과 하와이에서 첫 글자를 딴 합성어다.

하와이는 이승만의 제2의 고향이다. 독립운동 33년, 학교를 세우고 교회를 짓고 '기독교 공화국' 실험을 한 곳. 사탕수수 이민 노동자 자녀들을 교육시키던 '한인기독학원' 건물을 처분하여 그 돈으로 인하공대 설립 종잣돈을 만들었다. 독립운동 때의 꿈을 새 조국에서 펼치려는 이승만의 공업기술학교, 공산당 전쟁으로 늦었기에 더욱 전력을 기울이게 된다니.

1년 넘는 준비 작업을 끝내고 1954년 4월 24일 인하공대가 개교할 때는 이승만도 직접 참석하여 첫 입학식을 거행하였다.

인하공대는 4년 후 1958년 한국 최초의 원자력학과를 설치한다. 원자로를 도입하고 원자력연구소를 설립한 이승만 대통령이 서울대 공대 원자력공학과와 함께 원자력 기술자 양성을 지시하였던 것이다. 그때 배출한 원자력 엘리트들이 오늘의 원자력 최선진국 대한민국을 만들어 냈다.

인하공대 개교보다 4일 앞선 4월 20일엔 한국외국어대학이 종로 한 빌딩에서 문을 열었다.

그 전해 1953년, 판문점 휴전협정 조인 나흘 후인 7월 31일 이승만은 대학 설립을 원하는 김흥배에게 학교 이름을 '외국어대학'으로 바꾸도록 설득하였다.

"자유통상 시대를 활짝 열어야 나라도 국민도 부자가 될 수 있다. 그러려면 영어, 독일어, 프랑스어, 스페인어 등 외국어가 필수 아닌가. 외교관이 되고 무역업자가 되고, 외교관이 무역을 하고 기업인이 외교를 할 수 있도록 교육해 보자."

의기투합한 두 사람은 '자유무역 부국'을 위해 손을 잡고 '수출입국'의 미래를 활짝 열었다.

이 한국외국어대학 역시 이승만의 오래된 꿈의 하나였다. 성리학의 원리주의, 전체주의 나라 조선왕국. 스무 살에 영어 배우러 배재학당에 들어간 이승만은 미국을 발견한 순간 첫눈에 홀딱 빠져 버린다. 영어보다 중요한 자유, 민주, 평등, 법치, 이런 것들이 곧 기독교 정신이요 미국 독립정신임을 깨닫고, 미국이라는 '유토피아'의 모든 것은 통째로 외우기 시작한다. 그렇게 미국에 미쳐 자유와 공화주의와 자유통상에 미쳐 버렸다. 그의 프린스턴 대학 박사논문 「미국의 힘에 의한 중립Neutrality as Influenced by United States」은 바로 '한미동맹과 자유통상을 위한 미국 역사 연구' 그것이었다.

미국 유학 전 한성감옥에서 29세 종신 죄수가 쓴 「자유통상 독립론」은 다음 장들의 개헌 파동을 살펴보고 나서 읽어 보도록 하자(자료 5).

통제경제에서 자유시장경제로

지난해(1953) 여름 미국의 휴전 강압에 '90일만 동의'란 조건을 걸었던 이승만 대통령이 협정이 조인되기 사흘 전 벌써 본격적인 '전후복구 경제재건' 프로젝트에 돌입한 것은 앞에서 보았다. 아이젠하워가 구두로 약속한 원조 자금을 전제로 '산업부흥 5개년계획'(1953~1957)을 마련, 경제적 자립을 위한 산업구조로서 생산 공장 건설, 즉 섬유산업, 비료공장, 시멘트공장, 판유리공장, 발전소, 광업 등의 복구와 건설에 중점 투자하기로 결정하고, 소요 자금은 외자 6억 달러, 내자

약 405억 원 규모로 계상하였다. 민간 자본 도입을 극대화하며 재정법, 세법을 제정하고 은행법을 시행, 한국산업은행도 설립하였다. 그러면서 '헌법의 경제 조항 개정'을 추진, 재작년 부산 '발췌개헌'에 이은 제2차 개헌안을 국회에 제출하였다.

공고기간이 만료된 경제조항 개헌안은 2월 25일 국회에서 제1독회가 시작되었다.

헌법 제85 및 87조부터 89조에 이의 8세그항을 세상함으로써 현행 통제경제체제로부터 자유경제체제로 지향한다는 견지에서 정부가 제출한 동 개헌안은 백두진 총리등 국무위원들과 146명 국회의원들이 출석한 가운데 국회에 상정되었는데, 백 총리는 "경제재건과 전재부흥을 위해서 경제조항 개정이 필요하다"고 역설하고 제안 설명을 하였다.

이어 신(태익) 법제처장은 이에 부연하여 "현행 헌법 경제조항 대부분은 중요기업을 국유화한다고 규정하였고 중요사업을 공유로 한다고 규정하고 있을뿐더러 민간사영 기업에 있어서도 국방상 또는 국민생활상 필요할 때는 국유로 할수 있다는 규정을 두고 있는 만치 국내산업의 발전에 불소한 영향이 있는 것"이라고 지적하였다.

한편 정부측의 제안 설명이 끝나자 국회는 동 개정안 질의를 시작하였는데 박철웅 의원은 "헌법에 결함이 있어서 민생문제를 해결 못한 것이 아니고 법의 운영이 잘못되어 해결하지 못했을 것"이라고 전제하면서 자주독립하의 주권국에 외국 자본력이 침투하게 된다면 경제적 노예가 되는 것이라고 공격하였다. (조선일보 1954. 2. 27)

다음날 국회에서 진행된 개헌안 공청회에서는 발언자 대부분이 찬성보다 반대 견해가 많았다는 것은 주목할 사실이라는 속보가 나왔다.

"경제정책자들이 자기네들 실정을 캄푸라치(카무플라주, 위장)하려는 개헌은 필요없다." (민국당 의원)

"헌법을 조령모개하지 말라." (대한변호사회장)

"개헌하지 않아도 정부가 의도하는 목적을 달성할 수 있을 것." (고려대 학생)

정치권도 언론들도 '경제 조항 개헌'에 이러저러 이유를 대며 반대 운동을 확산시켰다. 공산당의 6·25전쟁을 겪고 나서도 자유와 통제의 개념 구분조차 못 하고 이해관계만 따지며 정부 비난에 열을 올리는 꼴을 보다 못한 이승만 대통령은 3월 15일 작심한 듯 담화를 발표한다.

> 지금 이 국회에서는 이 개헌안을 통과시킬 수는 있겠지만 통과시키지 않는 것이 좋겠다.
>
> 그 이유는, 벌써 여러 차례 이 개정(경제 조항)을 말해 왔는데 안하고 있던 사람들이, 그동안 나라의 이익은 생각 안하고 사리사욕에 불리할까 막고 있던 사람들이, 임기가 끝나가니까 국회의원 재선에 도움이 될까 계산해서 통과시킨다면 이들은 국회에 다시 들어올 자격이 없는 사람들이다. 이들이 다시 국회에 들어오게 되면 나라에 해롭더라도 저희들에게 유익한 것이면 뭐라도 하러 들 것이다. 우리가 노력해야 할 것은 권세 잡는 것이 아니오, 국가토대를 바로 세워서 앞으로 미래세대도 잘살게 해주자는 것이 목적이어야 한다.
>
> 그러므로 국민이 다 원하는 이 원칙적 개헌은 다음 국회에서 신성한 정신을 가진 사람들로 바꾸어서 법률을 제정하는 것이 우리 국민들

이 요망하는 바이다.

제3대 국회의원 총선에서 "유권자들은 진정한 애국자를 선출해
달라"고 여러 차례 말하던 이승만 대통령은 제3대 국회의원 선거일
5월 20일을 한 달 넘게 앞둔 4월 6일 또 이런 담화를 발표하였다.

> 대한민국 안위에 관계된 중대 문제는 전국민 3분의2 이상 찬성으로
> 건정하는 국민투표제와, 민의에 반하는 국회의원은 소환한다는 두
> 가지를, 이번 입후보자에게 새 국회에서 통과시킨다는 다짐을 받고,
> 당선후 민의를 배반하면 소환한다는 조건부로 투표해주기 바란다.

이 국민투표제와 국회의원 소환제는 부산 정치파동 때 직선제 개
헌을 밀어붙이면서 이대통령이 수없이 주장하던 것이다. 담화는 이
번 개헌엔 꼭 넣겠다는 다짐에 다름 아니었다.

5월 제3대 국회의원 총선거 결과는 자유당 116, 무소속 67, 민국
당 15석으로 야당이 참패를 기록하였다.

11

또다시 나라를 잃을 뻔

제네바 '한반도+인도차이나' 협상

통일 협상을 위한 정치회의를 준비하는 판문점 예비교섭이 결렬되었
다. 정치회의 본회의 날짜와 장소를 협의하는 예비접촉에서 공산 측
은 엉뚱하게 "소련을 중립국 대표로 참석시켜야 한다"는 선전에 올
인하다가, 갑자기 "작년(1953) 6월의 반공 포로 석방에 미국이 공모하
였다"며 욕설로 가득 찬 성명을 발표, 회담을 결렬시켰다.

　미국 덜레스 국무장관은 4국 외상회담을 긴급 소집하여 "정치회
의를 4월 26일 제네바에서 열자"고 결정한 공동성명을 발표함으로써,
무기연기되었던 예비회담은 사라지고 곧장 본회의가 열리게 되었다.
공산 측 요구대로 소련은 참전국 자격이 아닌 중립국 자격으로 참가
시키고, 인도차이나 휴전 문제도 같은 회의에서 처리한다고 했다.

　한국은 즉각 반대하였다. 이승만은 "또 하나의 소련 책략"이라며,

덜레스가 소련을 주최국의 일원으로 초청한 것에 "미국이 또 놀랄 만한 정책 변신을 행하였다"고 비난하였다.

"소련이 민주 진영을 현혹시키려는 또 하나의 책략. 건설적 성과 거둘 수 없다"

"미국이 휴전협정 규정에 배치되는 회담을 동조하다니, 판문점 회담의 재판 될 것이다."

"공산당에 대한 단 하나의 효과적 전술은 우세한 힘으로 대항하는 방법 이외에는 없다."

"공산주의에 대한 자유의 항복."

"우리는 자유냐 노예냐 양자택일을 하지 않으면 안 된다."

이승만은 브리그스 주한 미 대사를 통하여 덜레스에게 질문서를 보냈다.

지난해 8월 7일 한미 방위조약 가조인 전날 작성한 이승만·덜레스 공동성명은 유효하다.

한국 대표단을 제네바에 파견하기 전에 다음 사항에 대해 문서로 보장하라.

1) 90일 내로 끝맺지 못할 경우 동 회의는 완전 종료한 것으로 간주할 것.

2) 회의 중 공산측이 선전으로 시종하면 한미 양국은 동시 퇴장한다는 약속을 지킬 것.

이 밖에도 이승만은 소련과 중공을 참석시킨 속셈을 설명하라는 요구와, 회의를 원탁회의로 할 거냐 대좌식 회의로 진행할 것이냐까지 물었다. 외교 전문가의 송곳 질문이다.

덜레스가 1, 2항에 "보장한다"는 회답을 보내자 이승만은 또 물었다.

한국 문제와 인도차이나 문제를 동시에 동일 장소에서 협상할 때 발생하는 위험에 대책은 있느냐? 미국이 한쪽 협상에서 공산 측에 양보를 준다면 다른 쪽 협상에서도 양보할 위험이 크다.
소련이 교전국의 자격으로 참가한다는 것을 명백히 해 달라. 한민족의 적인 중공이 회담을 계기로 사실상 유엔의 승인을 받게 된다는 점에 한국은 결사적으로 반대한다.

동시에 아이젠하워 대통령에게 보낸 친서에서는 이렇게 요구했다.

정치회의가 실패로 돌아갈 경우, 무력으로 남북통일 하는 데 있어서 무기, 탄약, 공·해군의 지원을 확약해 달라. 아니면 한국군이 외국군 지원이 필요 없을 정도로 즉시 원조해 줄 것을 요구한다. 공산군이 무제한 증강 중이므로 한국군 증강에도 제한을 두지 말아 달라.
이 두 가지 중 한 가지가 충족된다면 한국은 제네바 회의에 참가할 것이다.

고비마다 통일과 군사원조 확보를 다짐받는 이승만의 전략외교. 덜레스와 아이젠하워는 이번에도 '항복'하였다.

미국 원조 보장 받고 참가
제네바 정치회의에 참가를 결정한 이승만은 대표단 10명을 구성하였다. 수석대표 변영태 외무장관 등 대표단이 4월 19일 여의도 공항을 출발하는 날, 이승만 대통령은 특별성명을 발표하고 "미국 정부로부터 한국의 군사적 지원 강화에 명료하고 실질적인 보장을 받았기 때문에" 제네바 회의에 참가하게 되었다고 국민들에게 공개함으로써 미국을 또 한 번 묶어 놓는다.

또한 이승만은 공산군과 싸우는 인도차이나연방(베트남·캄보디아·라오스)에 국군을 파견하겠다고 미국에 제안한다. 프랑스와 베트남(월남) 연합군은 호찌민Ho Chi Minh(호지명胡志明)이 이끄는 월맹 공산군의 공격에 패하를 거듭하며 라오스와 캄보디아를 사실상 상실한 상황까지 몰려 있었다.

"우리는 반공 투쟁에서 어떤 아시아 자유국가도 고립되는 것을 그대로 볼 수 없다. 특히 똑같은 공산 침략을 받아 이런 사태를 체험한 한국으로서는 반공 형제국이 정복되려는 이때 어찌 방관하겠는가?"라며 이승만은 '공산군과 전쟁 경험이 풍부한 국군 1개 사단 파견'을 미국 극동군 사령관 헐 장군과 논의하고 아이젠하워에게도 보고케 하였다. 특히 이승만은 "라오스 정부에서 두 차례나 긴급지원 호소를 받았다"며 미국도 '모종의 이득'을 양해해 주어 다행이라고 말했다.

미국 국무부와 국방부도 이 제의를 긍정적으로 검토하였다. 그러나 결국 미국은 주한 유엔군이 불안정해지고 중공군의 인도차이나 참전까지 불러올 위험이 있다며 '반대'로 돌아섰다. '단독 북진'을 고집하는 이승만이 베트남 참전과 동시에 북한 공격을 감행할까 우려하여 반대하였다는 분석도 나왔다. 미국이 이승만에게 약속했다는 '모종의 이득'이 무엇인지는 밝혀지지 않았다.

21년 전 레만호반의 로맨스

아, 제네바!

망명객 이승만이 뒤늦게 운명의 반려 프란체스카를 만난 곳이 제네바다.

그 운명적 만남은 1933년 2월 21일, 그러니까 지금 정치회의가 열리기 꼭 21년 전 일이다.

겨울은 겨울대로 더 아름다운 알프스 레만호수 호반의 호텔들은 그때도 붐비고 있었다.

당시 국제연합(유엔)이 아닌 국제연맹 회의가 열리던 기간, 일본의 만행과 만주 침략을 세계에 고발하려고 미국서 날아온 이승만은 저녁식사를 하려고 뤼시 호텔Hotel de Russie에 들어섰다. 식당은 초만원이라 자리가 없어 두리번거릴 때 다가선 종업원이 이끌었다. 따라간 식탁엔 백인 여자 두 명.

"합석해도 될까요?"

친절한 종업원 덕분에 이승만은 빈 의자에 앉았다. 여인들은 모녀 사이, 예쁘장한 백인 처녀가 바로 프란체스카였다.

이승만 58세, 프란체스카 33세. 25년차 나이를 넘어, 국경을 넘어, 인종을 넘어 맺어진 국제적 로맨스. 무국적 이승만이 연인을 미국으로 초청도 못 하자 프란체스카가 이민 신청을 하여 태평양을 건넜다. "기품 넘치는 동양 신사를 보자 첫눈에 도와주고 싶었다"고 프란체스카는 뒷날 회상한다.

오스트리아 중기업의 셋째 딸은 아버지의 후계자 훈련을 받던 중에 그만 이승만에 빠져 버리고 만다. 현지 신문 한 면을 가득 채운 이승만의 인터뷰 기사를 보자 즉시 스크랩하여 이승만 방에 보내고, 다음날도 관련 기사들을 또 오려 보내고…. '하나님이 시킨 인연'이었다고 일기에 썼다.

독실한 기독교인, 강렬한 자립정신과 애국심, 지독한 청렴결백 절약가, 해박한 동서양의 교양 등, 공통점이 한둘이 아닌 천생배필.

'속기사 자격증까지 따 놓았던 게 가난한 무명의 독립 운동가를 위해서였던가.'

프란체스카는 평생 이승만을 위해 수많은 영문 편지와 저술에 실력을 발휘하느라 손이 짓물렀다고 한다. 독립, 건국, 전쟁… 파란만 진한 히맹?의 아내는 혁명의 동세비시노 됐다.

오스트리아를 오스트레일리아와 헷갈린 한국인들이 '호주댁'이라 부르면 "나는 오스트리아서 태어난 한국인"이라며 미소 짓던 프란체스카(1900~1992)의 유언은 "관 속에 태극기를 덮어 달라"였다.

"중공군 즉시 철수, 북 자유선거 하라"

한반도 통일을 위한 정치회의는 옛 국제연맹 건물이었던 팔레 데 나시옹Palais des Nations에서 1954년 4월 27일 오후 2시에 개막되었다. 독립운동가 이승만이 서고 싶었던 그 무대에 대통령이 된 이승만은 외무장관 변영태를 대신 보내 세워 놓았다.

첫 회의에서 첫 발언권은 변영태에게 주어졌다.

"존경하는 여러분, 자유와 민주주의 원칙 아래 한반도 통일을 목표로 열린 이 정치회의에서 한반도의 유일한 합법 정부로 유엔이 승인한 대한민국 정부 대표로서 최초의 발언권을 주신 것을 영광으로 여기는 동시에 감격을 금치 못할 뿐만 아니라 또한…"

좌석에서는 유엔 15개 참전국(남아공 결석)과 중공·소련·북한 등 공산 측 대표들이 이어폰을 끼고 경청하고 있었다. 변영태의 카랑카랑한 한국말이 높은 천장에 울리며 메아리쳤다. 미리 덜레스와 교섭하여 한국어가 최초로 공용어로 채택된 국제 협상 무대였다.

"만약 중공이 없었다면 한국 문제는 용이하게 해결되었을 것입니다. 한반도에서 중공과 중공에 순종하는 공산주의자들만이 극동 평화의 재확립을 방해하고 있는 것입니다. 북한 동포를 여기서 외국인처럼 만나는 것이 지극히 괴로운 일이요, 남북한 한인은 공동 운명세로 수선 닌글 실이있는데, 민족을 배반한 변절자든은 모스크바와 베이징의 공산주의에 굴복한 자들뿐입니다. 일방적으로 38선을 고착시킨 것도 모스크바이며, 통일 의도는 추호도 없음이 밝혀진 것이 1946년 북한 소비에트 설립 때부터였습니다. 통일을 위한 총선거를 막은 장애물을 유엔이 이번에는 반드시 제거해야 합니다. 조속한 자유선거를 실시해야 합니다. 한반도의 공산주의자들을 몰아내려 전쟁까지 치른 유엔은 중공군을 하루빨리 철수시키는 것이 본연의 참전의무 아닙니까? 이 시간에도 중공은 휴전협정을 무수히 위반하며 무장을 강화하고 탄약을 대량 비축하고 있습니다. 한국은 자유를 팔아서 평화를 살 수 없습니다."

변영태 수석대표는 두 가지 통일 조건을 제시하였다.

첫째, 중공군의 즉각적인 북한 철수.

둘째, 유엔감시 하의 북한 자유선거 실시.

새로운 제안도 아니다. 휴전을 반대했던 이유가 북한에 100만 중공군을 놔둔 채 정전할 경우 한국은 언제라도 재침 당할 위기에 놓이므로 중공군은 휴전 전에 완전 철수하라고 이승만이 그토록 외쳤던 사안이다. 북한의 자유선거는 1948년 통일독립국가 건국을 위해 유엔이 유엔 감시 하의 남북한 총선거를 결의했을 때 소련이 일방적으로 거부하여 무산됨으로써 분단이 고착되었고 북한은 소련 위성국이 된 것을 되돌리는 일이었다. 북한은 '태어나선 안 될 정권', 민족통일의 암덩어리였다. 공산 측이 수락할 리 없는 '중공군 철수, 자유선거'라는 한국의 평화통일 필수 조건을 이승만은 제네바 정치회의에서 말뚝 박아 소련과 중공의 새로운 흥정에 서방 측이 말려드는 위험을 초장에 가로막은 것이다.

뒤이어 등단한 북한 수석대표 남일은 '공산화 총선거' 6개 항목을 내놓았다. 특히 그는 그년의 통제 하에 남북한 총선거를 실시해야 한다고 주장하였다.

알뜰한 한국의 '구두쇠 대표단'… 북한은 흥청망청 매일 밤 파티 '미인계'까지

국제연맹 해체후 유엔에 넘겨준 건물 팔레 드(데) 나시옹은 레만호가 내려다보이는 아리아나 공원에 있는데 모처럼 대규모 인파로 북적거렸다. 가뜩이나 관광객이 많은 도시에서 뒷골목 민박까지 동이 나 버렸다. 원래 한국통일문제만을 다루기로 했던 정치회의에 프랑스가 인도차이나 휴전문제까지 끌어들이는 바람에 제네바에는 수많은 대표단이 몰리고 취재진만 1천여명을 헤아렸다. 100명 가까운 미국 대표단, 소련 대표단이 200여명, 중공이 가장 많은 300여명, 북한도 80명이나 참가하여 자유진영을 압도하였다. (…)

한국은 단 10명, 그야말로 1당 100의 소수정예라고 자위나 해야 할 형편이었다.

당시 임병직 대사의 회고에 의하면, 북한은 엄청 돈을 많이 가져온 듯 남일은 제네바 교외 강변에 있는 1만평 대지의 호화별장을 얻어 쓰고 대표들은 일류호텔 몇 개층을 통째로 차지, 고급승용차를 8대나 구입하여 타고 다녔다. 미모의 여자들도 데려와 별장에서 매일

만찬과 파티를 열어 백인들에게 미인계로 선전활동을 벌이며 기세를 올리는 판이었다.

우리 대표단은 정말 초라하였다. 변 외무를 단장으로 홍진기 법무부 차관, 최정우 교수, 이수영 외무부 정보국장, 한유동 실장, 손병식 의전과장, 류호룡 속기사와 이주범 한글타자원 등 8명에 미국서 양유찬 주미대사와 임병직 유엔 대사가 날아오고, 이대통령의 개인 자문역 올리버 박사가 합류하였다. 숙소는 미국 선발대가 구해준 기차역 부근의 값싼 호텔 파미유(Famille)에 숙박 교통비로 가져간 3천달러에서 2천400달러로 시볼레 중고차 1대를 구입하여 7명이 끼어타고 회담장을 왕래하였다.

이번에도 어김없이 엄명이 내려진 대통령의 절약 방침에 따라 대표단은 아끼고 아끼느라 일행이 한곳에서 잠자고 한식탁에서 먹고 똘똘 뭉쳐다니는 모습을 지켜보던 호텔 주인이 "과연 신생국가 사람들은 다르다"며 칭찬 아닌 칭찬을 하더니 나중에 연하장까지 보내주었다. (변영태 전기 『외교여록外交餘錄』, 한국일보사, 1959)

공산 측 선전장 된 제네바

예상대로 회의는 처음부터 공산권의 정치선전장으로 변해 갔다. 중공 총리 저우언라이(주은래)는 "모든 서방 국가들은 아시아에서 나가라. 아시아 내 모든 군사 기지를 폐지해야 한다. 중국의 합법적 대표는 장제스가 아니라 중국 공산당 정부다. 피로 맺은 동맹 북한 공산당의 제안을 전적으로 지지한다"고 주장하였다. 1949년 중국대륙을 빼앗아 공산 정권을 세운 중공은 다음해 6·25 참전으로 국제 무대에 등장하여 '침략자'로 낙인찍힌 후, 국제적 발언권 강화로 유엔 가입을 노리는 전술이 이번 제네바 정치회의 참석 목표였다.

변영태 수석은 "남한에서 선거는 필요 없다. 북한에서만 선거를 실시해야 한다. 이것은 1950년 10월 7일자의 유엔 결의안을 기초로 하는 것"이라고 대응하였다.

서울에서 이승만은 "남일의 제안은 공산주의자들의 간계, 바로 우리가 예기했던바 공산주의자들과의 교섭이 무익함을 다시금 증명하는 것으로서, 소련이 독일에서 시도했던 동일한 계략이다. 우리는 결코 넘어가지 않는다"는 성명을 발표하였다.

6·25전쟁으로 새롭게 고착화한 냉전 체제 동서 진영이 최초로 만난 국제 협상인지라 전장에서 피 흘리던 이념 싸움은 평화라는 위장막 속에서 '테이블 전쟁'으로 재연되고 있었다. 영국 이든Anthony Eden, 소련 몰로토프Vyacheslav M. Molotov, 태국의 프린스 완 등 3명이 돌아가며 사회를 맡은 회의는 물론, 각종 파티와 만찬, 단독 비밀회담 등 막전막후 외교전이 치열하게 벌어지고 있었다.

제1 분과위는 전쟁이 끝난 한반도의 휴전 이후 평화 정착 문제, 제2 분과위는 전쟁이 치열한 인도차이나 3국의 휴전 문제. 아시아 두 약소국의 운명을 올려놓고 좌우 강대국들이 설치는 새 질서 만들기 도박판 게임장이 되었다. 미국 덜레스 국무장관은 개막 연설 뒤 귀국하고 스미스 국무차관과 로버트슨 차관보가 한국 문제를 다루는 선봉에 섰지만, 서방 측은 분열 양상이 심화되었다. 특히 인도차이나에서 호찌민 공산군에 밀리는 프랑스는 조기 휴전을 서두르고 있지만 미국은 '아시아의 공산화' 도미노를 우려하여 '미군 참전론'을 들고 나와 대립, 덜레스는 영국과 프랑스가 지나치게 '유화적'이라며 '배반론'까지 거론하는 판이다. 진전도 성과도 없이 회의로 날이 새는 현장을 취재하는 언론들은 "역사상 유례 없는 혼란상"이라며 비관적인 전망을 내놓았다.

소련과 중공은 아시아주의를 주장하여 선전선동에 성공을 거두는 반면, 서방 측은 갈수록 충돌이 생겨 덜레스는 아이젠하워 대통령에게 '외교 실패' 책임을 지고 사표를 낼 것이라는 관측 보도까지 나돌았다. 7차례 전체회의와 1차의 비밀회의를 가졌으나 한국 문제는 완전히 교착 상태에 빠져들고 말았다.

이승만, 서울에서 진두지휘

이승만 대통령은 5월 13일 로이터 기자에게 "제네바 회의에서 얻을 수 있는 유일한 성과는 공산 측과의 협상은 소용없고 위험하다는 것을 입증하는 데 있을 뿐"이라고 단정하면서, 벌써 회의가 결렬 상태에 직면하였으니 "우리가 가진 우세한 힘을 행사할 때가 도달하였다"고 일갈하였다. "공산주의 역사상 소련이나 위성국들이 강압적 힘에 의하지 않고는 한 치의 땅이나 단 한 명의 사람도 양보한 적이 한 번도 없었다. 만약 미국이 중공군과의 전투를 포기하지 않았다면 지금 우리는 통일되어 있을 것이며 곧 휴전 1주년이 다가오는데 평화는 더욱 요원하다."

이어서 이승만은 새로운 주장을 내놓았다. 서방 진영에서 북한의 '전국 총선거' 주장에 동조하는 국가들이 생기자 '국민투표'와 '중공군 철수' 카드를 제시한다. 경무대에서 타전되는 이승만의 제안을 알게 된 참가국들 사이에서는 "평화적 해결이 점점 힘들다"며 비관론이 커지고, 공산 측은 "이승만은 전쟁광"이라 욕설을 퍼부었다.

디엔비엔푸 요새 함락… 월맹, 문 닫고 축하 파티

프랑스 조제프 라니엘Joseph Laniel 총리가 5월 7일 밤 인도차이나의 디엔비엔푸Diện Biên Phủ 요새가 함락되었다고 발표하였다. 베트남 수도 하노이로 가는 요충지는 공산군 2만여 명에 포위된 지 56일 만에 완전 상실, 이 패전은 프랑스가 1940년 나치 독일군에게 마지노선이 무너져 석권당한 이래 최대의 비극이라고 보도되었다.

프랑스 의회에서 전황을 보고하는 라니엘 총리는 "지난 7년간 프랑스는 인도차이나에서 고군분투하였다. 우방들은 우리를 7년간이나 방치하였다"고 말하며 비분에 울먹였다. 프랑스 전국의 극장들은 공연을 전면 중지, 문을 닫아걸고 패전의 분노를 삭이며 애도의 기도를 올렸다. 서방 각국도 낙담과 애도의 성명을 냈다. 이승만 대통령도 다음과 같은 성명을 발표하였다.

공산 적군의 인해전술로 디엔비엔푸를 포기하게 되다니… 만약 3개월 전 원군을 파견하겠다는 우리 요청을 수락했다면 이 요새의 구출은 가능하였을 것이다. 이 비극은 제네바에서 무익한 회담을 거듭하고 있는 동안에 일어났다. 우리는 승리하고 있다는 헛된 말로 스스로를 기만하고 있다. 공산도배들이 이런 식으로 모든 것을 지배하게 될 때까지 우리는 여전히 기만적 술수에 속는 방법으로 승리를 말하고 있을 것인가?

한편 제네바의 월맹 대표들은 승전 축하연을 열었다. 기자들이 만나러 갔을 때 꼭 닫힌 문밖에까지 축배의 환호성과 웃음소리가 끊이지 않았다고 한다.

"남북 총선거 수락하라" 이승만에 새 압력

디엔비엔푸 요새를 빼앗은 호찌민의 월맹 공산군이 수도 하노이로 맹렬히 진격함에 따라 천년 왕도 하노이를 150년 지배하던 프랑스는 남쪽으로 철수 길에 올랐다. 동시에 제네바의 인도차이나 분과위에서 프랑스는 정전 조건 4개항을 제시하고 즉시 휴전협상을 요구하였으나, 급할 것 없는 월맹과 공산 측은 이를 거부하고 라오스·캄보디아 대표도 참석시키라는 등 전면 공산화 전술로 나왔다. 이에 소련, 중공, 프랑스, 영국 간의 협상전이 벌어지면서 한국 문제 토의는 뒷전으로 밀리는 신세가 되었다. 변영태 등 한국 대표들은 "프랑스가 인지印支(인도차이나) 전쟁에서 손을 떼고 싶어 안달하는 바람에 한국 문제가 든러리로 따라가는 형국"이라며 불만과 위기감을 털어놓기도 했다.

1주일 넘게 휴업했던 한국 문제 토의가 재개되자 소위 '참전국 타협안'이 제출되었다. 영국이 주도하여 호주 등 영연방 국가들이 만든 골자는 '유엔 감시 하에 남북한 전역의 총선거'를 실시하자는 것. 한국의 '유엔 감시'와 북한의 '총선거'를 꿰맞춘 안이다. 한국 통일보다 휴전 고착을 노리는 영국은 한 술 더 떠서 두 가지 실천 방안을 추진하였다.

첫째, 이승만 대통령이 남북 분단을 계속 유지하는 데 동의하도록 권고한다.

둘째, 유엔 감시 하 선거 전에 '임시정권'을 설치, 임시정부가 총선거를 실시한다. 이를 위해 이승만 대통령이 협력할 것을 약속하도록 권고한다.

요컨대 영국은 "한반도 남북한 총선거에서 한국은 손을 떼라"고 요구한 것이다. 다시 말하면 대한민국은 정부를 해체하고 통일국가를 위한 '새로운 정부'를 세워 전국 총선을 치르자는 것. 격분한 이승만과 대표단이 즉각 이에 반대하였음은 물론이다.

문제는 미국이었다. 제네바의 로버트슨 차관보는 자기 숙소로 올리버 박사를 초대하더니 "이승만 대통령이 타협안을 수락하도록 모든 수단을 강구해 달라"고 신신당부하였다.

"한국이 손해 볼 것은 아무것도 없소. 좋은 점이 아주 많잖아요. 전쟁광이란 소리를 듣는 이승만 대통령이 유엔과 협조하는 '합리적인 모습'을 세계에 보여 줄 기회입니다. 어차피 공산 측이 거부할 테니까 한국 측에 유리한 여론이 쏠릴 겁니다. 이 대통령이 끝내 거부한다면 그와 남한은 세계로부터 완벽한 외톨이가 될 것이오."

그것은 협박이었다.

워싱턴의 덜레스도 기자들에게 "한국이 동의하면 우리도 지지한다"고 맞장구를 쳤다.

워싱턴만이 아니라 제네바 대표단에게도 참전국들이 달려들어 "당신네 대통령을 꼭 설득해 보라"는 압력이 밤낮으로 이어졌다. 팔레 데 나시옹은 마비 상태에 빠졌다. 인도차이나 회의도 덩달아 지연되었다. 소련의 몰로토프나 중공의 저우언라이는 "미국이 음모하는 아시아 동맹도 공산주의 혁명을 막지 못할 것"이라고 주장하고, 북한 남일은 '총선거 준비를 위한 전한국 공동위원회' 구성을 끈질기게 주장하였다. 이날 한국 문제 본회의에서는 32회의 연설이 이어졌는데 공산 측 연설이 계속되어 "24시간을 넘긴 25시간 연설 기록"이라는 보도가 나올 정도였다. 이승만의 예고처럼 제네바는 영락없이 '제2의 판문점'이 되어 지쳐 버리고 말았다.

이승만의 응원사격 "또 뮌헨 협정이냐? 공산주의 공부하라"
"제네바 회의가 공산주의자들의 표리부동한 술책으로 교착됨에 따라 우리는 그들의 유일한 목적이 세계정복에 있다는 것을 다시금 인식하게 되었다." 이승만은 INS통신과의 인터뷰에서 제네바 회의 교착상태가 공산측의 계략에 있음을 국내외에 해설하는 강의를 하고 있다.

"그들은 협상을 통하여 그들이 얻을 수 있는 모든 것을 얻으려고 할 것이며 세계는 소련의 목적이 세계정복이라는 것을 공공연히 인정하고 있으며 세계정복은 마르크스 철학의 주요한 원천이다. 우리는 지금 당장 행동을 개시해야 한다. 공산세력에 영향을 줄 수 있는 유일한 무기는 우세한 힘뿐이다. 당장 취해야할 조치는 공산주의자들과이 협상은 단번에 걷어치우는 것이다 그들은 협상을 단지 서방측을 분열시키고 그후 정복하려는 수단으로써만 이용하고 있다.

마르크스 운동의 역사를 보면 협상 때문에 결국 굴복하게 된 예가 한두번이 아니다.

그들은 자신은 모두 정당하고 우리들은 모두 부당하다는 공산주의 신조에 의거하기 때문에 '주고받는 진정한 협상'이란 불가능하다. 공산주의자들은 절대 '주지는' 않고 다만 '받기만' 하려고 한다. 유화주의자들의 위험성이란 1936년에 독일에게 라인랜드(라인란트)를 점령케 양보하고 그 결과로 뮤닛히(뮌헨)의 유화협상과 2차대전을 유발시킨 것이 바로 그런 위험을 보여준다.

자유국가의 여러 정치가들은 당시 히틀러와 나치를 불신하였고 증오까지 하면서도 유화주의자들은 독일이 서구를 공격할만큼 강대해질 때까지 조금씩 더 양보하기를 주장하였던 것이다.

공산주의자들과 협상을 중단하는 것만으로는 물론 충분치 않다. 우세한 무력으로써 제재를 가하는 것만이 공산주의를 진정으로 저지하는 유일한 방도이다." (조선일보 1954. 5. 29)

한반도 통일 논의 결렬… "휴전 무효" 선언

이승만은 외국 통신 기자들을 활용하여 제네바에 경고장을 날리곤 했다. 다음은 서울 경무대에서 회견한 UP통신의 보도 내용이다.

이대통령은 11일 한국이 제네바회의에서 퇴장할 시기에 대하여 "회의 탁자에서 한국문제를 해결하여 보겠다고 시도하는 날짜가 늘어 날수록 공산주의자들에게 기간끼리를 더하여주는데 기기기 않는다"고 언명하였다. 이 대통령은 "우리가 토의를 중단하고 퇴장할 시기는 도래하였다. 내가 설정한 시한 7월26일까지 기다리지는 않을 것"이라면서 "미국과 합의했던 제네바회의 참석 조건은 우리가 90일이내 퇴장하는 것을 구속하지 않는다"고 말하였다.

이대통령은 지난 4월26일 제네바회의 개시 전에 한국대표가 90일을 넘기지 않는 기간중 협의를 계속할 수 있다고 발표한바 있다.

"공산주의자들은 협의 중에도 날마다 북한에서 많은 학살자를 내고 있으며 날마다 북한은 '중공화'하고 있다. 자유세계는 드디어 공산주의자들의 술책을 겪어보았으니 '타협이 무용한 것'이라는 우리 견해에 동의할 것"이라고 예언하며 "그 시기가 너무 늦지 않기를 희망하는 바이다"라고 덧붙였다. 이 대통령은 "한국 통일이 현 대한민국 헌법에 의거하여 실행되지 않는 한 지지할수 없다. 만일 그러지 않는다면 유엔 및 대한민국은 스스로 과거의 결의와 행동을 부인함으로써 대한민국 자유정부의 기초를 자기 손으로 와해시키는 것이 될 것이다"라고 강조하였다.

서방 측 "한국문제 토의 종결" 공동선언

[제네바 15일발 로이타 至急電=세계] 19개국 한국 본회의는 15일밤 붕괴하였다. 동서 양방은 7주일간이나 논쟁을 계속한 후 한반도 통일 방법에 합의하지 못했다. 15일의 제15차회의가 끝난후 수석대표들은 "한국회의는 완전히 종료되었다"고 말하였다. 16개 비공산측 국가들은 "한국문제는 유엔에 돌려보내야 한다"고 선언하였다. 회의에서 낭독된 16개국의 선언서에서 "공산측 대표들이 유엔측이 필수불가결로 생각하는 기본원칙을 거부하는 한, 한국문제의 검토를 계속하는 것은 무익한 일"이라면서 다음과 같이 입장을 정리하였다.

"1953년 8월 28일 유엔총회 결의와 지난 2월 18일자 코뮤니케 채택에 따라 한국 유엔군사령부 산하에 군대를 편입시킨 우리 국가들은 평화적인 방법으로써 한국의 통일과 독립을 회복시키려 제네바 회의에 참가하였다. 우리들은 유엔의 과거 노력에 부합되는 제안과 노력을 해왔다.

우리들은 근본적이라고 간주하는 다음 2개 원칙의 테두리안에서 행동을 하였던 것이다.

1) 유엔총회는 헌장에 입각하여 한국에서 평화와 안전보장을 회복시키기 위하여 침략자를 축출하기 위한 집단적 행동을 사용하였기 때문에 한국의 평화적 해결을 알선하여 줄 충분한 권한을 보유하고 있다.

2) 통일독립의 민주주의 한국을 수립하기 위해서는 한국 인구에 비례하는 대표로써 구성되는 국회의원을 선택하기 위한 진정한 자유선거가 유엔의 감시에 의하여 실시되어야한다."

진해 별저에 머물던 이승만은 제네바 회의가 결렬되었다는 보고를 받자 성명을 발표하였다.

나는 16개 자유국가가 공동으로 퇴장한 데 대하여 간단히 언급하고자 한다.

나는 내가 이미 말한 바와 같다고 말하고 싶지는 않다. 그것은 공산주의자와 협상해서는 얻을 것이 없다는 것을 알고 있는 사람이 나뿐만이 아니기 때문이다. 판문점 정전협상 이래 미국이 연합국과 더불어 회담에서 퇴장한 것은 이번이 처음이다. 이것은 자유국가들이 어떤 대가를 지불하더라도 공산주의자와 협상하겠다는 생각을 명백히 버렸다는 것을 입증하는 것이니, 나는 미국이 앞으로 공산주의자의 위협이나 또는 다른 나라의 영향을 받고 한국 문제를 위한 회의를 또다시 열지 않기를 바라며, 다같이 말로만이 아니라 확고한 행동으로 증명해야 할 것이다. 우리는 공산주의자들이 말하는 것에 대해 더 귀를 기울이지 않을 것이다.

변영태 대표단장은 대통령의 지령에 따라 제네바에서 중대 발언을 터뜨렸다.

"한국은 이 이상 휴전협정을 준수해야 한다고는 생각하지 않는다. 19개국 회의가 와해되었다는 것은 한국이 원하는 바 어떤 행동도 취할 수 있게 되었음을 의미한다. 북한에 있는 중공군이 자신의 의사로 물러나가든지 그렇지 않으면 물러나가도록 만들어야 할 것이다. 한국 정부는 국토의 일부가 중공 침략군에 의하여 식민지화하는 것을 저지할 권리를 포기하지 않을 것이다."

변 대표는 휴전협정 무효화의 2개 이유로서 1) 휴전협정은 정치회의를 통한 한국의 통일을 규정하였으나 회의는 실패하였다는 점, 2) 휴전협정에서 규정한 시일을 못 지킨 정치회의는 이미 협정을 위반했다는 점을 지적하고, 한국이 '통일을 위해' 90일간이나 추가로 묵인해 주었음에도 성과 없이 파탄을 맞은 것은 어느 국가도 협정 준수 능력이 없음을 보여 주는 것이라고 말했다.

미국, 영국 등 19개국 대표들은 경악하였다. 공산권은 침묵하였다.

경악한 것은 워싱턴 백악관도 마찬가지. 아이젠하워는 이승만에게 서둘러 친서를 보낸다. 입이 열 개라도 할 말이 없는 미국이다. 모두 이승만의 시나리오에 동의했기 때문이다. 제네바가 공산당 선전장이 되면 '동반 퇴장한다'는 이승만의 참석 조건을 수락했으니까. 니세는 "협싱에서 등일이 안 되면 전쟁을 재개"한다는 이승만을 어떻게 달래야 할지 머리가 아플 뿐.

변영태가 귀국하기 전날 이승만은 그를 '국무총리 겸임 외무장관'으로 지명하였다. "미국과 유엔 참전 16개국이 다함께 퇴장한 것은 대단히 상쾌한 일"이라면서.

베트남 패망… 대한민국, 이승만이 지켜 냈다

벌써 몇 번째인가. 대한민국을 해체하고 임시정부를 다시 세우자는 영국 등 강대국들의 공갈 협박을 뿌리친 이승만은 또다시 자유민주공화국 대한민국을 구해 내는 데 성공하였다.

약소국은 그런 것! 제네바 팔레 데 나시옹 화려한 궁전 식탁에 올려진 한 마리 물고기, 탐욕스런 맹수들의 '맛있는 먹이'이거나, 여차하면 미련 없이 버려지는 쓰레기 신세다. 그러기에 한미 상호방위조약을 맺은 지 1년도 안 된 미국마저 "대한민국은 없던 나라"로 하고 남북 총선거 하자며 공산당이 내민 미끼를 물지 않았던가.

이승만을 잘못 보았다. 이승만은 식탁 위의 생선이 아니라 식탁을 뒤집어엎는 '물고기 얼굴의 맹수'임을 세계가 다시 보았다. 반공 포로 석방과 휴전 결사반대로써 한미동맹을 거머쥔 약소국 지도자의 결기는 전 세계를 상대로 또다시 '혼자' 싸워서 승리를 얻어 낸 것이다.

자유통일이냐 공산화 통일이냐 – 이것은 해방 후 38선 분단 이래 대한민국의 대명제이다. 신탁통치에 공산당 박헌영과 같이 찬성했다면, 아니 스탈린의 함정 좌우합작을 강요하는 미국과 소련에 이승만이 결사적으로 저항하지 않았던들, 그리고 김구가 막판에 배신하여 긴인성과 손잡았을 떼, 소련이 지휘한 대구 폭동과 세수 4·3폭농을 이기고 세운 나라 대한민국, 이어 김구가 유엔의 국가 승인을 반대하며 반대 사절까지 꾸렸을 때, 신생 대한민국은 없어질 뻔하였다. 또한 김일성의 6·25 침략으로 낙동강 이남까지 쫓기자 미국 대사 무초가 제주도로 '피난' 가라고 요구했을 때 이승만이 미국 대사의 가슴에 권총을 겨누며 "한 발짝도 물러나지 않겠다"고 버티지 않았다면 대한민국은 태평양 물속으로 영원히 사라질 뻔하였다. 게다가 '통일 없는 휴전을 결사반대'하는 이승만을 미국이 제거하고 군정을 실시했다면 대한민국은 살아남을 수 있었을까? 죽일 테면 죽이라며 골리앗과 몸싸움을 벌인 '벼랑끝 결투' 끝에 이승만은 기어코 한미동맹이란 안보 울타리를 치는 데 성공하지 않았던가.

따지고 보면 제네바 협상의 승리는 건국 후 없어질 듯 없어질 듯 강대국들 입안에 들어간 대한민국을 구해 낸 국제외교의 대승리였다. 이승만이 아니라면 누가 대신할 수 있었으랴.

이런 불굴의 신념, 불굴의 국가의지는 어디서 온 것일까? 이승만은 늘 말한다.

우리가 투쟁하는 대의(大義)는 문명 그 자체를 지키자는 것입니다.

우리는 흔들리지 않을 것이고 궁극적 승리를 얻는 데 실패할 수 없습니다.

각국 지도자들의 생각이 아무리 다를지라도 한국 문제는 명약관화합니다.

세계가 내려야 할 결단은 자유냐 노예냐, 정의와 부정, 국제법과 공산 학정 간의 선택입니다.

우리는 언제나 정의와 자유와 그리고 국제법의 우월성 편에 서 왔습니다.

그러한 대의를 지켜 나가면 우리는 결코 누구로부터도 버림받지 않습니다.

세계의 자유민들은 그들의 가슴에 선의 속에 우리와 함께 있을 것입니다.

우리의 대의는 우방의 대의이며 인류의 대의입니다. 우리는 승리합니다.

(제네바 회의 개막 직전, 1954년 3·1절 35주년 기념사 중에서)

한국 문제가 결말 없이 결판난 뒤 제네바에선 인도차이나 휴전협상이 속도를 냈다.

프랑스에선 내각이 바뀌고 새 총리가 된 망데스 프랑스Pierre Mendès France는 '조기 휴전' 공약을 내걸었다. 이러니 공산 월맹과 소련, 중공은 거침이 없다. 약세를 보인 상대와의 협상 결과는 뻔한 것, 망데스 총리는 스위스 수도 베른에서 중공 저우언라이와 비밀협상을 거듭한 끝에 본격 회담을 열기로 합의했다. 베트남 밀림지대 전투 현장의 막사에서 양측 장교단의 실무 회담이 시작되었다. 언론은 '베트남의 판문점 회담'이라고 불렀다.

저우언라이는 인도 네루 총리와 별도 회담을 열고 공동성명을 낸다.

"인도차이나 문제는 전쟁이 아니라 정치적으로 해결하며 불가침 등 5개 원칙을 확인한다."

'밀림 속의 판문점' 회담에선 휴전선 획정 등 제네바에 보낼 실무적 세목을 논의하였고, 제네바에선 소련 몰로토프와 영국 이든 외무장관 등 9개국 회의가 약소국 난도질 협상을 벌였다. 망데스 총리는 비□ 이무에게 치대한 급속히 휴진을 신인힐 ↑ 있도록 서두르며 "공산 측 제안을 너무 따지고 거부하지 말라"는 지시까지 내린다. 미국 스미스 국무차관은 "그러면 결국 불명예스러운 평화가 된다"고 경고하였지만 망데스가 국민에게 약속한 '시한'은 7월 20일. 깊은 밤 자정 넘은 시각까지 서둘러 "협상은 성공리에 끝났다"고 발표하였다.

무슨 양보를 했던가? 제네바에서 9개국과 함께 조인된 '인도차이나 휴전협정' 6개항은 다음과 같다.

1) 군사한계선은 북위 17도선에 설정, 양측 군대는 이 선에 재집결하여 300일 이내 철수.

2) 휴전협정 발효로부터 군사한계선 타 지역으로 전출 희망자는 이를 허용한다.

3) 발효 후 신무기·탄약 반입 및 군사기지 신설 금지.

4) 발효 후 30일 이내 모든 포로 및 민간 억류자들을 전원 석방한다.

5) 협정은 조인과 동시에 발효한다.

6) 국제감시위원회는 캐나다, 인도, 폴란드 대표로 구성한다.

분단선을 두고 16도선, 17도선, 18도선을 시비한 끝에 17도선으로 낙착된 것 말고는 대부분 공산 측 요구대로 반영된 것이다. 또 한 번 서방 측은 공산 측에 항복하고 말았다. "북베트남에 민족의 비극"이란 보도가 뒤를 이었다. 공산군이 미처 점령하지도 않은 땅을 절반이나 프랑스가 내주어 버린 17도선 이북 주민들에겐 날벼락이 떨어졌다. 1,300만 인구가 하루아침에 공산 치하에 들어간 것. 하노이와 홍강(홍하) 삼각주 등 베트남 알짜배기 지역에선 대규모 엑소더스 물결이 아우성을 쳤다.

"현전 발효 전에 남쪽으로 가자." 거리로 몰려나온 인파를 수용한 학교 운동장들은 천막촌으로 변하였고, 공산당은 "인민의 낙원이 열렸는데 왜 도망가느냐"며 만류하는 선전선동을 벌였다. 얄궂은 분단 역사의 재연이다. 1년 전 한국 휴전협정이 조인된 7월 27일, 1년 뒤 같은 날 또 하나의 분단 국가의 탄생이다. 프랑스가 내던진 '쓰레기' 휴전협정이 발효되었다.

결정적인 것은 협정문 제4항이었다. 남쪽 베트남은 그동안 감옥에 가두었던 공산주의자들을 한 달 내로 전원 석방해야만 했다. 게다가 "공산당의 자유 활동을 전면 보장한다"는 규정에 따라 남쪽 베트남은 공산당 천지로 변해 버렸다. 베트남 전국은 라오스·캄보디아와 함께 '공산 진지' 구축에 속수무책, 북쪽의 공산군과 남쪽 '내부의 적'과 양면 전쟁이 치열해졌다. 소위 베트콩(베트남 민족해방전선) 세상이다. 미국이 개입하지 않았다면 그때 적화되었을 것이다.

프랑스의 어이없는 양보로 제네바 휴전협정에서 버려진 약소국, 그 후 프랑스 대신 싸워 주던 미국이 철수하자 휴전 20년 만에 적화 통일되고 말았다. 10여 년 전쟁에 지친 미국의 양보로 두 번째 제네바 평화협정이 체결되어 키신저는 노벨 평화상을 받았지만, 남쪽 베트남 국민들은 보트 피플이 되어 망망대해를 떠돌다가 죽어야 했다.

"베트남에 이승만 같은 지도자가 있었던들…." 클라크를 비롯한 많은 지도자들이 탄식하였다.

1975년 베트남이 패망하고, 이듬해 대한민국에서는 '남조선민족해방전선(남민전)'이 결성된다. 베트콩식 전략으로 한국을 공산화하겠다는 김일성의 작품이었다고 수사 기록이 말해 준다.

12

워싱턴의 한미 대결

고학생·망명객에서 국빈으로

미국은 이승만과 약속한 '제네바 정치회의 통일협상'에 실패하자 전전긍긍하였다.

> 아이젠하워 대통령이 지난해(1953) 로버트슨과 덜레스를 통해 미국을 방문해 달라고 몇 차례 초청하였으나 미뤄 왔다. 한국민을 위해 애써 준 미국과 미국민들에게 우리 국민 전체의 감사를 전하고 싶었지만 결정을 못했던바, 이번에 덜레스가 또 제안하여서 검토 중이다.
>
> 제네바 회의에서 통일 달성이 실패하여 우리 군대와 국민이 불안해하고 상심 중인지라 잠시라도 내가 한국을 떠날 수 있을지 없을지를 아직 결정하지 못하고 있는 중이다.

이승만이 이런 담화를 냈을 때 워싱턴 분위기는 한마디로 안절부절이었다고 한다.

[워싱턴 12일발 INS=합동] 미국 외교계는 12일 한국에서의 전투행위 재발은 '확실한 가능성'이 있는 것으로 간주, 제네바 회의에서 아무런 만족할만한 해결에 도달하지 못했다는 사실은 한국정부로 하여금 한국 통일을 위한 단독행위를 취할 것을 고려하게 만들었다고 말했다.

미국등 참전국들이 이대통령을 이런 행동노선으로부터 만류할 수 있느냐 없느냐에 관한 문제는 현재 워싱턴에 논의의 초점이 되고 있다.

현재 한국정부는 보병사단을 확충할만한 중무장이 부족한 상태이므로 미국은 이승만 억제에 자신감을 표하는 이들도 있지만, 그러나 정부 관리들은 단독행위 가능성을 자신있게 부인하지 못하고 있다. 최근 한국의 장기간 '적막상태'는 서방측을 모면할 수 없는 함정에 끌어넣지 않을까 우려를 낳고 있다. 게다가 미군등 유엔군이 점차 철수하기 시작함에 따라 불확실성은 더욱 증폭 중인 것으로 보인다. 반면 북한 공산군은 놀라울만한 속도로 제트기를 포함한 중무기를 반입하고 있다. 따라서 유엔군은 결국 약화 축소될 것이며 때가 되면 공산군은 재차 공격을 개시할 것이다. 그러므로 한국의 호소는 "공산군에 맞설 수 있는 중무기를 달라. 그러면 공산군이 공격할 때 전투는 우리 국군이 맡아서 하겠다"라는 것이다. (동아일보 1954. 7. 14)

7월 14일, 주한 미국 대사 브리그스가 아이젠하워의 이승만 방미 초청장을 가져왔다.

7월 26일 여름날 오후, 워싱턴 내셔널 공항에 시커먼 미 군용기 한 대가 내려앉았다. 서울 김포공항을 이륙한 지 무려 40시간 만에 도착한 일행은 이승만 대통령 부부와 수행원 6명. 유엔군 총사령관 헐 장군의 전용기 컨스텔레이션호는 "일본에 기착하지 말라"는 이승만의 고집 때문에 일본열도를 우회하여 알류산 열도의 해군 기지에서 급유하고 알래스카를 돌아 시애틀 기지에 들렀다가 미 대륙을 횡단하는 길고 긴 여정을 강행군해 온 참이다.

아이젠하위의 환대는 예상을 넘는 것이었다. 국빈이라지만 닉슨 부통령과 덜레스 국무장관까지 부부 동반으로 출영하고, 합참본부장 등 군 장성들과 다수의 관리들, 그리고 이승만의 독립운동을 도와준 미국인 친우들도 대기 중이었다. 시민들은 태극기와 성조기로 환호하였다.

비행기를 내린 이승만은 열광적인 환영을 받으며 일일이 악수를 나누었다. 한국전을 지휘한 리지웨이, 밴 플리트 장군의 뜨거운 포옹도 받았다. 미국 관리들은 '경의와 단결의 표시'라며 이 대통령에게 '행운의 열쇠'를 증정하였다.

21발의 예포와 한미 두 나라 국가 연주를 들으면서 이승만은 무슨 생각을 하였을까?

해방 후 귀국 9년 만에 다시 온 미국. 끝까지 '국적 없는 독립투사'로 40년을 떠돌던 땅은 제2의 고향 같은 나라. 태극기를 흔들며 감격의 눈물을 흘리는 한국 동포들과 어린이들의 꽃다발을 받는 이승만은 무명의 망명객이 독립국가 대통령이 되어 다시 찾은 미국에서 일종의 '금의환향' 같은 감격과 국무부에서 냉대 받던 설움, 그리고 보기 좋게 독립을 쟁취한 승리감이 한꺼번에 밀려왔을 것이다.

"미국이 겁쟁이라 아직도 통일 못 했다"

닉슨의 환영사가 끝나자 이승만은 마이크 앞에 서더니 자신이 써 온 도착 성명을 치우고 즉석연설을 시작하였다. 1904년 '국가 없는 인간'으로 난생 처음 미국에 상륙하였을 때의 이야기와, 독립이 가망 없는 것으로 보이던 때의 망명 생활에 관한 이야기에 이어, 1950년 공산 침략에 대하여 말할 때는 감회를 못 이기는 듯 꺼져 가던 음성이 갑자기 톤을 높였다.

"미국의 수많은 청년들이 한국을 도우러 와서 목숨을 바쳤다. 그런데도 우리는 아직도 통일을 이루지 못하였다. 미국이 '겁을 먹어서' 압록강까지 진격했던 우리는 후퇴해야만 했다. 조금만 용기를 더 가졌더라면 우리 두 나라는 지금 이런 고통에서 벗어나 있을 것이다."

그 순간 닉슨과 덜레스, 리지웨이 등 장성들은 표정의 변화 없이 연설을 듣고 있었다고 한다.

이승만은 또 톤을 바꾸어 함께 싸운 미국과 미군에게 '심심한 감사'를 표한다면서 "우리는 앞으로도 함께 싸운다. 하나님은 우리 계획을 성취할 수 있도록 항상 함께하실 것"이란 말로 15분간의 즉흥 연설을 끝냈다.

비행장 환영식이 끝난 후 이승만 부부는 녹색 리무진을 타고 백악관으로 향하였다.

미국에 도착하자마자 던진 "미국은 겁쟁이"라는 한마디, 준비한 원고에는 없던 그 말은 이승만이 미국과 마지막 결판을 내고자 싸우러 왔다는 선전포고나 다름없었다. 왜냐하면 "제네바 정치회의에서 통일을 관철"하겠다던 미국이 제네바에서 양보를 거듭하는 행태에 분격한 이승만은 아이젠하워와 통일을 위한 최후의 담판을 끝장내야

하기 때문이다.

그는 이미 서울 출발 전날 경무대에서 기자회견을 열어 "미국과 유엔은 중공군을 북한에서 즉시 철수시키라"고 포문을 열고 "소련이 제안한 새로운 통일 국제회의는 서방 측 항복을 받아 내려는 음모"라며 "판문점 중립국감시위도 해산하라"고 요구하였다.

백악관 정문 앞에서 기다리던 아이젠하워 부부가 이승만 대통령 부부를 맞아들였다.

곧이어 아이젠하워가 베푼 백악관의 국빈 만찬 역시 화려하고 성대하였다. 닉슨 부통령과 각료들, 국회의원들과 외교관들, 국방 관계 인사들과 그 모든 부인들이 '세계의 반공 지도자' 동양 노인 대통령의 손을 잡고 감사와 존경의 찬사를 이어 갔다.

아이젠하워는 잔을 들고 이승만 대통령을 위해 축배를 들겠다며 건배사를 시작하였다.

이날 밤 이승만 부부는 백악관에서 잠을 잤다. 이런 특별 배려도 전례가 드문 환대였다. 공식 수행원들은 본격적인 스테이트 비지트 state visit였기에 네 팀 27명이 따라와서 백악관 인근 영빈관 블레어 하우스에서 숙박하였다.

제1차 정상회담

이튿날 아침 블레어 하우스로 옮긴 이승만은 10시부터 백악관 오벌룸에서 아이젠하워와 제1차 정상회담을 가졌다. 아이크의 대통령 취임 전부터 휴전 반대로 갈등을 벌였고 제네바 협상에서도 양보하는 유화적 태도에 실망한 이승만은 '못 믿을 포퓰리스트'로 아이젠하워를 내려다보고 있었다.

그런데 놀랍게도 정상회담의 첫 의제가 양국 똑같이 '한일 관계'

임이 드러났다. 한국이 제시한 의제는 '한일 공동방위 체제에 관한 문제점'인 반면, 미국이 제시한 것은 '한일 국교 정상화'였다. 첫눈에 이승만은 심기가 불편하였다. 미국의 일방적인 일본 지원을 비판해 온 이승만의 눈앞에 국교 정상화를 들이밀다니. 아이젠하워가 한일 회담 결렬 문제를 꺼내자 이승만은 벼락같이 언성을 높였다.

"수석대표라는 구보다란 자가 일본의 식민 통치는 한국에 유익했다는 둥 망발을 했는데 그것도 모르오? 이런 반성도 모르는 일본과 이제 관계 진신화를 하라는 센기?"

양유찬 대사가 재빨리 끼어들어 지난해 10월 15일에 터졌던 구보다의 망언 경과를 설명했다. 화를 삭이던 아이젠하워는 덜레스에게 "사실이냐?" 물었고 덜레스도 보충 설명을 붙였다.

한 시간 반 동안 진행된 첫 회담은 구보다에 걸려 두 번째 의제 '원조 증가와 군원·민원 분리 문제'로 넘어가지 못하였다.

이날 저녁 덜레스 국무장관이 베푸는 만찬이 역사적인 고택 애디슨 하우스에서 열렸다. 이승만은 인사말에서 "공산주의자들에 대한 보다 적극적인 방책이 있어야 한다"고 말했다. 앞서 오전 백악관 정상회담에서도 이승만은 아이젠하워와 대좌하자마자 "나는 이번에 양국이 협의할 만한 제안을 가져왔다"고 말을 꺼냈는데, '방책'과 '제안'이 무엇인지는 다음날 국회 연설에서 드러난다.

만찬 주최자 덜레스는 이승만의 무거운 얼굴을 풀어 주기 위해 '곰' 이야기를 꺼냈다. 갈홍기 공보실장의 「이대통령 각하 방미 수행기」에 보면 그 곰은 국군이 강원도 산골에서 잡아 온 것을 백악관에 보낸 한 쌍이다. 덜레스는 "이 대통령을 기쁘게 해 드리려고 그 곰을 정원에 풀어 달라 했더니 크게 자란 맹수라서 안 된다 하니 유감입니다. 각하께서도 그 곰과 같이 노년에도 원기 왕성하시니 보기 좋습니다"라며 웃었다. 이승만은 즉각 "나도 지금 그 곰처럼 갇혀 있는 것 같아서 부자유를 느낍니다"라고 받았다.

미국과 미국 국민들에게 하고 싶은 말들이 가득 찬 이승만의 농담 아닌 농담에 미국인들은 웃었지만 웃을 수가 없었다고 한다. 그런 말들을 다음날 국회에서부터 2주일간 쏟아낸다.

미 의회 양원 합동회의 연설

1954년 7월 28일. 캐피틀 힐 미국 의회 이사당 대휘의실에 여러 대의 TV 카메라와 조명등이 켜졌다. 상·하 양원 의원들과 각료들, 대법관들이 임시좌석까지 채우고, 특별입장권 소지자들만 방청석에 들어왔다.

오후 4시 32분, 청색 양복의 이승만이 들어서자 기립박수가 쏟아졌다.

"미국민들이 진심으로 존경하는 자유를 위한 불굴의 투쟁가를 소개하게 되어 영광"이라는 마틴 하원의장의 소개 후 등단한 이승만은 40분 동안 열변을 토한다(전문 자료 4).

미국과 미국민들에게 감사를 거듭 표시한 이승만의 주장은 대강 다섯 가지로 요약된다.

첫째, 휴전협정에 규정된 정치회의(제네바 회담)가 실패로 끝났으니 휴전협정은 무효라는 것. 한국의 통일을 정치회의에서 달성시켜 주겠다는 미국의 약속은 물거품이 되었으므로 지금 바로 '휴전 무효 선언'을 해야 한다.

둘째, 한국군은 이제 자유 진영 최고의 반공 군대이므로 미국이 조속히 강화시켜 달라. 그러면 중국 공산군을 한국 단독으로 물리칠 것이며 미국 지상군은 한 명도 싸울 필요가 없다.

셋째, 중공군이 침략 무장을 강화하기 전에 공격하여 중국대륙을 자유세계로 탈환해야 한다. 중국이 공산 체제인 한 한국은 살아남을 수 없으며 세계 평화도 보장 못 한다.

넷째, 소련이 한중 전쟁에 참전하면 오히려 잘된 일이다. 미국은 즉시 소련의 수소폭탄 생산 기지를 공습, 미국의 위험을 사전에 제거할 수 있는 절호의 찬스가 된다.

다섯째, 이것은 강경론이 아니다. 절반이 공산주의인 세상은 곧 그들이 노예 세상이 된니.

연설은 대성공이었다. 기립박수 등 33차례나 박수가 터지는 바람에 연설은 자주 중단되었다. 영어의 묘미를 십분 살린 이승만 특유의 선동적 어휘 구사와 자유 투사로서의 신념과 투지가 불꽃처럼 청중들을 사로잡아 미국민 대표자들의 뇌리에 꽂힌 명강의였다.

7월 28일 그날은 6·25전쟁 휴전 1주년 다음날이다. 박수 소리가 컸던 만큼 충격도 컸다. 휴전 1년 만에 미국이 지금 당장 중국에 선전포고를 하란 말인가? 지겨운 한국전쟁을 금방 또 하라고? 원조를 요청하러 온 한국 대통령이 또 전쟁을 요구한다고 받아들였던 것이다. 전쟁 염증에 시달린 미국인들은 '전쟁 고집쟁이'라는 말을 떠올리며 갸우뚱했다.

이런 반응이 나올까 봐 가장 염려한 사람은 이승만의 홍보자문역 올리버 박사였다. 이 대통령의 주요 연설문에 자료를 제공하고 원고를 검토했던 그는 이번에야말로 중요한 국빈 방문이므로 이승만이 타이프라이터로 찍은 원고들을 보살폈는데, 국회 연설문만은 예외였다. 올리버는 연설문을 언제 보여 주려나 기다렸지만 워싱턴에 도착해서도 안 보여 주는 것이었다. 견디다 못해 국회 연설 하루 전날 블레어 하우스에서 이승만에게 "보여 달라"고 말을 꺼냈다.

"안 되오."

이승만은 올리버가 가리키는 공문 가방에 재빨리 손을 얹고 고개를 저었다.

"그냥 훑어보기만 하겠습니다. 고치거나 다시 쓰는 일은 않겠습니다."

올리버가 간청하였다.

"실내도 안 되오. 그럴 수 없소. 나는 휴전에 대한 내 자신의 생각을 말하려고 미국에 왔소. 꼭 그렇게 할 것이오. 내 식대로 말이오. 올리버 박사가 내 창끝을 무디게 하고 싶은 모양인데 그렇게는 못 하오."

이승만은 문서 가방을 들어 두 팔로 가슴에 안았다.

"이 의회 연설만은 나 자신의 이야기인 것이오. 내가 꼭 하고 싶은 말이 들어 있고 정확히 그대로 전하려고 하오."

"손대자는 게 아니라 그냥 한번 보고 도움 되는 말씀이라도…." 올리버가 어물거렸다.

"이제 박사도 그만 가 보시게. 덜레스 만찬 전에 좀 쉬어야겠으니." 이승만은 고개를 돌렸다(올리버, 『이승만의 대미투쟁』 요약).

국회에서 폭풍 같은 연설과 환호를 본 올리버는 사후 소감을 이렇게 적었다.

그는 가장 진정한 의미에서 위대한 연설가이다. 주요한 문제는 언제나 도덕적, 인도적 관점에서 보았다. 그의 목소리와 연설 태도는 놀랄만큼 함축적인 표현을 담고 있으며 연설의 전환점에서 엄숙한 '멈춤'의 가치를 잘 활용하고, 마치 대성당의 오르간처럼 목소리를 바꾸고, 누구라도 집중할 수밖에 없도록 점점 강력한 열정적 표현으로 메시지를 토해냈다. 미국 국민들의 혼을 빼놓은 듯 열렬한 환호와 박수의 회수를 표시해보니 서른세 번이다.

만약 이대통령이 손봐달라고 부탁했더라도 그 감동적인 원문을 더 좋게 만들 재주는 나에게 없었다. 단지 '평화와 협력을 더 강조하는 것' 말고는.

18일간에 걸친 미국 방문이 끝난 뒤 서울에서 다시 만난 이승만이 이렇게 말했다고 올리버는 썼다.

"올리버 박사, 그 의회 연설은 내 일생의 큰 실수였소."

이승만의 말에 동감하는 올리버는 그 연설이 미국 여론을 악화시켜 역효과를 가져왔다고 그의 책에서 지적하고 있다.

과연 그럴까? 일찍이 외교독립론을 주창하며 미국 조야의 여론을 한국 편으로 모으고자 평생을 애써 온 이승만이, 그것도 미국 국회에서 전국에 중계방송되는 국빈 연설을 '실수'인 줄도 모르고 감행했단 말인가? 말이 안 된다. 이승만의 여행길을 좀 더 따라가 보자.

방미 사흘째인 7월 29일, 이승만은 국빈 스케줄에 따라 마운트 버논과 알링턴 국립묘지를 방문한다.

마운트 버논Mount Vernon은 미국의 건국 대통령 조지 워싱턴의 유택으로 외국 원수들이 의례적으로 방문하는 곳이다. 이승만이 이곳을 처음 찾은 것은 반세기 전 1905년이었다. 난생 처음 미국에 와서 조지 워싱턴 대학에 입학한 30세 이승만은 미국 독립의 영웅 워싱턴의 독립투쟁 정신을 자기화하면서 여러 번 이곳을 찾곤 하였다.

"포토맥강 굽이를 돌아가는 배들과 물결을 비추는 그때 달빛이 어찌나 아름답던지…. 당신들은 태어나기도 전이오. 일본에 점령 당한 조국을 떠나 독립을 갈망하던 유학생 심정을 알겠소?"

수행원들과 취재진에게 역사 이야기를 설명하면서 이승만은 한국서 가져온 단풍나무를 그곳 정원에 기념으로 심었다.

"이 나무가 자라거든 '일본단풍'이란 푯말은 붙이지 마시오. 이 단풍나무는 난쟁이 같은 일본단풍과는 전혀 다른 '한국단풍'이라고 설명하시오."

이 관광 명소의 책임자에게 이승만은 장난스런 미소로 말했다

이어서 알링턴 국립묘지를 참배하고 거기에도 '한국단풍' 나무를 심었다.

영빈관으로 돌아오는 길에 예정에 없던 링컨 기념관에도 들러서 대형 석고상 앞에서 기도하였다. 누구보다도 링컨은 한국의 분단 비극을 잘 이해해 줄 것 같았다.

'반쪽 노예 상태'론 안 된다며 남북전쟁을 성공시킨 링컨.

"그들의 죽음이 헛되이 소멸되지 않도록 우리도 남북통일 할 수 있게 도우소서."

이승만은 중얼거렸다.

어떤 여인이 다가와 눈물을 머금고 "신께서 당신 나라를 축복하시기 기원합니다"라고 말했다. 또 어떤 여인은 일곱 살 된 어린이와 사진 찍자고 요청하며 사인도 부탁하였다.

예정에 없던 곳을 또 찾아갔다. 펜실베이니아 거리 〈워싱턴 스타〉 신문사다. 친구인 카우프만 회장은 출타 중이어서 맥켈웨이 편집인을 만나 "6·25전쟁 중에 한국에 호의적인 보도를 많이 해 주어 고맙다"는 인사를 건네며 이승만은 새 동지를 만난 듯 오래 악수하였다.

'조지 워싱턴처럼 꼭 이루리라' 다짐하던 청춘 시절의 이상향 워

싱턴. 백악관과 국무부는 물론 수많은 희로애락이 얽힌 '독립운동의 고향' 워싱턴에서 이승만은 만나고 싶은 사람들도 많고 가 보고 싶은 곳도 많았다.

"저런 고얀 사람이 있나"

7월 29일 오후 2시 30분, 이승만은 백악관으로 가서 아이젠하워와 제2차 정상회담을 가졌다.

베이관으로 끼니끼 신 블레이 하우스노 미 국무부 관리가 회담 후 발표할 공동성명 초안을 들고 찾아왔다. 초안을 훑어본 이승만의 표정이 분노의 빛으로 변색되었다.

"이 사람들이 나를 불러다 놓고 올가미를 씌우려는 모양인데, 그렇다면 회담은 하나 마나지."

공동성명 초안에는 이 대통령과 합의되지 않은 구절이 들어 있었다. 다름 아닌 한일관계다. "한국은 앞으로 일본과의 관계에서 우호적으로 협력하며…" 제1차 회담에서도 견해 차이를 좁히지 못한 문제에 대하여 미국 측은 공동성명 발표 전에 은근슬쩍 이승만의 고집을 건너뛰어 넘으려 시험해 보려는 듯싶었다.

1950년 후반 미국의 원조가 시작된 이래 이승만은 미국의 '일본 지원 우선 정책Buy Japan'에 대하여 끈질기게 시정을 요구해 왔다. 한국엔 식량 등 소비재만 공급하는 미국이 필요한 공산품은 모두 일본서 만든 제품을 구입하게 했던 것이다. 건국 초부터 '수입품 대체 정책'을 추진한 이승만은 원조 자금으로 생산 공장을 지으려 했으나 번번이 미국이 막았으므로 이번 방미 중 반드시 매듭지어야 할 문제 중 하나였다.

"아이젠하워를 더 이상 만날 필요가 없겠네."

회담 시간이 다가와도 이승만은 움직이지 않았다. 백악관으로부터 독촉 전화를 받은 측근들이 "그래도 회담은 하셔야 합니다"라고 거듭 건의하였다. 마지못한 듯 이승만은 30분 늦게 백악관에 도착하였다.

아이젠하워 역시 한일관계 문제부터 꺼냈다. 대한민국 건국 후 미군을 서둘러 철수했던 미국은 6·25전쟁을 겪으면서 원수지간인 한일 양국 관계를 정상화시켜 동북아의 반공 방어선을 강화하려 했기 때문에 패전국 일본의 경제재건도 서두르는 것을 이승만이 모를 리 없다.

"중단된 한일회담을 재개하여 국교 수립을 추진해야…." 아이젠하워가 말을 이었다.

"그렇게는 안 되오. 내가 살아 있는 한 일본과는 상종하지 않을 것이오." 말이 튀어나왔다.

한미 방위조약을 맺은 이유의 하나가 일본의 재침을 예방하려는 것인데, 일본을 재무장시켜 주는 미국이 언제 또 한국을 '팔아넘길'지도 모를뿐더러, 한일 수교는 미국의 압력에 의해서가 아니라 어디까지나 한국 주도로 추진해야 하고 풀어야 할 과제가 산더미처럼 쌓여 있다.

무슨 말인가 더 하려는 듯 이승만을 쏘아보던 아이젠하워가 화난 얼굴로 방을 나가 버렸다.

"저런… 저런 고얀 사람이 있나!" 이승만이 아이크의 등을 가리키며 소리 질렀다.

잠시 후 아이젠하워가 흥분을 삭인 듯 회담장으로 돌아와 앉았다.

이번엔 튕기듯 이승만이 벌떡 일어섰다. "외신기자들 회견 준비나 해야겠소."

이튿날 발표된 공동성명서에서 '한일관계' 부분은 빠져 버렸다.

조지 워싱턴 대학교 명예법학박사

"조지 워싱턴 대학의 아들 대한민국 대통령, 높은 분별력과 기독교 정신이 결합된 인물, 동양적인 것을 서양적인 것으로, 서양적인 것을 동양적인 것으로 새로운 해석을 내놓은 비범한 재능, 항상 민감하게 정의의 편에 서는 이승만, 너무나 짧은 방문이라도 너무 기쁩니다."

조지 워싱턴 대학 총장 클로이드 비빈이 이승만의 두 손을 잡고 소개하였다.

"우리 대학교 이사회와 교수회의를 대표하여 당신에게 명예법학 박사 학위를 수여합니다."

1905년부터 고학 끝에 학사학위를 받은 모교에서 40여 년 지난 뒤 독립국 대통령이 되어 명예박사학위를 받는 이승만이다. 입학 당시 이승만을 테스트한 학장은 이승만의 영어 실력과 해박한 미국 역사 지식에 놀라서 "배재대학(배재학당)의 수준이 이렇게 높은 줄 몰랐다"며 2학년에 편입시켜 2년 만에 졸업할 수 있었다. 그 와중에 한국서 보낸 6대 독자 봉수(아명 태산)를 제대로 돌보지 못해 남의 집에 맡겼다가 디프테리아로 잃고 말았다. 그는 마음속에 쌓였던 과거와 현재를 몽땅 솔직하게 털어놓는 긴 연설을 하였다.

(…) 내가 조지 워싱턴 대학을 택한 이유는 조국에 있을 때 벌써 미국 독립의 아버지 워싱턴을 열렬히 흠모하였기 때문입니다. 나도 조국의 독립운동을 하였고 조지 워싱턴 대학이 아주 이상적으로 보였습니다. 미국 민주주의 중심부에서 배운 민주 정부 운용 방식과 국민의 자유를 보호하는 방법 등 내 평생의 삶에 진정한 초석이 되었고

내 민족의 자유를 쟁취하는데 큰 힘이 되었습니다. (…)

우리 국민들이 나를 '국부'라고 부르는데, 조지 워싱턴 덕분입니다. (…)

나는 두 가지 일, 약소민족의 자유와 약소민족의 자결주의를 위해서 투쟁해 온 사람입니다. 우리의 이 두 가지를 심각하게 위협하는 공산주의자들이 우리를 크렘린의 노예로 만들려 합니다. 미국과 모든 자유국가 대학들은 이들과의 투쟁에 선봉에 나서야 합니다. (…) 여러분은 줄러일 수 없으며 한가한 강의실에 앉아서 자유세계가 파멸하는 것을 방관해선 안 됩니다. 후배들이여, 지금은 우리의 생존을 위해서 단결과 행동이 필요한 시간입니다.

외신기자 클럽서 '작심하고 연설'

외신기자 클럽의 연설은 7월 30일 스타틀러 호텔Startler Hotel에서 오찬을 겸해 진행되었다. 여기서 이승만은 이틀 전 행한 미 국회 연설에 대하여 미국과 전 세계 기자들이 '오해'를 갖지 않도록 해명하고 정확한 뜻을 전하려 노력했다.

"내가 작성한 최초의 연설 원고는 좀 길었습니다. 친구들이 줄이면 좋겠다 해서 줄였습니다. 그러다 보니 복잡한 문제를 몇 마디 단어로 요약하려다가 그 배경과 설명이 지워졌습니다. 그 결과, 내 연설을 들은 몇몇 사람들은 내가 미국에게 즉시 중공과 전쟁을 개시하라고 축구한 것으로 받아들였습니다. 이는 전혀 사실과 다릅니다. 나의 의도와 제안에 대해 일체의 오해가 없도록 확실히 해 두고자 합니다."

이승만은 한 달 전 결렬된 제네바 회의를 비롯, 한반도 정세 변화를 설명하고 '새로운 해결책'을 모색하러 아이젠하워를 찾아와 회담을 나눈 것이라고 말했다.

문제는 어떻게 공산주의자들을 한반도에서 몰아내느냐는 것입니다 (…) 한국군은 제3차 대전을 초래할 위험 없이도 중공군을 몰아낼 수 있습니다. (…) 만약 중공군이 축출되지 않는다면 대한민국은 구출될 수 없습니다. 중국이 공산화된 채 북한과 아시아 지역이 공산당 손아귀에 놓이면 대한민국은 독립국가로, 민주국가로, 통일국가로 존립할 수 없는 것입니다. (…) 나는 미국더러 지금 중공을 공격하라고 말하지 않았습니다. 나의 제안은 미국이 중국대륙을 구원하는 데 필요한 결단을 지금 내려야 한다는 것입니다. 즉, 중국 본토의 해방을 항구적인 미국 목표로 삼으라는 것, 그 정책을 지금 함께 강화하여 실천하자는 것입니다.

중국대륙의 공산화 과정에서 미국이 저지른 실수들과 한국 분단 현실을 열거한 이승만은 중국 회복 전략에 대하여 언급하고 기자들에게 간곡히 당부하였다.

미 국회 연설에서나 기자클럽 연설에서나 이승만의 초점은 한곳으로 모아진다. '한국군을 최대로 강화시켜라. 한국 경제를 키워 달라.' 요컨대 원조의 극대화다.

뒷날 "미 국회 연설이 실수였다"는 이승만의 말이 진정이라면, 그것은 '전략적 실수'였을 것이다. 왜냐하면 워싱턴을 떠나 뉴욕, 필라델피아, 시카고 등을 돌면서도 그는 '반공 전쟁'의 시급성을 반복 주장하였기 때문이다. 특히 시카고에서는 휴전협정 무효와 한국군 단독 북진을 강력히 요구하였다.

워싱턴 파운드리 교회서 신앙고백

한국 대사관에서 베푼 워싱턴 마지막 리셉션에는 망명 시절 사귀고 도움을 준 많은 미국 친구들과 저명 인사들이 몰려와 자유민주공화국 독립이란 목표를 이룬 이승만을 얼싸안고 눈물을 흘렸다. "나는 행복했다"고 이승만은 일기에 적었다.

워싱턴 방문을 마친 이승만 대통령 부부는 이튿날 7월 31일 아침 11시 뉴욕 라과디아 공항에 도착, 한국인과 미국인들의 환영 인파에 묻혔다. 장미 꽃다발과 눈물과 웃음소리, 한동안 서로 잡은 손을 놓을 줄 모르는 감격의 재회가 끝나고 월돌프 아스토리아 호텔로 향했다. 호텔 정면에는 대형 태극기가 펄럭이고 있었다.

저녁에는 뉴욕 총영사관이 개최한 리셉션에 더욱 많이 몰린 인파 속에서 이승만은 "해외 모든 동포들은 궁극적인 조국 통일에 굳은 믿음을 가져 달라"고 연설하였다.

다음날 8월 1일은 일요일. 파운드리 감리교회Foundry Methodist Church가 이승만을 워싱턴으로 다시 불렀다. 대학 시절 고학생 이승만의 영혼을 사랑해 준 교회, 망명 막바지 10년간 워싱턴서 투쟁할 때 예배드리던 교회다. 평생 친구인 프레더릭 브라운 해리스 목사 Rev. Frederick Brown Harris가 이승만 부부를 초청하여 특별예배를 베풀어 주었다. 장기간 미국 상원의 원목이었던 해리스는 임정 대통령 이승만이 조직한 독립운동 단체 '한미친우회' 등을 주도한 인물이다. 특히 6·25 때 트루먼의 한국 파병 결정 때도 "기독교 국가 대한민국을 구하자"며 이승만을 앞장서 도와준 워싱턴 정가의 친한파 지도자였다.

이승만은 독립운동 동지 해리스 목사 앞에서 즉흥연설을 하였다.

한국이 자유공화국이 된 것은 하나님의 뜻입니다. 많은 사람들은 한국이 백만 중공군을 몰아내려 한다면 원자폭탄보다 무서운 수소폭탄이 순식간에 세계를 파괴할 것이라고 겁냅니다.

그렇습니다. 끔찍한 3차대전이 날지도 모릅니다. 그러나 나는 말하고자 합니다. 우리에겐 수소폭탄보다 더 위력적인 무엇이 있다고 말입니다. 그것은 하나님의 은총입니다.

하나님은 우리 민족이 위기에 처했을 때마다 손을 잡아 인도해 주셨습니다.

그리고 이승만은 신념과 선령에 떨리는 목소리로 강고히였다.

하나님은 우리가 잘못하고 있다고 말씀하지 않으리라는 것을 나는 알고 있습니다.

그분은 사랑의 하나님이자 정의의 하나님이십니다. 나는 두렵지 않습니다.

모두들 나를 비난하라 하십시오. 그러나 하나님이 나를 책하지 않는 한 그걸로 충분합니다.

(I know God will not tell us what we are doing is wrong. He is a God not only of love but a God of righteousness. I am not afraid. Let them all criticize me. But as long as God does not condemn me, that is all.)

'하나님이 부여한 사명에 따라 세운 대한민국'을 위해서라면 '독재자'란 비난 따위 아랑곳하지 않는 이승만의 신앙고백이다. "예수 따라 목숨 바쳐 일하겠다"고 29세 때 하나님께 맹세하였던 초월적인 영성의 고백, 순교자적 신앙을 세계 앞에 고한 것이었다.

브로드웨이 '영웅 행진', 컬럼비아대 명예박사

8월 2일 월요일 낮 12시 뉴욕에 돌아온 이승만은 월돌프 아스토리아 호텔에서 휴식을 취한 뒤 로버트 와그너Robert F. Wagner 뉴욕시장의 안내로 브로드웨이Broadway로 나갔다.

유명한 '영웅 행진Canyon of Heroes parade'은 미국 역사상 영웅적인 공을 세운 사람을 찬양하기 위해 거행해 왔다. 최초로 대서양을 비행 횡단한 린드버그를 비롯, 트루먼이 해임한 맥아더 장군의 귀환 때 폭발적인 환영 기록을 누렸고, 외국 원수로는 이승만이 처음이었다. 미군 군악대를 앞세우고 마천루와 연도의 100만 시민들이 뿌리는 오색 종이꽃 세례를 맞으며 브로드웨이를 남쪽으로 행진하여 뉴욕시청에 도달하였을 때, 한복을 차려 입은 프란체스카가 이승만의 머리에 덮인 종이가루를 털어 주었다. 의장대를 사열한 뒤 열린 환영식에서 와그너 시장의 환영사가 인상적이었다.

"심장이 젊고 영혼이 젊은 청년 대통령님, 애국심과 자유와 민주의 상징인 귀하께 유엔의 고장 뉴욕은 귀하의 도시, 독립운동의 뉴욕은 귀하의 고향입니다. 국가가 존망 위기에 처했을 때 홀로 유례없는 용기와 역동적인 리더십으로써 국민을 자유의 깃발 아래 규합한 그 기막힌 기록을 역사는 영원히 새겨 놓았습니다."

이승만은 답사를 하며 영웅 퍼레이드 중에 기동대장으로부터 그의 아들이 2년 전 바로 오늘 한국서 전사했다는 말을 들었다고 소개하고, 자유를 생명보다 더 귀중하게 여기는 미국 애국자들을 존경하며 감사한다고 말했다.

이어서 월돌프 아스토리아 호텔에서 남자들만 참석한 오찬에서 또 한 번 연설을 했다.

오후에는 개교 200주년을 맞은 컬럼비아 대학에서 명예법학박사 학위를 받았다.

"한국은 원조를 구걸하지 않는다"

한미재단American-Korean Foundation이 아스토리아 호텔에서 베푼 만찬회를 이승만은 '가장 즐거운 시간'의 하나였다고 메모를 남겼다. 한국의 소프라노 김자경이 오르간 반주에 맞추어 양국 국가를 불렀다. TV와 라디오가 이승만의 연설을 생중계하였다. 이승만은 1,500여 명 참석자들과 미 전역 시청자들에게 '한국을 원조하는 민간단체'들의 노고에 대하여 깊은 감사의 메시지를 전하였다.

"미국의 원조계획에 따라 제공되는 재원, 상품, 식량은 우리 국민들을 살려주었고 공산주의자들과 싸우는 데 큰 용기를 돋아 줍니다. 어느 운전기사 한 분은 부인과 두 딸까지 한국을 돕기 위해 절약하여 기부하였으며 자신은 단 한 벌인 신사복도 제공했다고 말하였습니다."

또한 이승만은 미국 기자들로부터 "이번에 원조를 얼마나 받아냈느냐? 만족하느냐?"는 질문을 많이 받았다고 소개하면서 다음과 같이 결연하게 말을 이어 갔다.

나의 대답은 이것입니다. 공적 차원에서 나는 많은 것을 기대하지 않기에 결코 낙담하지 않습니다. 내가 여기 온 것은 더 많은 원조나 더 많은 자금, 또는 뭐든지 더 많이 요구하러 온 게 아니란 것을 알아 주기 바랍니다. 또 뭐가 부족하다든지 굶어 죽게 생겼다고 투정하러 온 게 아니란 말입니다.

우리가 힘든 상황에 처한 것은 사실입니다만, 그러나 우리 국민은 도와달라고 울지 않습니다. 그들은 눈물을 감추고 조용한 결의와 용 감한 미소로 굶주림과 파괴를 이겨 내는 싸움에 착수했습니다. 우리는 구걸하지 않으며 앞으로도 구걸하지 않을 것입니다. 친구들이 제공하는 것이면 뭐든지 감사하며 앞으로도 감사한 마음을 가질 것입니다.

"구걸하지 않는다, 주면 받는다, 감사하다"라는 이 말이 가지는 의미는 심장하다. 이 연설을 두고 이승만 연구자들은 "역시 이승만은 다르다. 원조를 요구하면서도 국가 자존심을 구기지 않고 당당하게 받아 냈다"고 평한다.

맞는 말이다. 그러나 그런 단정에도 성급한 오해가 끼어들어 있다. 6·25전쟁의 성격에 대한 인식 체계의 오해다. 이승만의 6·25전쟁관을 간과한 추단이다.

6·25 남침 그날로 돌아가 보자.

이승만은 도쿄 유엔군 사령부에서 잠자는 맥아더를 깨워 호통을 친다.

"장군, 내가 뭐랬소? 미국이 내 말 안 듣더니 전쟁 났소. 어서 달려와 한국을 구하시오."

이승만의 '내 말'은 무슨 말인가? 1948년 건국 순간부터 미국에게 줄기차게 요구한 말들이다. "미군이 이대로 철수하면 전쟁 난다. 한국군을 키우고 충분한 무기를 달라. 나토NATO와 같은 안보동맹을 맺자. 그것도 안 되면 한국을 지키겠다는 선언이라도 해 달라" 등이다.

들은 척도 않고 철군한 트루먼 미국 대통령에게 비장한 통첩을 날렸다. "이 전쟁은 통일전쟁이다. 이 기회에 한반도가 자유통일되지 않는다면 미국도 세계도 평화는 없다. 공산주의냐 민주주의냐를 전 세계가 결단해야 한다."

그리하여 소련의 남침에 유엔군이 달려온 것인데, 중공군 개입에 유엔군은 또 물러나고 말았다. 자유세계와 공산 진영의 정면 승부, 안이한 미국의 거듭된 '실수'로 세기의 대결은 원점 회귀! 이승만과 미국의 인식능력 차이, 그리고 결단에 필요한 신념의 격차가 비극의 뿌리인 것이다.

"한국을 복구해 놓아라. 한국군을 무장만 시켜 주면 미국의 도움 없이 통일은 내가 한다."

무지 무능 탓에 자유세계의 보루 한국을 망쳐 놓은 미국이 으레이 책임져야 마땅한 일이다. '실수의 대가'나 '억울한 피값'만이 아니다. 중공군 일백만이 북한에서 한국을 노리는 이 위기를 극복하고 자유를 지켜 내야 하는 자유 수호 비용은 한국인들이 애걸해서 구걸하는 돈이 아니라 미국과 자유세계가 함께 져야 하는 공동 의무임을 강조하고 다닌 이승만이다.

다시 뉴욕의 아스토리아 호텔, 이승만은 TV 조명을 받으며 제한 시간도 잊은 듯 열변을 그칠 줄 몰랐다.

지금까지 자유세계는 공산주의자들에 대항할 때마다 패배하는 전투를 계속합니다. 동유럽에서 그러하였고, 중국대륙을 내주었고, 한국과 인도차이나에서 밀려났습니다. 우리 동맹의 주역들은 싸울 의지가 없습니다. 서서히 죽음에 이르는 유화 정책과 공존이라는 함정을 선호합니다. 우리는 갈수록 약해지고 적들은 갈수록 강해지고 있습니다.

이 사태를 시급히 반전시켜야 합니다. 어떻게 하면 좋을까요?

다행히 자유세계는 '한국이라는 싸우는 동맹'을 가지고 있습니다.

한국 국민들은 싸우기 위한 수단과 기회만 달라고 요구합니다. 그 이상의 것은 아무것도 요구하지 않습니다.

우리는 다시 싸우지 않으면 안 됩니다. 미국 고위 관계자들마저도 한국 휴전은 끔찍한 실수라 하지 않습니까? 승리하지 못한 전쟁은 처음부터 다시 싸워야 한다고 그들이 말합니다.

도와주십시오. 우리 한국의 150만 아들들이 적을 무찌르고 그들의 가정만이 아니라 미국의 가정들도 방어할 수 있도록.

TV 카메라가 꺼졌는데도 이승만의 열정은 꺼질 줄 모르고 청중을 휘어잡는다.

감사합니다, 감사합니다, 이 밤이 새도록 감사합니다. 여러분 모두에게, 정부 여러분에게, 거리의 시민 모두에게 감사합니다. 여러분의 모든 도움에 감사합니다. 여러분 같은 친구들을 보내 주신 하나님께 감사드립니다.

("Thank you, thank you, thank you, all night. Thank you, all of you—all the American people in government offices and the men in the street. We have so much to thank you for all this help, and we thank God for all these friends.)

그 밖에 소화한 일정들은 목록만 나열할 수밖에 없다.

1954년 8월 3일. 유엔 본부로 하마슐트 사무총장 방문. 〈뉴욕 타임스〉 발행인 슐츠버거 주최 오찬.

4일. 시카고 방문. 드레이크 호텔에서 상공인들과 오찬.

5일. 미주리 인디펜던스시로 트루먼 방문. 큰 수술 후 요양 중인 트루먼에게 6·25 참전 결정에 감사 인사.

6일. 로스앤젤레스시청 행사 연설. 세계정세협회(World Affairs Council) 오찬 연설.

7일. 샌프란시스코 방문. 커먼웰스 클럽 오찬 연설.

8일. 총영사관에서 예배 후 미 본토를 출발, 하와이 도착.

샌프란시스코에서 국빈 방미 공식 일정 2주일을 마친 이승만은 하와이에서 3일간 비공식 일정을 보냈다.

"내가 1913년부터 1938년까지 25년간 망명 생활을 했던 이곳, 조국을 잃고 떠돌아 다녔던 그 옛날 하와이와 워싱턴은 나의 제2의 고향이다. 정든 동포들의 손을 다시 잡으니 여러 남녀들이 소리 내어 울었다"라고 이승만은 적었다.

진주만 태평양함대 사령부를 찾아 감사와 격려를 보내고, 이올라니 궁전에 가서 주지사에게 이상범 화백의 〈아침〉이란 그림을 선물했다.

인천 상륙작전 참모장이었던 러프너 소장의 안내로 펀치볼 Punchbowl 국립묘지 참배를 마치고, 감회 깊은 '추억의 순례길'을 돌았다.

자신이 설립한 한인기독교회, 한국동지회, 한국기독교학원 등을 돌아보고, 『태평양 잡지』를 발간하면서 "하와이 8도는 조선 8도"라며 동포들을 모아 '기독교 공화국'의 꿈을 실험했던 발자취를 더듬은 이승만은 "정말 행복했습니다"라고 고백하였다.

총영사관에서 70세 이상의 한인들과 오찬을 나눈 다음 마지막 기자회견을 했다.

미국 건국의 아버지들은 인간의 권리를 침해하는 적들에 대항하여 싸우는 데 주저하지 않았습니다. 우리도 그렇게 해야만 합니다. 나는 한국만이 아니라 세계의 자유인들에게 말합니다.

미국더러 오늘 내일 선전포고 하라는 게 아닙니다. 자유 동맹을 구하는 성전(聖戰)의 시발점을 미국에서 시작한다면 세계의 반공 세력은 용기백배할 것입니다. 중국과 한국과 아시아를 포기하지 마십시오. 나의 절실한 기도입니다. 바로 미국 자신을 위한 기도입니다.

마지막 깜짝 쇼 "독도 등대 불 켜라"

하와이 도착 이튿날 8월 10일(한국 시각), 이승만은 본국 정부에 명령한다.

"독도 등대는 완성되었느냐? 그러면 등대에 불을 켜라."

대통령의 명령만 기다리던 한국 해양경찰대는 신축한 독도 등대에 역사적인 점등식을 행한다. 이승만이 치밀하게 계획한 외교적 이벤트, 일본과 미국을 향하여 대한민국 주권의 불빛을 쏘아 올린 특별한 행사. 독도 근해의 일본 순시선들이 놀란 것은 물론이다.

일본은 이번 방미에도 꼼수를 부렸다. 이승만의 미국 도착에 맞춰 〈뉴욕 타임스〉 2개면에 걸쳐 '독도는 일본 땅'이란 광고성 기사를 대대적으로 게재(7월 31일자)하였다. 그리고 이에 발맞추듯이 아이젠하워는 이승만과의 회담에서 "일본과 조속히 관계를 정상화하라"는 압력을 가하려 했다. 아마도 광고기사는 미일 양국의 내밀한 합작품이었을지 모른다. 이를 간파한 이승만이 이미 신축 중인 독도 등대의 점등식 타이밍을 절묘하게 맞춰 반격을 가한 것이다. 그동안 한일관계 정상화 협상을 하면서 구보다 망언을 비롯한 일본의 갑질에 시달리던 이승만은 벼르고 있었을 터였다.

독립운동 시절 이승만은 늘 일본의 대대적 선전선동 공세와 싸워야 했다. "한국인은 독립 능력 없는 야만인"이므로 자기네가 지도 보호한다는 일본의 중상모략 때문에 미국을 비롯한 국제사회가 한국을 무시하고 이승만의 요구를 무시하였다. 그리하여 이승만은 구미위원부를 만들고 미국인 전문가들을 고용하여 한국인 이미지 개선과 독립을 위하여 대미 로비의 언론 보도 활동에 전력을 기울였다.

이승만은 전쟁 중인 1952년 1월 유명한 '평화선(이승만 라인)'을 선포하였다. 미국과 일본이 맺은 샌프란시스코 강화조약이 발효되기 전, 바다를 관리하던 '맥아더 라인'이 사라지자 평화선을 즉각 설치한 것이다.

일본은 '이승만 라인'을 철폐하라며 반발이 컸다. 일본은 전쟁의 혼란을 틈타서 1953년 6월 25~28일 사흘간 잇따라 독도에 상륙하여 위령비를 파괴하고 일본 영토 표지까지 설치해 놓았다. 이에 한국 국회와 경북도의회는 일본의 독도 침범에 대한 항의 결의문을 채택한다. 그럼에도 9월 17일에 또다시 일본 선박이 독도 수역을 침범하고 일본 관리들이 독도에 상륙하기도 하였다. 이처럼 일본이 재침하려는 위기 상황에서 이승만은 한미동맹 체결을 서둘렀다. 한미동맹은 북쪽 공산 세력만이 아니라 남쪽 일본의 침략도 원천봉쇄하는 안전판인 것이다.

한미 상호방위조약의 비준까지 끝낸 다음해 1954년 5월 18일, 한국 정부는 관리들과 석공을 독도에 파견하여 일본이 만들어 놓은 표지판을 철거하고 절벽 바위에 '韓國領(한국령)/경상북도 울릉군 남면 독도'라는 문자와 태극기를 새겨 놓는다. 일본은 즉각 순시선 3척을 동원, 상륙을 시도하다가 한국 해양경찰대의 집중 사격을 받고 퇴각하였다. 그리고 두 달 후 이승만의 방미를 노려 백악관까지 로비를 펼친 것이었다.

당시 서둘러 세운 독도 등대는 무인 등대다. 평화선의 맨 동쪽 끝 영해를 지키며 한미동맹과 함께 일본의 재침을 막아 냈다.

그러나 여기서 포기할 일본이 아니다. 1965년 박정희 정부가 한일 국교정상화 협상을 벌이자 대뜸 평화선 철폐를 요구한다. 당시 국제사회의 '영해 12해리'론을 들이댄 것이다. 돈이 급한 박정희 정부는 "광대한 평화선 수역을 지킬 해군력도 부족할 뿐 아니라 실효도 없다"는 이유를 들어 평화선을 양보하였다.

이걸로 끝나지 않았다. 김대중 정권이 들어서자 일본은 박 정권과 맺은 한일 어업협정을 일방적으로 파기 선언하고 재협상을 요구하였다. 대일개방론이란 명분을 내세운 김대중 정권은 일본의 압력에 밀리듯이 독도 근해를 '공동관리수역'으로 하자는 데 동의해 황금어장을 내주었을 뿐만 아니라, 독도 영공까지 '공동감시'란 핑계로 침범당하는 결과를 불러오고 말았다. 전문가들의 항의가 빗발쳤지만 김대중 정권은 제주도 남쪽 근해마저 '공동어장'으로 내주었다. 말이 공동이지, 현장의 경쟁은 '힘'이 지배하는 법. 상대적으로 약세인 한국 어업계는 지금 어떤 형편인지 궁금하다.

그후 일본의 독도 영유권 주장은 더욱 강화되어 각급 학교 교과서에서 일본 영토로 가르치고 있으며, 한일 양국의 함정과 항공기는 일촉즉발의 갈등까지 빚어 내고 있다.

만일 치명적인 전염병이 여러분의 공동체를 휩쓸고 있음을 안다면 여러분은 사랑하는 사람들이 전염병에 감염될 때까지 기다리겠습니까? 얼마 전까지만 해도 '보수적', '반공적'이라고 비난 받던 사람들이 오늘은 어디에 있습니까? 가장 열렬한 공산주의자가 되고 유화주의자가 되어 적색 음모를 돕고 있습니다. 그들은 죄의식도 없습니다. 이미 공산당의 거미줄에 잡혀서 민주주의를 매도하고 있습니다. 애처롭게도 공산주의자의 가면무도회 의상을 입고 있습니다. (이승만, 커먼웰스 클럽 연설)

이승만 대통령은 8월 13일(한국 시각) 귀국하여 국민에게 방미 내용을 설명하였다.

받을 것 다 받고서야 한미동맹 비준서 교환

이승만 대통령의 방미 후 석 달이 지난 1954년 11월 17일, 「한미 의사 합의록」이 마침내 서명되었다.

'1954년 7월 27~30일 사이 워싱턴에서 개최된 한국 이 대통령과 미국 아이젠하워 대통령 및 보좌관들 간의 회담과 그 후 한미 양국 정부 대표자 간에 이루어진 협의에 입각한 한미 정부 간의 합의 의사록Agreed minute between the government of the Republic of Korea and the United States of America based on the Conferences held between President Rhee and Presedent Eisenhower and their Advisers in Washington, July 27~30, 1954 and Subsequent Discussion between Representatives of the Two Governments.'

한미조약 협상 시작부터 무려 1년 반, 한미조약을 서명·비준하고서도 10개월이 걸린 지루한 싸움. 강대국을 설득하는 데 얼마나 공을 들여야 했던가. 서울에서 시작된 군사·경제원조 많이 받아 내기 씨름이 마무리되었다. 이승만 대통령은 그제서야 한미 상호방위조약 비준서를 미국 측에 전달 교환한다. 1년 전 서울에서 가조인(8월 8일)된 지 15개월, 이제 비로소 한미동맹이 발효된 것이다. 한국 시각 11월 18일 새벽 4시였다.

1954년 그해만 해도 열 달 동안 진통을 거듭한 줄다리기의 핵심은 미국의 한국 원조 문제였다. 손원일 국방장관과 백두진 경제조정관의 협상 결과는 합의의사록에 이렇게 저쳐 있다

미국은 1955회계연도에 한국에게 군사원조 4억 2천만 달러, 경제원조 2억 8천만 달러 등 7억 달러를 제공하고, 10개 예비사단 추가 신설과 군함 79척, 100대의 제트전투기를 제공한다.

이 합의의사록 체결로 육군 66만 1천 명, 해군 1만 5천 명, 해병대 2만 7,500명, 공군 1만 6,500명이 되어 한국은 이제 72만 명의 상비군을 갖추게 되었다.

워싱턴을 떠나기 전날 밤 이승만은 블레어 하우스로 손원일, 백두진 등을 불러 "국군 증강과 10억 불을 꼭 받아서 주머니에 넣고 오시오"라고 당부했다. 그 기대에는 못 미치지만 그런대로 괜찮은 경제원조를 성사시켰다. 실제로 미국이 3년간 제공하는 금액은 10억 8,400만 달러에 달하게 된다. 단번에 7억 달러, 이승만이 받아 낸 1년치 원조액은 박정희가 일본으로부터 받아 낸 '일제 36년 노예값' 5억 달러(무상 3억, 유상 2억)보다 2억 달러나 많다. 이런 막대한 원조의 대가로 이승만이 미국에 준 것은 문서 한 줄, "미국이 한국 방위를 책임지

는 동안 한국은 유엔군 사령부에 이양한 작전지휘권을 환수하지 않는다"는 것뿐이었다.

그 전해 한미 방위조약 체결 때 미국에 준 것도 한마디 약속을 적은 메모 한 장뿐이었다. "한국은 휴전을 반대하지만 방해하지는 않는다."

세계 최강국과 약소국의 외교·경제 전쟁, 누가 '갑'이고 누가 '을'인가?

한국 나이 여든 살 대통령 이승만. 스무 살에 배재학당에서 다짐한 꿈을 60년 만에 실현시켰다. 러시아 품에 숨은 고종이 이승만 등 독립협회 애국 청년들을 감옥에 처넣고 소일하다가 러일전쟁에 이긴 정복자 일본의 강압에 굴복해 '을사늑약'을 맺은 날이 1905년 11월 17일이었다. 그 49년 뒤 망명 정객 이승만이 다시 세운 자유공화국을 오래 지켜 줄 평화의 만리장성을 준공(한미동맹 발효)시킨 날이 1954년 11월 17일이다.

그리고 또 66년의 세월이 흘렀다. 한미동맹은 그동안 미국에겐 무엇을 주었고 한국에겐 무엇을 남겼는가?

2016년 서울에 온 트럼프 미국 대통령은 한국 국회 연설에서 말했다.

"한국인들이 이룬 것은 한국의 승리 그 이상, 인류의 정신을 믿는 모든 국가의 승리다."

그것은 한미동맹이 이룩한 승리, 바로 이승만이 만들어 낸 '평화 체제의 승리'인 것이다.

누가 이 평화 체제를 깨려 하는가? 좌파 포퓰리스트 한국 대통령들의 만행이 계속되고 있다.

이승만 대통령 미 의회 연설 전문

ADDRESS BEFORE U.S. CONGRESS
미 상·하원 합동회의 연설(1954. 7. 28)

Mr. Speaker, Mr. President, Honorable Senators and Representatives, Ladies and Gentlemen:

하원의장, 상원의장, 상하 양원 의원 여러분, 신사 숙녀 여러분!

I prize this opportunity to speak to this august body of distinguished citizens of the United States.

저명한 미국 시민들이 모인 이 존엄한 자리에서 연설할 기회를 가지게 된 것을 매우 소중하게 생각하는 바입니다.

You have done me great honor by assembling in this historic Chamber. I shall try to reciprocate in the only way I can — by telling you honestly what is in my mind and heart. That is part of the great tradition of American democracy and free government, and it is a tradition that I have believed in for more than half a century.

여러분은 오늘 이 유서 깊은 의사당에 모임으로써 내게 커다란 영예를 베풀어 주었습니다. 내가 할 수 있는 단 한 가지 방법으로 여러분의 후의에 보답하려고 합니다. 바로 내 마음속에 간직된 것을 여러분께 솔직하게 털어놓으려 합니다. 그것은 미국의 민주주의와 자유 정부의 위대한 전통의 일부이며, 이 전통이야말로 내가 반세기 이상이나 신봉해 온 것이기도 합니다.

Like you, I have been inspired by George Washington, Thomas Jefferson and Abraham Lincoln. Like you, I have pledged myself to defend and perpetuate the freedom your illustrious forefathers sought for all men.

나도 여러분처럼 워싱턴, 제퍼슨, 링컨에게서 영감을 받았습니다. 여러분처럼 나도 여러분의 빛나는 선조들이 전 인류를 위하여 탐구했던 자유를 수호하고 보존하려고 스스로 맹서해 온 사람입니다.

I want first of all to express the unbounded appreciation of Korea and Koreans for what you and the American people have done. You saved a helpless country from destruction, and in that moment the torch of true collective security burned brightly as it never had before.

무엇보다도 먼저 여러분과 미국 국민이 행한 일에 대하여 한국과 한국 국민의 끝없는 감사의 뜻을 전하고자 합니다. 여러분은 고립무원의 나라를 파멸로부터 구출해 주었습니다. 그 순간, 진정한 집단안전보장의 횃불은 전례 없이 찬란하게 빛났습니다.

The aid you have given us financially, militarily and otherwise in defense of our battlefront and for the relief of the refugees and other suffering people of Korea is an unpayable debt of gratitude.

우리 전선의 방어를 위해서, 피난민과 기타 이재민들의 구호를 위해서 여러분이 재정적, 군사적으로 그리고 다른 방법으로 보내 준 원조는 그 무엇으로도 갚을 수 없는 고마움의 빚입니다.

We owe much also to former President Harry Truman, whose momentous decision to send armed forces to Korea saved us from being driven into the sea, and General Eisenhower, the latter as President — elect and now as Chief Executive, for their help and knowledge of the enemy peril.

우리는 또한 한국 파병이라는 중대한 결정을 내림으로써 우리를 바다 가운데로 밀려나지 않도록 구원해 준 트루먼 전 대통령, 그리고 적의 위협을 잘 이해하고 우리를 도와준, 당시는 대통령 당선자이었고 지금은 미국의 대통령인 아이젠하워 장군에게 많은 신세를 지고 있습니다.

The President — elect came to Korea, which for forty years had been under a cruel Japanese subjugation. Few foreign friends had ever been permitted on our soil. Yet here, for the first time in history, because your military might alone regain our freedom, came the great man you had chosen as president. He came to see what could be done to help the Koreans.

미국 대통령 당선자는 40년간 일제가 잔혹하게 점령했던 한국에 왔습니다. 우리 국토에 발을 들여놓을 수 있었던 외국 친구들의 수는 극히 적었습니다. 그러나 이러한 곳에 역사상 처음으로 여러분에 의해서 대통령으로 선출된 위대한 인물이 왔습니다. 여러분의 군대만이 우리의 자유를 회복해 주려고 했기 때문입니다. 그는 한국인을 돕기 위해 무엇을 할 수 있는지를 알아내려고 했습니다.

I cannot bear to pass this occasion without mentioning our deep and heartfelt thanks to the American war mothers. We thank them for sending their sons, their husbands, and their brothers in the American Army, Navy, Air Force, and Marine Corps to Korea in our darkest hours.

나는 이 기회에 한국전쟁에 참전한 미군의 어머니들에게 우리의 마음속에서 우러나는 깊은 감사를 표시하지 않을 수 없습니다. 우리가 가장 암담한 처지에 놓였던 시기에 그들은 미국 육해공군 및 해병대에서 복무하는 자식, 남편, 형제들을 한국으로 보내 주었습니다. 정말 감사합니다.

We shall never forget that from our valleys and mountains the souls of American and Korean soldiers went up together to God. May the Almighty cherish them as we cherish their memory.

우리는 영원히 잊을 수 없습니다. 우리나라의 산과 계곡들로부터 한미 양국 군인들의 영혼이 함께 하나님의 품에 안겼다는 사실을 말입니다. 우리가 그들을 마음속에 소중히 기억하듯이, 전능하신 하느님께서도 그들을 어여삐 보살펴 주실 것입니다.

Ladies and Gentlemen of the U.S. Congress:
미 의회의 신사 숙녀 여러분!

Your noble compatriots had magnificent leadership in Generals MacArthur, Dean, Walker, Almond, Ridgway, Clark, Hull, and Taylor.

여러분의 거룩한 애국 장병들은 맥아더, 딘, 워커, 아몬드, 리지웨이, 클라크, 헐, 테일러와 같은 장군들의 훌륭한 지휘를 받았습니다.

Then, too, in 1951, General Van Fleet arrived in Busan to command the Eighth Army. It was he who discovered the soldierly spirit of the Korean youths and their fervent desire for rifles with which to fight for their homes and their nation.

그다음, 1951년에도 역시 밴 플리트 장군이 미 제8군을 지휘하기 위해서 부산에 도착했습니다. 한국 청년들의 군인다운 용감한 정신, 그리고 가정과 조국을 위해 싸울 테니 총을 달라는 그들의 열화와 같은 욕구를 발견한 사람은 바로 밴 플리트 장군이었습니다.

Without much ado, he gathered them together in Jejudo, Gwangju, Nonsan and other places and sent Korean Military Advisory Group officers to train them almost day and night. Within a few months they were sent to the front line and they performed marvels.

장군은 큰 어려움 없이 한국 청년들을 제주도, 광주, 논산, 기타 여러 곳에 모으고, 주한 미 군사고문단의 장교들을 보내 주야로 훈련시켰습니다. 수개월도 지나지 않아서 한국 청년들은 전선으로 보내졌으며, 경이로운 성과를 올렸습니다.

Today this army is known to be the strongest anti — Communist force in all Asia. This force is holding more than two — thirds of the entire front line. So General Van Fleet is known in Korea as the father of the Republic of Korea Army, the hard "ROKs" as the GI's called them.

오늘날 이렇게 훈련받은 군대는 아시아를 통틀어 최강의 반공 군대로 알려졌습니다. 이 병력이 전체 전선의 3분의 2 이상을 담당하고 있습니다. 그래서 밴 플리트 장군은 한국에서 대한민국 육군의 아버지로 알려져 있습니다. 미국 병사들은 한국 육군을 강인한 '락스(ROKs)'라고 부릅니다.

Now, if the United States could help build up this force, together with the air and sea strength in adequate proportion, I can assure you that no American soldier would be required in the Korean theater of action.

이제 만일 미국이 이러한 육군 병력을 계속 증강시켜 주고, 공군과 해군 병력도 적절한 비율로 함께 증강시킬 수 있도록 원조해 준다면, 한국의 전쟁터에서 미국 병사들이 필요 없게 될 것임을 나는 여러분에게 장담할 수 있습니다.

Yet many, many Americans gave all they had to give to the good cause; but the battle they died to win is not yet won. The forces of Communist tyranny still hold the initiative throughout the world.

수많은 미국인들은 대의를 위해서 그들이 가졌던 모든 것을 바쳤습니다. 그러나 그들이 승리를 위해서 목숨까지 바친 전투는 아직도 승리를 쟁취하지 못하고 있습니다. 공산주의 폭정의 군대는 아직도 전 세계에서 주도권을 차지하고 있습니다.

On the Korean front, the guns are silent for the moment, stilled temporarily by the unwise armistice which the enemy is using to build up his strength. Now that the Geneva Conference has come to an end with no result, as predicted, it is quite in place to declare the end of the armistice.

한국 전선에서는 현명치 못한 휴전에 의해서 포화가 잠시 중단되고 일시적으로 침묵을 지키고 있지만, 적들은 이 기회를 무력을 증강시키는 데 이용하고 있습니다. 제네바 회의도 예견된 바와 같이 하등의 성과 없이 끝났으니, 이제 휴전의 종식을 선언할 적당한 시기가 되었습니다

The northern half of our country is held and ruled by a million Chinese slaves of the Soviets. Communist trenches, filled with troops, lie within forty miles of our national capital. Communist airfields, newly constructed in defiance of armistice terms and furnished with jet bombers, lie within ten minutes of our National Assembly.

우리나라의 북반부는 소련이 조종하는 100만 명의 중국인 노예들에 의해서 점령·지배되고 있습니다. 적의 병사들로 가득 찬 공산군 참호들이 우리 수도에서 불과 40마일 이내의 거리에 있습니다. 공산군은 휴전협정 조항을 무시하고 비행장들을 새로이 건설하고, 제트 폭격기들을 배치해 놓았습니다. 적의 비행기들은 그곳에서 10분 이내에 우리 국회에 도달할 수 있습니다.

Yet death is scarcely closer to Seoul than to Washington, for the destruction of the United States is the prime objective of the conspirators in the Kremlin. The Soviet Union's hydrogen bombs may well be dropped on the great cities of America even before they are dropped on our shattered towns.

그러나 죽음은 서울이 워싱턴보다 더 가까이 있는 것은 아닙니다. 왜냐하면 크렘린 안에 있는 음모자들의 최고 목표는 미국을 파괴하는 것이기 때문입니다. 소련의 수소폭탄은 파괴된 우리나라 도시들 위에 떨어지기보다는 오히려 미국의 대도시에 먼저 떨어질지도 모릅니다.

The essence of the Soviet's strategy for world conquest is to lull Americans into a sleep of death by talking peace until the Soviet Union possesses enough hydrogen bombs and intercontinental bombers to pulverize the airfields and productive centers of the United States by a sneak attack.

세계 정복을 위한 소련 전략의 핵심은 기습 공격에 의해서 미국의 비행장과 생산 중심지들을 분쇄하기에 충분한 수소폭탄과 대륙 횡단 폭격기들을 보유하게 될 때까지는 평화를 얘기하며 미국인들을 달래서 죽음의 잠에 빠지게 하는 것입니다.

This is a compliment to the American standard of international morality; but it is a sinister compliment. For the Soviet government will use the weapons of annihilation when it has enough to feel confident that it can eliminate America's power to retaliate.

국제도덕에 관한 미국의 표준에 대해서 소련이 찬사를 보내는 이유는 바로 이것입니다. 그러나 이는 재앙을 가져오는 칭찬입니다. 왜냐하면 소련 정부는 미국의 보복 능력을 제거할 수 있다는 충분한 확신이 서면, 상대를 전멸시킬 무기를 사용할 것이기 때문입니다.

We are obliged, therefore, as responsible statesmen, to consider what, if anything, can be done to make certain that when the Soviet government possesses those weapons, it will not dare to use them.

그러므로 우리는 책임 있는 정치인으로서 소련 정부가 그러한 무기들을 소유하게 될 때, 감히 그것을 사용할 수 없도록 하기 위해 무엇을 할 수 있는지 고려할 의무가 있습니다.

We know that we cannot count on Soviet promises. Thirty — six years of experience have taught us that Communists never respect a treaty if they consider it in their interest to break it. They are not restrained by any moral scruple, humanitarian principle, or religious sanction.

우리는 소련의 약속을 신뢰할 수 없다는 사실을 잘 알고 있습니다. 36년[러시아 혁명~연설 당시]간의 경험을 통해서 우리가 배운 것이 있습니다. 공산주의자들은 조약의 파기가 자기들에게 이익이 된다고 생각하면 조약을 결코 존중하지 않는다는 사실이 바로 그것입니다. 그 어떤 양심의 가책, 인도적 원칙 또는 종교적 제재도 그들을 억제할 수 없습니다.

They have dedicated themselves to the employment of any means, even the foulest — even torture and mass murder — to achieve their conquest of the world. The Soviet Union will not stop of its own volition. It must be stopped.

그들은 세계 정복의 야욕을 달성하기 위해서는 그 어떤 수단, 심지어 고문과 집단 학살과 같은 가장 잔인한 수단까지도 사용해 왔습니다. 소련은 이런 행위를 스스로 중지하지 않을 것입니다. 그러므로 우리가 그것을 막아야만 합니다.

Does this necessarily mean that the United States and its allies must either drop bombs now on the Soviet factories or stand like steers in a slaughter house awaiting death?

그렇다면 미국과 그 우방들이 소련의 공장들에 대해서 지금 폭탄을 투하해야만 하겠습니까, 아니면 도살장에서 죽음을 기다리는 거세된 소처럼 그저 서 있어야만 하겠습니까?

The way to survival for the free peoples of the world — the only way that we Koreans see — is not the way of wishfully hoping for peace when there is no peace; not by trusting that somehow the Soviet government may be persuaded to abandon its monstrous effort to conquer the world; not by cringing and appeasing the forces of evil; but by swinging the world balance of power so strongly against the Communists that, even then they possess the weapons of annihilation, they will not dare use them.

전 세계의 자유 국민들이 생존할 수 있는 길, 우리 한국인들이 알고 있는 오직 하나의 길이 있습니다. 그것은 결코 평화롭지 않은 때에 소망스런 눈빛으로 평화를 기다리기만 하는 길이 아닙니다. 어떻게든 소련 정부로 하여금 그 극악무도한 세계 정복 노력을 포기하도록 설득시킬 수 있다고 믿는 길도 아닙니다. 유일한 방법은 악의 힘에 유화적이거나 굽히지 말고, 세계의 세력 규형을 공산주의자든에게 불리하게 유지하여 실비 그들이 신널 무기를 소유하더라도 감히 그것을 사용하지 못하도록 하는 것입니다.

There is little time. Within a few years the Soviet Union will possess the means to vanish the United States. We must act now. Where can we act? We can act in the Far East.

우리에게는 시간적 여유가 거의 없습니다. 몇 년 이내로 소련은 미국을 사라지게 만들 수 있는 수단을 갖게 될 것입니다. 우리는 지금 행동해야 합니다. 어디서 행동할 수 있겠습니까? 우리는 극동에서 할 수 있습니다.

Ladies and Gentlemen:

신사 숙녀 여러분!

The Korean front comprises only one small portion of the war we want to win — the war for Asia, the war for the world, the war for freedom on earth.

한국 전선은 우리가 승리하고자 하는 전쟁 – 아시아를 위한 전쟁, 세계를 위한 전쟁, 지구상의 자유를 위한 전쟁 – 의 작은 부분에 지나지 않습니다.

Yet the Republic of Korea has offered you its twenty equipped divisions and the men to compose twenty more. A million and a half young Koreans ask for nothing better than to fight for the cause of human freedom, their honor and their nation.

그러나 대한민국은 여러분에게 20개 사단을 무장시켜 주고, 또 다른 20개 사단을 편성할 수 있는 병력을 충원할 수 있도록 요청했습니다. 150만 명의 한국 청년들의 최고 목표는 인간의 자유와 그들의 명예 그리고 조국을 위해 싸우는 것입니다.

The valor of our men has been proved in battle and no American has doubted it since General Van Fleet's statement that a Korean soldier is the equal of any fighting man in the world.

우리 장병들의 용감성은 전투에서 증명되었으며, 밴 플리트 장군이 한국 병사는 세계의 그 어느 전투병과 비교해도 손색이 없다고 언급한 이래 미국인 중에서 이 사실을 의심하는 사람은 아무도 없습니다.

The government of the Republic of China in Formosa also has offered you 630,000 men of its armed forces and additional reserves. The Communist regime on the mainland of China is a monster with feet of clay. It is hated by the masses. Although the Reds have murdered 1,5 million of their opponents, thousands of Free Chinese guerrillas are still fighting in the interior of China.

대만의 중화민국 정부 역시 여러분에게 공산군과 맞서 싸울 63만 명의 정규군과 추가로 예비군을 지원하겠다고 제안했습니다. 중국 본토의 공산 정권은 결정적인 약점을 가진 괴물입니다. 대중이 그 정권을 증오하고 있습니다. 중공은 그들을 반대하는 150만 명을 학살했지만, 아직도 수많은 자유중국 게릴라들이 중국 본토에서 투쟁하고 있습니다.

Red China's army numbers are 2,5 million, but its loyalty is not reliable, as was proved when 14,369 of the Communist Chinese army captured in Korea chose to go to Formosa, and only 220 chose to return to Red China.

중공군은 250만이라는 병력을 가지고 있으나, 군대의 충성심은 결코 믿을 만한 것이 못 됩니다. 그것은 한국에서 포로가 된 1만 4,369명의 중공군이 대마오ㄹ 가겠다고 힌 민빈, 중공으로 귀환을 선택한 자는 불과 220명이었다는 사실이 증명해 주고 있습니다.

Furthermore, the economy of Red China is extremely vulnerable. Sixty per cent of its imports reach it by sea and seaborne coastal traffic is its chief means of communication from north to south. A blockade of the China coast by the American Navy would produce chaos in its communications.

그뿐만 아니라 중공의 경제 상황은 극도로 취약합니다. 중공은 수입의 60퍼센트를 해상으로 운송하고 있으며, 연안 해운이 남북 교류의 가장 중요한 수단입니다. 그러므로 미국 해군에 의해 중국 해안이 봉쇄되면 중공의 교통망은 큰 혼란을 겪게 될 것입니다.

The American Air Force as well as the Navy would be needed to insure the success of the counterattack on the Red Chinese regime, but, let me repeat, no American foot soldier.

중공 정권에 대한 반격의 성공을 보장하기 위해서는 미국 해군과 공군이 필요할 것입니다. 그러나 미국 보병은 필요치 않을 것임을 ㅣ ㅏ는 ㄷㅣ ㅣ 힌 ㅣㄴ ㅣㅇ 조합니다.

The return of the Chinese mainland to the side of the free world would automatically produce a victorious end to the wars in Korea and Indochina, and would swing the balance of power so strongly against the Soviet Union that it would not dare to risk war with the United States.

중국 본토가 자유 진영의 편으로 다시 돌아온다면, 한국 및 인도차이나 전쟁은 자동적으로 승리하게 될 것입니다. 그리고 세력 균형이 소련에게 극히 불리하게 기울어져서 소련은 감히 미국과의 전쟁 모험을 시도하지 못하게 될 것입니다.

Unless we win China back, an ultimate victory for the free world is unthinkable. Would not the Soviet government, therefore, launch its own ground forces into the battle for China and its air force as well? Perhaps.

우리가 중국을 다시 찾지 못하는 한, 자유 진영의 궁극적 승리는 생각할 수 없습니다. 그것을 아는 소련 정부가 중국 본토를 차지하기 위한 전투에 지상군과 공군을 투입하지 않을까요? 아마 투입할 것입니다.

But that would be excellent for the free world, since it would justify the destruction of the Soviet centers of production by the American Air Force before the Soviet hydrogen bombs had been produced in quantity.

그러나 소련의 지상군과 공군 투입은 오히려 자유세계를 위해서 아주 좋은 일이 될 것입니다. 왜냐하면 그것은 소련이 수소폭탄을 대량 생산하기 전에 그 제조 중심지들을 미 공군이 파괴하는 것을 정당화해 줄 것이기 때문입니다.

I am aware that this is hard doctrine. But the Communists have made this a hard world, a horrible world, in which to be soft is to become a slave.

나는 이런 나의 주장이 강경하다는 사실을 알고 있습니다. 그러나 공산주의자들은 부드러우면 노예가 되는 힘든 세계, 끔찍한 세계를 만들어 놓았습니다.

Ladies and Gentlemen of the Congress:

미국 의회의 신사 숙녀 여러분!

The fate of human civilization itself awaits our supreme resolution.

인류 문명의 존립 자체를 가늠할 운명이 바야흐로 우리의 최고로 중요한 결정을 기다리고 있습니다.

Let us take courage and stand up in defense of the ideals and principles upheld by the fathers of American independence, George Washington and Thomas Jefferson, and again by the great Emancipator, Abraham Lincoln, who did not hesitate to fight in defense of the Union which could not survive half free and half slave.

자, 용기를 가지고 우리의 이상과 원칙을 수호하기 위해서 궐기합시다. 이러한 이상과 원칙들은 바로 미국 독립의 아버지들인 조지 워싱턴과 토마스 제퍼슨에 의해서 선양되었고, 그 후 절반은 자유, 절반은 노예 상태로는 생존할 수 없다며 연방 수호를 위한 투쟁을 주저하지 않았던 위대한 해방자 에이브러햄 링컨에 의해서 다시 주창되었습니다.

Let us remember, my friends, that peace cannot be restored in the world half Communist and half democratic. Your momentous decision is needed now to make Asia safe for freedom, for that will automatically settle the world Communist problem in Europe, Africa, and America.

친구들이여, 우리는 절반은 공산주의, 절반은 민주주의 상태의 세계에서는 평화가 회복될 수 없다는 것을 명심해야 합니다. 아시아의 자유를 안정시키기 위한 여러분의 중대한 결정이 지금 필요합니다. 왜냐하면 여러분의 결정은 유럽, 아프리카, 그리고 아메리카에서의 세계 공산주의 문제를 자동적으로 해결할 것이기 때문입니다.

(이승만, 이현표 옮김, 『이승만 대통령 방미일기』, 코러스, 2011)

13

'위대한 3년' 마지막 혁명

헌법에 '국민투표'와 '자유시장경제'

혁명가 이승만의 마지막 혁명은 바로 '자유시장경제 헌법' 제정이다.

미국 방문 전 1954년 2월 국회에 냈다가 야당의 반대에 부딪쳐 철회한 그 개헌안이, 한미동맹이 발효되고 대규모 원조가 문서화되어 발표된 11월 18일 국회에 다시 상정된다. 그동안 경제 조항 개정 등에 관심이 집중되었던 국민들은 국회 개회 전부터 1천여 명이 몰려들었다. 자유당 이재학 의원은 현 정세의 위급함에 대처하고 부산 '발췌개헌'의 모순을 시정해야 한다며 개헌 이유를 설명하였다. 통제경제 체제 조항들을 삭제하고 자유경제 체제로 개정 보완하는 것이 첫째다. 그 외 항목들의 요지는 다음과 같다.

1) 국민투표제 채택: 지난 제네바 정치회의에서 보았듯이 유엔이나

주변 강대국 중국, 소련, 일본 등의 위협이 강화되고 미국과 유엔의 변화가 극심하므로 국가 운명을 정부나 국회에 맡겨둘 수 없으므로 영토 변경 문제나 국가 중대 사항에 한하여 국민투표에 붙여 결정하자는 것. 국민투표의 남발을 막기 위하여 국회 가결을 거친 사항에 한하고, 발의권은 국민에게만 부여한다.

2) 참의원과 민의원의 권한 한계를 명확히 함.

3) 대통령의 궐위(闕位) 시에는 부통령이 잔여 임기를 계승하고, 대법관 등 고위직 임명엔 국회의 인준을 받도록 함.

4) 국무총리는 행정수반도 아니고 재무나 국방장관보다도 권한이 없는 존재이니 이를 폐지하여 보다 효율적인 대통령책임제로 함.

5) 군법회의 등 특별재판소 설치 규정을 신설.

6) 초대 대통령이며 전쟁 중 위대한 영도를 해 온 현 대통령은 앞으로도 위기를 당하여 국민이 그분을 다시 대통령으로 원한다면 그 길을 열어 놓기로 함. 그러지 못하면 국회는 국민의 심판을 받을 우려가 있으므로, 중임 제한을 철폐하도록 함.

그러므로 이번 개헌은 현재 우리나라 실정에 맞도록 헌법을 고치자는 것임.

이 마지막 조항이 화산이다. 야당은 즉각 뛰쳐나와 반대 발언을 쏟아 냈다. 국무총리 폐지와 대통령 중임 제한 철폐는 헌법 정신 위반이고, 경제 조항 개정은 하나마나 별로 다를 게 없고, 국민투표제는 국회를 무력화한다며 일제히 반발하고, 표결 전에 개헌안을 철회하라고 요구하였다. 그때나 지금이나 정치판은 그저 자기 권력 중심이다.

자유당은 무소속 의원들을 상대로 포섭 공작을 벌이고, 자유당 총재인 이승만 대통령도 무소속 의원들을 경무대로 불러 개헌안 통과에 협조해 달라고 부탁하였다. 자유당은 개헌선 136명의 서명까지 받아 두었다.

드디어 11월 27일 오후 4시, 제2차 개헌안이 무기명 비밀투표에 붙여졌다.

개표 결과 찬성 135표, 반대 60표, 기권 7표가 나왔다. 개헌선은 재적의원 203명의 3분의 2로 136표 이상이어야 한다. 단 1표가 모자라 사회자 최순주 부의장은 부결을 선언했다.

개헌에 친성한 서명자 가운데 1명이 빠져 뜻밖의 낭패를 당한 여당과 정부는 비상이 걸렸다. 다음날 정부는 국무회의를 소집하여 개헌안 부결 대책을 논의한 뒤, 갈홍기 공보처장이 "개헌안은 통과된 것으로 본다"는 담화를 내놓았다. "재적 의원 203명의 3분의 2는 135.333인데, 인체는 소수점으로 나눌 수 없으므로 소수점 이하는 사사오입四捨五入(반올림)하여 버려야 할 것이고, 반대표 60명도 재적의 3분의 1이 못 되기 때문"이란 설명이었다. 전날 부결을 선포한 최순주 부의장은 "내가 흥분하여 착각하였다"며 사퇴 의사를 밝혔다.

그다음 날 11월 29일, 국회는 난투장으로 변하였다. 폭력을 휘두르는 일부 의원들이 끌려 나가고 야당이 총퇴장한 가운데 자유당 의원들만으로 '부결된 개헌안을 가결 통과'된 것으로 수정하여 정부로 이송하였다. 정부는 즉각 개헌안을 공포하였다. 대한민국 제2차 개헌, 이른바 '사사오입 개헌'이다.

야당은 30일에도 국회 출석을 거부, 60여 명이 '호헌동지회'를 구성하고 신당을 결성하기로 결의하며 "호헌구국 투쟁을 전개"한다고 선언하였다.

"통제야 물러가라"

이승만 대통령의 중임 제한 조항을 철폐한 개헌안 단서조항은 종신 집권 독재를 열어 주었다 – 누가 봐도 공감이 가는 주장이다.

지금도 '사사오입 파동'으로 불리는 제2차 개헌의 주요 목적은 국민투표제 도입과, 통제경제 조항들을 자유시장경제 조항들로 개혁하는 '경제혁명', 두 가지로 요약된다. 국민투표제의 도입 목적은 앞에서 본 것처럼, 강대국들에 휘둘리는 국가 운명을 지키기 위해 국민 총동원 투쟁 체제를 갖추자는 이승만 특유의 '주권재민' 신념임은 다시 말할 것도 없다. 자유시장경제 도입은 '미래 세대까지 잘살 수 있는 국가 기반 구축'임도 앞서 나온 이승만의 설명 그대로다.

그중 경제 조항들에 초점을 맞추어, 우선 어떤 조항들이 왜, 어떻게 바뀌었는지, 건국헌법 제정 때부터 살펴보자.

건국헌법은 사회주의 경제

신생 대한민국이 미군정으로부터 인계받은 나라경제는 일본 식민 정책이 구축한 통제 체제에다가 태평양전쟁에 따른 전시 체제에 맞춰 더욱 강화된 국가 통제 체제였다. 실물경제만이 아니라 경제에 대한 국민적 인식 역시 조선왕조부터 일본 식민 지배까지 '주요 산업은 국가의 것'이란 통념이 역사의 유산이자 문화적 전통으로 확고부동하게 정착돼 있었다. 일본이 남긴 주요 산업과 시설, 주택 들은 '귀속재산'으로 자연스레 국유산업체 것이 되었다.

1948년 5월 제헌국회 성립 후 헌법 제정 시 정치 제제에 관한 갈등은 이승만 대통령의 주도로 대통령중심제로 정리된 일은 제1부에서 본 바와 같다. 그에 비해 경제 체제는 한마디로 갈팡질팡, 우왕좌왕이었다.

사실은 대한민국 건국 작업 자체가 그러하였다. 1948년 초 유엔 총선관리위원단의 입북을 소련이 완전 차단할 때까지도 미국이 우왕좌왕이었으며, 이승만 박사의 "남한만이라도 북한 해방을 위한 조직을 만들어야 한다"는 설득으로 힘겹게 자유 총선이 실시되고 건국 작업이 진행된다. 8·15광복 기념일까지 2개월 반 만에 헌법 제정과 정부 구성이 이루어졌으니 그 졸속이 낳은 건국헌법의 정치긴녁 세세도 '비빕밥' ├ 준으도, 성체 조항들에 대한 진지한 검토는 잊었다고 해야 할 정도였다.

흔히 전형적인 '혼합경제 체제'로 불리는, 건국헌법의 경제 관련 주요 내용은 사회주의 내지 공산주의식 통제경제 그대로였다.

첫째, "정치 경제 사회 문화의 모든 영역에 있어서 각인의 자유와 평등, 창의를 존중하고 보장한다"(제5조)면서, 경제 부분에서는 국유화·공유화 등 '경제활동의 자유를 통제'하는 조항들을 앞세워 놓았다.

둘째, "개인의 재산권을 보장"(제15조)한다면서 동시에 재산 박탈 조항을 명문화하였고, 게다가 "재산권의 행사는 공공복리에 적합하도록 하여야 한다"고 거미줄까지 쳐 놓았다.

즉, 국민 개인의 경제적 자유와 재산권을 정부의 뜻에 따라 좌우되는 상대적 가치로 섞어 놓은 것이다. 그 주요 원인은 헌법 제정에 참여한 학자들이나 정치 세력이 일제의 교육을 받은 데다, 당시 세계적 경제 사조이던 케인스류의 혼합경제나 유럽 사회민주주의 경제평등을 비롯한 통제경제 풍조를 자연스레 수용하면서 독일 바이마르 공화국 헌법 규정을 베꼈으며, 더구나 한국만의 특수 상황인 북한의 공산주의 경제체제를 의식하여 하 순 더 있기 때문이다.

이를 반영하는 가장 대표적인 사회주의적 조항이 '노동자의 이익

균점권'(제18조)이다. "영리를 목적으로 하는 사기업에 있어서는 근로자는 법률의 정하는 바에 의하여 이익의 분배에 균점할 권리가 있다"는 조항은 초안에 없던 것인데, 어느 의원의 "공산주의와 대결에 꼭 필요하다"는 긴급제안을 받아들여 토론도 없이 끼워 넣을 만큼 좌경화된 분위기였다고 한다.

국회의 제헌 과정 기록을 보면, 민족사회경제, 균점분배론 등에 내디어 자본주의적 비판 발언은 몇 마디에 그치고 쏙 들어갔다. 어느 독립군 출신 의원은 "우리의 기본 이념은 실실고 고르게 삭자는 것이니, 국가권력은 철두철미 민족주의로, 경제는 사회주의로 나가야 됩니다"라고 주장하며 통제경제 조항을 '민족사회주의의 완성'이라고 찬양하여 박수갈채를 받을 정도였다.

국민의 정치적 자유나 경제적 자유가 무엇인지에 대한 개념과 인식 체계 자체가 정립되지 못했던 시대, 제도적으로 무엇을 어떻게 만들어야 하는지 갈피를 잡지 못하던 사람들, 그때까지도 전통적 성리학의 위선적 이중성이 남아서 겉으론 돈을 천시한다거나 재산 문제 거론이 상스럽다는 등 근대적 경제 체제의 본질을 알지도 못하고 알려고도 하지 않았던 시대의 산물이라고 해야겠다. 요컨대 건국헌법의 경제 조항은 자유민주공화국의 건국이념과 맞지 않는 것으로서 국가 발전의 원천적 장애물이 되어 버린 것이다.

글로벌 시장으로 가는 첫걸음

드디어 이승만은 벼르고 벼르다가 국민경제를 묶고 있는 '경제의 결박'을 풀어 버렸다. 『독립정신』에서 설파한 바 '자유경제·자유통상·자유경쟁'의 경제사상을 반세기 지난 후 대통령이 되어 하나씩 경제 체제 법제화로 현실화시킨 것이다.

1950년 농지개혁 때 부산일보가 "오늘이야말로 전국적인 해방의 날"이라고 대서특필로 환호하였듯이, 이번 2차 개헌은 2차 경제 해방이었고, 20년 뒤 세계 경제 대국을 예약하는 '경제 부국' 헌법의 탄생이었다.

2차 개헌 전후로 통제경제가 어떻게 바뀌었는지 비교해 보고 가자.

건국 진입(1948)	제2차 개헌(1954)
제6장 경제 제84조. 대한민국의 경제질서는 모든 국민에게 생활의 기본적 수요를 충족할 수 있게 하는 사회정의의 실현과 균형있는 국민경제의 발전을 기함을 기본으로 삼는다. 각인의 경제상 자유는 이 한계내에서 보장된다.	제6장 경제 제84조. 대한민국의 경제질서는 모든 국민에게 생활의 기본적 수요를 충족할 수 있게 하는 사회정의의 실현과 균형있는 국민경제의 발전을 기함을 기본으로 삼는다. 각인의 경제상 자유는 이 한계내에서 보장된다. (동일)
제85조. 광물 기타 중요한 지하자원, 수산자원, 수력과 경제상 이용할 수 있는 자연력은 국유로 한다. 공공필요에 의하여 일정한 기간 그 개발 또는 이용을 특허하거나 또는 특허를 취소함은 법률의 정하는 바에 의하여 행한다.	제85조. 광물 기타 중요한 지하자원, 수산자원, 수력과 경제상 이용할 수 있는 자연력은 법률이 정하는 바에 의하여 일정한 기간 그 채취, 개발 또는 이용을 특허할 수 있다. [전문개정 1954. 11. 29]
제86조. 농지는 농민에게 분배하며 그 분배의 방법, 소유의 한도, 소유권의 내용과 한계는 법률로써 정한다.	제86조. 농지는 농민에게 분배하며 그 분배의 방법, 소유의 한도, 소유권의 내용과 한계는 법률로써 정한다. (동일)
제87조. 중요한 운수, 통신, 금융, 보험, 전기, 수리, 수도, 까스 및 공공성을 가진 기업은 국영 또는 공영으로 한다. 공공필요에 의하여 사영을 특허하거나 또는 그 특허를 취소함은 법률의 정하는 바에 의하여 행한다. 대외무역은 국가의 통제하에 둔다.	제87조. 대외무역은 법률의 정하는 바에 의하여 국가의 통제하에 둔다. [전문개정 1954. 11. 29]

건국헌법(1948)	제2차 개헌(1954)
제88조. 국방상 또는 국민생활상 긴절한 필요에 의하여 사영기업을 국유 또는 공유로 이전하거나 또는 그 경영을 통제, 관리함은 법률이 정하는 바에 의하여 행한다.	제88조. 국방상 또는 국민생활상 긴절한 필요로 인하여 법률로써 특히 규정한 경우를 제외하고는 사영기업을 국유 또는 공유로 이전하거나 그 경영을 통제 또는 관리할 수 없다. [전문개정 1954. 11. 29]
제89조. 제85조 내지 제88조에 의하여 특히를 취소하거나 권리를 수용 사용 또는 제한하는 때에는 제15조 제3항의 규정을 준용한다. (참조: 제15조. 재산권은 보장된다. 그 내용과 한계는 법률로써 정한다. 재산권의 행사는 공공복리에 적합하도록 하여야 한다. 공공필요에 의하여 국민의 재산권을 수용, 사용 또는 제한함은 법률이 정하는 바에 의하여 상당한 보상을 지급함으로써 행한다.)	제89조. 제86조의 규정에 의하여 농지를 수용하거나 전조의 규정에 의하여 사영기업을 국유 또는 공유로 이전할 때에는 제15조 제3항의 규정을 준용한다 [전문개정 1954. 11. 29]

경제 조항의 개정 내용 요약
광물 등 지하자원과 수산자원 및 자연력 등에 대한 '국유화' 원칙 폐기
운수, 통신, 금융, 전기, 수리 등의 '국영 또는 공영' 원칙 전면 폐기
대외 무역은 '법률의 정하는 바에 의하여' 국가 통제
개인 기업의 국유 또는 공영화도 '법률로 특별히 정한 경우'를 제외하고는 금지
토지 수용, 각종 국영화, 공영화 모두 개인 재산에 '상당한 보상'을 지급해야만 가능
'근로자의 이익균점권' 조항은 시행하려는 근로자도 기업도 없어 사문화

'종신 집권' 허용한 까닭은

그러면 야당이 들고 일어난 '독재 조항'은 어떻게 된 것인가?

제2차 개헌안(경제 조항 개헌) 맨 끝에 붙어 있는 문제의 '부칙'은 이렇다.

이 헌법 공포 당시의 대통령에 대하여는 제55조 제1항 단서의 제한
을 적용하지 아니한다.

즉, 헌법의 대통령과 부통령 임기는 4년이고 재선에 의해 1차 중
임할 수 있는데(제55조), '이 헌법 공포 당시의 대통령', 즉 이승만 대
통령에 한하여 이 제한을 적용하지 않는다는 것이다. 야당 말대로
'종신 집권 독재의 길'을 허용하겠다는 것으로 풀이될 수 있나.

'독재' 논란은 논외로 하고, '종신 집권'만 봐선 맞는 이야기다.
1875년 3월 26일생 이승만은 이때 나이 만 79세 8개월, 우리 나이
80세 노인이다. 죽기 전에 대통령을 하면 몇 번이나 더 할 수 있을 것
인가. 더구나 당시는 이승만을 '국부國父'로 추앙하던 시대다.

그런데, 왜 이승만에게만은 임기 제한을 풀었을까?

휴전과 함께 새출발하는 새로운 위기 체제를 이끌고 갈 지도자로
서 달리 대안이 없었기 때문이다.

첫째, 한국전쟁을 계기로 형성된 동서 냉전 구도의 탄생이다. 독
립운동 시의 세계와 6·25전쟁 후의 세계는 딴판으로 변하였다. 이승
만이 예견했던 바 자유세계가 새로 등장한 공산 세계와 정면 대결하
게 된 냉전 체제, 그것은 6·25전쟁의 연장선에 있으며 자유 진영의
최전선은 한국이다. 지금까지 그래 왔던 것처럼 미국을 이끌어 공산
주의를 막아 내고 패망시켜야 할 사명은 한국 대통령 이승만 자신에
게 있음이 분명해졌다. 항상 글로벌 세계관을 통한 전략과 '하나님의
눈'으로 국제 정세를 통찰하는 이승만의 선견지명들, 한국 정치인들
중에 누가 이를 대신할 것인가?

둘째, 대한민국의 경제 재건과, 한미동맹의 시작과 한미관계의
새 출발이다. 미국이 약속한 경제·군사원조 협약과 한미동맹이 동시

에 발효되자마자 경제 조항을 개헌하고 이승만의 임기 제한을 풀어 버린 가장 직접적인 이유다. 이승만이 만들어 낸 새로운 대한민국의 국제적 자유동맹 체제, 그러나 이승만의 주장대로 미국은 여러 번 한국을 배신하였다. 그 '배신'을 들이대며 골리앗 미국을 굴복시켜 모든 약속을 얻어 낸 다윗 이승만이다. 이들 국가 간 약속은 이제부터 실천해야 한다. 강대국의 속성 상 미국이 얼마나 충실하게 약속을 지킬 것이며, 누가 이승만 대신 미국을 감시하고 채찍질할 수 있겠는가?

셋째, 국가의 경제부흥과 국민의 경세적 지유 및 자립정신의 함양이다. 전쟁을 통하며 뭉쳐진 국민정신과 에너지를 활용, 대규모 미국 자금을 바탕으로 국민경제의 확립을 위한 국민의 자유경제 훈련 및 자유통상·무역입국의 기초를 쌓아 가야 하는 것이다.

넷째, 반공 전쟁은 새 국면을 맞았다. 소련·중공·북한의 대규모 공산 연합군은 재무장하고 있으며, 제네바 회의에서 보았듯이 벌써 평화통일 공세를 강화하고 있다. 산 넘어 산, 지금부터 대처해야 하는 이 국정 과제들은 한마디로 국제적 리더십을 요구한다.

그래서 '사사오입'의 위헌성을 묻는 미국 기자 질문에 이승만은 "우리가 현 정세를 여러모로 신중히 고려한 결론"이라고 답하였다. 더 솔직한 대답은 뉴욕 유엔 총회에 참석한 변영태 총리가 이렇게 대신하였다.

대한민국은 이승만 대통령이 계속 집권해야 한다. 만일 그렇지 않으면 한국은 공산 수중에 들어가고 말 것이다. 이번 개헌안은 이 대통령에게 종신 연임권을 부여하고 있는데, 일부 미국인은 이 대통령이 영구 집권을 원하기 때문이라고 오해하지만 사실은 그것이 아니다. 대한민국은 현재 세계 공산주의와 생사결단의 투쟁 가운데서 국가적 위기에 대처하고 있다. 이것은 즉 80세 이승만 대통령의 퇴임을 허용치 못하는 상황인 것이다. 만약 정치적 거인 이승만 대통령이 은퇴한다면 차기 대통령으로서는 수십 명의 우익 후보가 출마할 것이며 이것은 곧 전국의 우익 표수를 소수로 분할하게 될 것이다. 이렇게 되면 공산주의자의 표가 용이하게 우세를 장악하여 아마도 공산주의를 숨긴 좌익 후보가 당선될 것이 뻔하지 않은가. (조선일보 1954. 12. 2)

66년 전의 이 발언은 6·25 이후 최대 위기라는 오늘날 한국의 정치 상황에도 딱 들어맞는 진단이다. 오히려 그때보다 더욱 위험한 최악의 상황, 이승만이나 변영태 같은 리더십이 없는 현재 대한민국은 이승만이 가장 경계하였던 '좌우합작=공산화'의 벼랑 끝에 몰리고 말았다. 상하이임시정부를 공산화하려던 레닌의 국제공산주의, 그 마지막 보루 중국과 북한의 경제 성장과 핵무장에 따라 세계 최악의 악마적 전체주의가 글로벌 파워로 성장하였기 때문이다. "중국공산당을 그냥 두고는 한국도 아시아도 세계도 평화는 없다"는 이승만의 예언 그대로 되었다.

'國+家=나라집' 재건축 성공

청년 시절 이승만은 국가國家를 '나라집'이라 부르고 썼다. 문재文才와 어휘력이 뛰어난 그는 무지몽매한 백성들을 계몽하려 한자어를 우리말로 많이 바꾸어 사용했으며 책들도 모두 한글로만 썼다. 뒷날 대한민국 건국 후에는 문맹 퇴치를 위하여 한글 전용을 법제화까지 하였다.

『독립정신』첫머리 대목을 옮겨 보자.

슬프다! 나라가 없으면 집이 어디 있으며, 집이 없으면 내 한 몸과 부모처자와 형제자매며 훗날 자손들이 다 어디서 살며 어디로 가겠는가. (…) 국권을 제 손으로 팔아먹은 죄악이 세상에 드러난 자들도 있고, 그런 자들의 일꾼이 되어 나라집을 헐어 버리는 일을 도와준 자들도 많다. 체통과 도리만 차리다가 나라집이 쓰러지기에 이르렀는데도 말 한마디 못 한 고루한 자들도 많다. (강조 인용자)

건국 2주년 전야, 6·25전쟁이 터지고 동서 양대 세력이 격돌한 3년 전쟁터 대한민국이란 나라집은 산산이 부서지고 불타 버렸다. 그 불길 속에서 이승만은 119 소방대원처럼 혼자 '싸우면서 나라집 새로 짓기' 작업에 고군분투한 결과, 전쟁이 끝나자 이 땅에서 본적이 없는 최신식 나라집이 골격을 드러내었다.

자유민주주의 주춧돌을 새로 놓았다. 국회의원들의 손에 좌우되던 대권의 선택권을 국민들 개개인의 손에 쥐여 줌으로써(대통령 직선제, 제1차 개헌) 나라와 집의 기초를 국민의 힘으로 다져 놓았다. 그리고 최우선적으로 그 국민들을 교육시켰다.

나라와 집의 경제 기둥을 새로 세웠다. 북한 공산당과 경쟁한답시고 사회주의 통제경제로 얽어매어 놓은 헌법의 사슬을 끊어 버리고 나라경제와 국민의 집경제 무대를 전 세계로 활짝 열어, 선진 해양문명권의 무한한 글로벌 시장에서 마음껏 경쟁하여 승리할 수 있도록 전면 개방하였다(제2차 개헌). 자유통상과 무역입국이 오대양 육대주로 출발하였다.

나라집의 자유민주와 자유경제를 지켜 줄 철벽 담장을 쌓았다. 한국에 영토적 야심이 없는 기독교 자유 국가 중 최강의 미국을 붙잡아 목숨을 걸고 한미동맹을 체결하여 미군을 공산군 침략 루트에 상시 주둔시켰다. 북한·중국·러시아의 북방 침략도 일본의 남방 침략도 없어졌다. 이승만의 단독 북진을 막으려던 미국은 이제 이승만의 외적막이 방패 '인질'이 되었다.

적색 태풍에 쓰러질 듯 말 듯 가건물처럼 엉성했던 나라집의 재건축 기초공사는 끝났다. 이제 본격적인 내외장 공사에 들어간다.

재건축 따위엔 무관심한 '반독재 호헌투쟁'은 갈수록 가열되고, 게다가 북한의 평화통일 공세가 갖가지 가면을 쓰고 덤벼든다. 이승만은 경제 건설과 반공과 애국심 교육에 몰입한다. 한미동맹이 튼튼할 때 나라집을 튼튼히 만들어야 한다.

미국의 막대한 원조 자금으로 전후복구를 끝내고 자립경제 구조 구축 공사가 한창이던 때, 1957년 문경시멘트공장 준공식에선가 누군가가 이승만 대통령에게 물었다.

"각하, 우리나라는 언제쯤에나 잘살게 될 것 같습니까?"

이승만은 특유의 미소와 유머를 섞어 존댓말로 대답한다.

"그대가 술 삼가고 30년쯤 열심히 일한다면 그런 세상 볼 것입네다."

이승만 대통령은 20~30세 연하에게도 반드시 공대를 하고, 부하들이 방문할 때도 반드시 먼저 일어나서 맞이하는 습관이 몸에 밴 사람이었다고 허정許政(1896~1988)은 회고록 『내일을 위한 증언』(샘터, 1979)에 써 놓았다.

이승만이 말한 30년이 흐른 후 1988년 서울 올림픽이 열렸다.

'서울은 세계로, 세계는 서울로.'

동서 냉전의 막바지, 앞서 연속 두 차례나 반쪽 올림픽(1980 모스크바, 1984 LA)을 개최하였던 세계는 서울 올림픽에서 마침내 '화합 올림픽'을 부활시켰다. "손에 손 잡고 벽을 넘어서…." 20일간의 합창 속에 성화의 불이 꺼지자 새로운 세계가 나타났다. 손에 손 잡고 베를린 장벽을 넘어서 독일이 통일되고(1990) 소련 공산주의 74년 독재가 급기야 무너지고 말았다(1991).

북한 공산 독재에 대한 대한민국의 승리! 이승만·박정희의 '반공 70년'의 완벽한 개가였다.

이승만 터 닦고, 박정희 다지다

축복받은 국운! 이승만 하야 후 1년 만에 쿠데타를 일으킨 박정희와 그 동지들의 결단은 대한민국에 축복이다. 이승만이 구축해 놓은 자유민주와 시장경제 토대 위에 한미동맹이라는 굳건한 철벽을 두른 나라집을 크게 손상되지 않은 채 박정희가 물려받았기 때문이다. 더구나 이승만의 유학 정책으로 길러진 인재들, 특히 유명한 '미네소타 프로젝트'로 양성된 수백 명의 박사들은 박정희가 추진한 경제 개발과 중화학공업, 의료복지 등을 이끌어 준 주역들이 되었으니 얼마나 큰 행운인가! 부산 정치파동 때 가난한 집 아들같이 "아빠처럼 살기 싫다"며 아버지를 제거하려 쿠데타 음모에 가담했던 육군 소장은 뜻밖에 아버지의 유산을 듬뿍 받았던 것이다.

그것을 박정희는 알았을까? 몰랐던 것 같다. 알았다면 하와이 이승만의 귀국 요청을 그렇게 막지는 않았을 테니까. 혹시 뒷날에야 깨달았을지 모른다.

그러나 다행히도 박정희 쿠데타 세력은 반공을 앞세운 개혁 집단이다. 이승만의 부국강병 정책으로 장교들을 대거 유학시키고 육군사관학교를 창설하여 밴 플리트 미 8군 사령관에게 국군 강화 교육을 맡겨 육성해 놓은 군부는 당시 자유민주 체제 수호에 가장 걸맞은 선진 엘리트 그룹으로 성장해 있었다.

이렇게 정치·경제·국방·이념 모두에서 이승만·박정희 두 지도자는 대한민국 '긴 고개 내각'의 부사시간 같다. 반공이 그러하고, 경제개발계획과 수출입국이 그러하고, 베트남 파병과 한미동맹 강화가 그러하다. 이승만이 아이젠하워에게 그토록 간청했던 '미군의 자동 개입' 소원은 박정희가 베트남 패망 후 한미연합사령부 창설로 이루어 내면서 한미동맹은 나토NATO 부럽지 않은 군사동맹으로 업그레이드되었다.

이승만이 '30년 후'로 예고했던 경제부국은 박정희의 유신維新과 산업혁명을 통해 달성되었다. 유신이 성공하였기에 5·16 쿠데타도 유신도 '혁명'적 가치로 빛날 수 있었다. 그렇게 올림픽이 열릴 수 있었던 것이다.

이승만이 없었다면 박정희가 살아남지 못했듯이, 박정희가 없었다면 이승만의 꿈도 완성되지 못하였을 것이다. 어찌 대한민국 신화의 축복이 아닐 것인가.

역사의 아이러니는 그러나 되풀이되는 법. 세계가 환호한 '88올림픽 이후 소위 '문민정부'가 들어서면서부터 자유경제 선진국 대한민국의 헤게모니는 친북 좌파의 손으로 넘어가 버렸다. 자유·민주·공화주의 리더십의 실종! 주사파의 올가미에 걸리고 평양과 베이징의 감성에 줄줄이 빠져 버린 좌우 오합지졸들의 포퓰리즘 광란 속에 대한민국은 하늘의 이승만과 박정희를 향하여 "살려달라"고 울부짖고 있다.

청년 이승만, 또 하나의 꿈

자유경제와 자유통상 부국론

이승만이 경영자 출신이란 사실은 별로 알려져 있지 않다.

배재학당을 나오자 민간 최초의 일간지 〈매일신문〉을 창간하여 경영자, 주필, 기자로 뛰면서 잇따라 〈제국신문〉까지 창간 운영한다. 일주일 한두 번 나오는 서재필의 〈독립신문〉을 압도한 이승만은 국민 계몽의 최대 무기는 신문이라며 대형 신문사 설립 계획도 세운다. 23세 신문사 사장은 최초의 거리정치집회 '만민공동회'를 주도하며 계급 타파와 입헌군주제를 주장하다가 반역자로 몰려 한성감옥에 투옥된다. 감옥에서도 몰래몰래 논설을 써서 〈제국신문〉에 무명으로 게재한 것이 260여 회, 그중에서 이승만의 경제관을 보여 주는 글 한 편만 소개한다.

"옛 글에 말하기를 농사는 천하의 큰 근본이라. 백성들이 다만 그 땅에서 생기는 곡식만 믿고 살았은즉 (…) 지금으로 말할 지경이면 세계 만국이 서로 통상이 되었은즉 나라의 흥망성쇠가 상업의 흥망에 달렸으니 오늘날 천하의 큰 근본을 장사라고 할 수밖에 없도다.

대저 농사에서 생기는 이익은 땅에서 생기는 한정이 있거니와 장사의 이익은 사람이 내는 것이라 한정이 없는 고로 지금 영국으로 말할 지경이면 그 부강함이 천하제일인데, 그 토지야 조그만 섬이오 (…) 상업에 종사하여 기교한 물품을 만들어 남의 나라에 가서 금은으로 바꾸어다가 자기 나라를 부요하게 바꾸어 놓고 있으니 (…)

이 나라가 점점 빈약하여 백성들이 도탄에 들어 필경은 지탱하지 못할 지경에 이르니 이런 고로 지금은 상업을 불가불 천하에 큰 근본이라 할지라. 그런즉 나라의 흥망이 거기 달렸은즉, 대저 오늘날 세계 큰 싸움과 다툼이 모두 이익과 권세에는 장사보다 더 큰 것이 없으니 당장의 급선무로 아무쪼록 장사 길을 널리 열어서 해마다 항구에 들어오는 돈이 나가는 돈보다 몇천 배가 되게 하기를 바라노라." (제국신문 1901. 4. 19)

사형수로 잔혹한 고문 속에 기독교로 개종한 이승만이 26세 때 쓴 글이다. 조선 500년간 땅만 파먹고 살며 유럽의 산업혁명은커녕 이웃 일본의 메이지 유신 근대화도 배척하던 쇄국의 그때, 서양 문명에 각성한 젊은 죄수가 '자유통상=무역입국'론을 주장한 것이다. 박정희 수출입국론의 뿌리라 하겠다. 이 논설을 쓴 3년 후 1904년 러일전쟁이 터지자 통곡하며 썼다는 『독립정신』에서는 더욱 무르익은 자유시장경제 사상을 설파한다.

"백성이 깨이지 못하면 나라를 보전 못 한다"며 총론에서 근현대사 국제 정세, 자유민주 사상 해설 등, 미국식 민주공화국 체제를 만들자는 두툼한 국민 계몽서 끝에 「독립주의의 긴요한 조목: 실천 6대 강령」을 제시, 국민국가의 국민이 즉각 행할 바를 상세히 가르치고 있다.

1) 마땅히 세계와 통하여 통상하는 것이 피차 이익 되고 부국 됨을 깨달아야 한다.
2) 동양 고서들보다 새로운 법과 학문으로 집안과 나라를 보전하는 근본으로 삼아야 한다.
3) 외교를 잘해야 나라를 지킨다. 같은 부류의 나라와 돈독한 친구로 공평하

게 지내야.

4) 국권을 중히 여겨야 한다. 우리 생전에 이 주권 회복을 기어이 보기로 기
   약해야 한다.

5) 국가를 소중히 해야. 국토와 인민을 대표하는 것이므로.

6) 자유를 생명과 같이, 남의 자유도 소중히. 남을 의지해선 살 수 없다.

한성감옥에서 29세 종신 죄수가 몰래몰래 쓴 『독립정신』은 이승만 미국 유
히 후 LA에서 처음 발간(1910)되고, 전국 각 부처 기급까지 및 종교 출판되었
고 현대어판으로 완역본(박기봉 교주, 비봉출판사, 2018)이 나와 있다.

국민의 독립정신 실천 강령 중에 '세계와의 통상'을 첫째로 꼽은 이승만의
논설을 읽는 경제학자들은 "한국의 애덤 스미스"라며 경탄을 금치 못하고,
자유민주 정체론에 대하여는 존 로크, 토마스 홉스의 이론에 견주어 높이
평가한다.

"지금 동양 시대는 비유하자면 동터 올 때와 같다. 들어오는 햇빛을 막으려
하나 마침내 사방에 똑같이 비치고야 말 것이니 (…) 이웃의 범위가 넓을수
록 내가 쓰는 물건들은 더욱 정교해지고 풍족해지며, 내가 만든 물건들도
좋아지고 널리 쓰이게 될 것이고, 사람들의 학문과 지식도 넓어질 것이오.
이것이 곧 천하만국과 이웃이 되어 문호를 열고 문물을 교환하는 까닭이다.
이러므로 한 구석도 통하지 않는 곳이 없게 만들려고 기선과 기차, 전보와
우체국 등 각종 교통 통신수단이 발달한 것이다.

우리도 어서 이런 것들을 배워서 전국에 거미줄 치듯이 설치하고 동서남북
이 지척같이 왕래하고 정의와 풍속이 한결같이 좋아지고 두메산골과 섬이
나 바닷가 백성들은 육지와 서로 생산하는 것들을 필요할 때 구하는 데 어
려움이 없을 것이다. 세계 각국과 한 이웃이 되어 교류하는 가운데 좋고 나

쁜 것을 서로 견주어 가며 발전시켜 간다면, 평균한 이익을 다 같이 누리게 될 것이니, 이것이 사람마다 통상의 이익을 깨달아야 하는 이유이다. (…) 옛적에는 각국이 땅을 빼앗으려 전쟁하였으나 근대에는 상업상 권리를 위하여 싸우는 게 전쟁이다. (…) 사람마다 외국에 나가 상업을 살피고 이익을 얻어 내 나라 상권을 확장시키는 일을 급무로 삼아야 하는 것인즉 (…) 그러므로 누구나 외국인을 싫어하고 피하는 마음을 깨트리고 서로 배우고 친밀하게 지내야 할지라."

한마디로 『독립정신』은 청년 이승만의 정치 사상, 경제 사상, 기독교 사상을 보여 주며, 망명 독립운동 33년 만에 세운 대한민국이 바로 이 책에 쓴 대로 만들어지고 경영된 나라임을 확인하고 새삼 놀라게 된다.

"통상의 자유는 미국의 힘"… 박사 논문에서 "미국 만세"

1910년 프린스턴 대학 졸업식에서 이승만이 윌슨 총장(후에 미국 제26대 대통령)으로부터 박사학위를 받은 논문 제목은 "Neutrality as Influenced by United States (미국의 영향력에 힘입은 중립)"이다. 18~19세기 전쟁 또는 분쟁 중 해양무역의 전시 중립과 미국의 영향력을 분석한 것인데, 당시 미국에서도 처음인 해양국제법 분야라서 이 논문은 대학에서 출판하여 전국에 배포되었다. 학위 받는 인사말에서 이승만은 "국제법 분야도 없는 박사"라며 아쉽다는 농담을 남겨 윌슨 총장과 장내를 웃겼다고 한다.

1776년 미국의 독립 이전과 독립 이후를 대비한 연구 결론에서 이승만은 이렇게 썼다.

"미국의 독립 이후 중립 제도는 크게 발전하였으며 전시에 적대행위 영역을 대폭 축소시켜 중립국 무역 통상의 자유를 확보하게 되는 과정에서 미국의 공헌이 절대적이었다. 미국은 인류 역사 발전에 큰 축복이다. 아메리카 만세!"

그러면 이승만은 왜 이렇게 당시 생소한 분야의 생소한 주제를 택하여 연구하였던가? 그에 대한 연구가 국내에선 나오지 않고 있다. "잘 모른다"든지 아예 언급도 안 한다.

나는 이 박사의 연구 목적에 대하여 "자유통상 부국론자 이승만이 한미동맹 가능성을 진단하기 위해 미국의 역량을 살피는 역사적 실증 분석"이라는 추론을 내세운 칼럼을 쓴 적이 있다. 전문가들이 이승만의 저작들과 논설들을 읽어 보면 나의 같은 길로에 나오리라 여겨진다.

『독립정신』을 비롯하여 일본의 『한국 교회 핍박』과 일본의 진주만 공습을 예언한 영문 국제 정세 분석서 *Japan Inside Out* 등은 자유민주주의 기독교 강국 미국의 힘만이 야만의 사탄 세력(일본과 공산국들)을 물리칠 수 있으며, 이것이 바로 한반도 독립과 평화를 영구히 지켜 낼 수 있다는 이승만의 구상이 일관되게 흐르고 있는 것을 볼 수 있다.

그러기에 일찍이 썩어 버린 대한제국을 자유독립국가로 개조해야겠다는 설계도를 완성한 이승만이 미국 가는 기회를 얻자 조지 워싱턴 대학에 입학부터 하였고, 5년 안에 박사 따겠다며 하버드, 프린스턴에 차례차례 진학하였던 것이다. 왜냐하면 미국과 동맹하려면 미국 지도층을 배출한 미국 동부 아이비리그 명문 대학에서 네트워크를 구축해야 한다고 생각했기 때문이다.

미국을 알고(지미), 미국과 친하고(친미), 미국을 이용하기(용미) 위한 첫걸음, 청년 이승만의 '3미' 독립 전략전술, 그 첫 결실이 박사논문이었던 것이다.

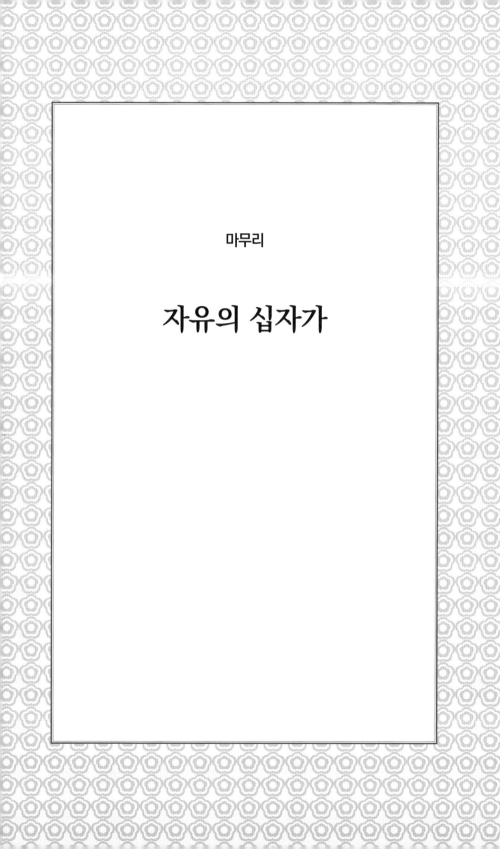

마무리

자유의 십자가

"뭉치면 살고 흩어지면 죽는다"

해방 두 달 후 1945년 10월 16일, 33년 만에 귀국한 이승만 박사가 20일 미 군정청 앞에서 열린 연합군 환영회에 참석, 3만여 명의 군중을 향해 연설하고 있다.

이승만은 귀국 즉시 60여 개 정당으로 분열된 정치인들에게 "뭉치면 살고 흩어지면 죽는다"며 '한 덩어리'로 단합하라고 요구했다. 그는 "삼천리 강산부터 찾자", "국가의 목숨을 살려 내자", "북한을 구하려면 죽기를 배우자"고 외쳤다.

드디어 귀국 일주일 만에 민족통일을 위한 결집체 '독립촉성중앙협의회'를 만장일치로 결성 하는 데 성공한다.

14

이승만의 경제부흥

황무지에 건국 또 건국

조선 땅은 황무지였다. 충효忠孝와 농업밖에 모르는 왕부터 백성까지 그 정신도 황무지였다. "나물 먹고 물 마시고 팔을 베고 누웠으니 이 또한 낙樂이 아니랴" 읊조리는 성리학의 노예 사회, 나라가 망하는데도 사대주의 편력과 권력 투쟁과 농민 강탈 치부에 이골이 난 지배층은 전쟁 난다 하면 무당을 불러 굿을 하고 대궐에 부적을 덕지덕지 붙이고 묻었다.

산지로 덮인 국토에 경작 가능한 땅마저 70퍼센트가 버려진 황무지에서, 인구의 1퍼센트도 안 되는 왕실과 양반 계급은 개발은커녕 국가경제 개념도 산업도 까맣게 모르는 채 농지를 독차지하고, 99퍼센트의 백성을 농노로 부려먹고 착취하고 죽이고 살리는 야만 시대 (이승만의 글), 바깥세상은 눈부신 산업혁명 시대, 적자생존 전쟁 중인

데 썩을 대로 썩어 주저앉아 버린 우물 안 개구리 원시 국가였다 해도 지나치지 않을 고요한 아침의 나라, 이것이 구한말 조선, 대한제국이었다.

> 지금까지 내가 보아왔던 도시 가운데 한성은 가장 기묘한 도시다. 도로도 없고, 눈에 띄는 건물이나 사원 또는 궁전 같은 궁전도 없고 나무들과 정원도 없다. 20만 명이 사는 대도시에서 5만여 채의 집이 흙과 초가지붕이 곳이 또 어디 있을까. 가장 중요한 거리로 하수가 흘러들어 도랑이 되어버린 도시, 한성이란 곳은 산업도 굴뚝도 유리창도 계단도 없는 도시이며 극장과 커피숍이나 찻집, 공원, 이발소도 없는 도시다. 집에는 가구나 침대도 없고 변소는 직접 거리이며, 어느 나라 도시보다 더 더럽고 똥 천지인 도시 (…)

오스트리아 여행가 헤세-바르텍Hesse-Wartegg이 126년 전 조선을 둘러본 여행기 『조선, 1894년 여름』에 기록한 한성(서울)의 모습이다. 동학 농민운동과 청일전쟁이 벌어지던 당시, 제물포(인천)에 도착한 그는 한성에 가는 도로가 없어 나룻배를 타고 강화도에 내려 강길로 산길로 며칠이나 걸렸다. 가장 놀란 것은 남자들이 일을 안 하고 논다는 것. 일해 봐야 양반과 관리들이 다 빼앗아 가니 한두 끼 먹거리만 구하면 된다는 습성이 몇백 년 계속되고 있다는 사실이었다. 군대는커녕 청나라와 일본군이 왕궁까지 점령하고 제 집처럼 행세해도 남의 일인 양 구경하는 나라, 돈(동전)을 마구 찍어 내 화폐 가치가 천정부지라 미화 1달러에 조선 돈 6천 냥, 부산까지 가는 데 말 무게만큼 동전 보따리를 지불하고 조랑말을 얻어 탈 수 있었다고 써 놓았다. "체격도 좋고 머리도 영리한 사람들인데 왕과 관리들이 바보 노예로 만들었다"는 이 여행가의 탄식처럼 그 참상은 당시 외국인들의 기행문에 한결같이 등장한다.

1894년 이때 이승만은 19세 청년이다. 일본이 강요한 '갑오개혁'에 따라 당시 유일한 공무원 시험이던 과거제가 없어져, 친구의 권유로 배재학당에 들어간다. 거기서 '자유와 자유 천국 미국'을 발견한 순간, '조선을 미국 같은 나라로 만들자'고 결심한 이승만은 미국 공부에 미쳐 버린다. 영어사전을 외우며 미국의 독립전쟁사, 독립선언서, 독립 헌법 등을 깡그리 암기하는 이승만은 고종이 수범을 보인 단발령에 따라 상투머리를 자르며 미국 의사 애비슨Oliver Avison에게 눈물로 부르짖는다.

"나는 일생을 조국의 정부 형태를 바꾸는 일에 바치겠소. 이 위대한 목표를 향해 죽음이 닥치더라도 기꺼이 목숨을 걸겠소."

이 말은 이승만이 3년 후 한성감옥에서 기독교의 성령을 받기 이전에 벌써 미국 같은 이상국가를 조선 황무지에 세우겠다고 다짐한 자기와의 맹세다.

반세기 후, 대한민국을 세우고 대통령이 된 73세 이승만 앞에 펼쳐진 땅도 황무지였다.

무주공산無主空山인 듯 순종황제로부터 한반도를 넘겨받은 일본 식민 제국주의는 북쪽에 대륙 침략 기지로 공업 지대를, 남쪽에는 일본에 식량과 옷감을 공급하는 물품 기지를 만든다. 일본이 물러간 후 소련의 분단에 막혀 남쪽만 겨우 찾은 대한민국엔 지하자원도 공업도 전력도 없이 양조장과 방직공장 몇 개뿐, 그것마저 스탈린의 침략 전쟁으로 초토화되어 처참한 황무지로 변하고 말았다.

'사상 최대의 파괴와 비참.'

6·25전쟁 휴전 후 외국 언론이 둘러본 한국 르포 기사 제목이다.

'불굴의 신념' 이승만 대통령은 그러나 좌절하거나 자신에게 양보할 인물이 아니다. 휴전 가능성이 높아지자, 폐허가 된 나라를 다시 일으켜 세우는 '제2의 건국' 차원의 대대적 국가 체제 혁신 프로젝트를 휴전 전부터 구상하고 실천한다. 그것이 전쟁 하며 혁명 하며 몰아붙인 대통령 직선제 개헌(부산 정치파동, 1952), 한미동맹(1953), 자유시장 경제 개헌(사사오입 파동, 1954)의 '위대한 3년' 드라마다. 왕정 전제주의와 일본 식민 독재에서 해방된 삼천만 한국인은 이 '위대한 3년'을 거침으로써 마침내 현대 국민국가의 자유인으로 새출발하게 되었다.

장면, 유엔에 "경제복구 성공" 보고서

1960년, 4·19 넉 달 후에 내각제 개헌에 따라 8월 19일 국무총리로 집권한 장면은 그해 유엔 총회에 다음과 같은 보고서를 낸다.

> 한국은 1957년까지 6·25동란의 전재(戰災)가 완전히 복구되었다. 1953년 휴전후 공업등 각 산업부문이 급속히 복구되었으며 1958년에는 복구기로부터 발전기로 들어갔다. 특히 전력부문은 24.2%가 증가되었다. 시장가격 안정에 따라 개인저축고는 처음 1억환을 넘어섰으며 (…) 1959년까지 경제가 안정되었다.

즉, 이승만 정부가 휴전 후 총력을 기울인 전후복구 사업이 4년 반에 성취되고 경제발전이 시작되고 안정되며 국민 저축이 늘었다는 얘기다. 당시 외국으로부터 "예상 밖의 놀라운 성과"라는 호평을 들은 보고서는 "이승만 경제가 대성공을 거두었다"는 결론이다.

아이러니하게도 장면이 유엔에 말한 이 기간이 실은 장면의 민주당이 '못살겠다, 갈아 보자!'라는 구호로 이승만 정부와 자유당을 규탄하던 절정기였다. 그래서 일각에선 "이승만은 때려잡고, 그 업적은 빼앗아 제 것인 양 자랑하느냐?"는 비판이 일었다.

장면 정부가 낸 보고서의 이승만 경제 성공 자료를 좀 더 들여다본다

곡물 생산 11% 상승

해산물 수출 28% 증가

공업생산지수 14.7% 증가

석탄 54.9% 증산

제조업 생산지수 11.2% 증가

교육 부문 취학 아동 96%, 대학 78개교, 대학생 9만여 명 (…)

이렇게 1959년은 "모든 분야가 역사상 최고 수준에 달하였다"고 발표하였다.

특히 교통망의 변신이 눈부시다. 무궁화호·통일호·태극호 등 급행열차가 달리고, 산업용 철도망도 추가로 강경선·문경선·영암선·영월선·충북선·함백선을 새로 깔았다. 석탄·중석 등 광물 산지와 발전소, 생산 공장을 연결하는 동맥들이다. 인천판유리공장(1956), 문경시멘트공장(1957), 충주비료공장(1959)이 잇따라 세워지고 당인리발전소, 화천발전소 등에 발전 시설이 증설되고 괴산수력발전소(1957)는 새로 건설한다.

6·25전쟁 중 화천발전소 쟁탈전은 유명하다. 패퇴하는 중공군 3개 사단이 미군과 국군 제6사단에 걸려 전멸한 곳이 화천저수지로, 2만 4천여 명이 물속에 수장되었다고 한다. 이승만 대통령은 그래서 그 저수지를 '파로호破虜湖(오랑캐를 격파한 호수)'라 명명, 휘호를 내려 전승기념비를 세운다. 최근 중국이 이름을 고쳐 달라 요구하고 이에 호응하는 친중·친북 세력이 한 술 더 뜬다고 한다. 조선시대로 되돌아가는 친중 사대주의 현상은 갈수록 노골화하고 있다.

이승만 정부의 경제적 성공은 물로 미국의 대규모 원조에 힘입은 것이다. 전재 복구가 끝났다는 1957년도 정부 예산의 53퍼센트가 원조 자금에서 나왔을 정도다. 그러나 이승만 대통령이 이룩한 경제발전은 미국과의 치열한 경제전쟁의 결과다.

미국의 원조는 주로 잉여농산물로 들어왔다. 이것을 자금화하여 생산 공장, 철도, 발전소 등을 건설하는 자금으로 활용하는 이승만을 번번이 미국은 가로막고 나섰다. "빈곤한 국민 소비재나 사라. 일본 제품을 수입하라"는 일본 편중 정책이다.

그동안 수없이 미국과 싸워 이겼던 이승만은 이번에도 뜻을 관철하였다. 미국의 친한親韓 네트워크를 활용한 유학생 파견 정책은 특히 괄목할 만한 것이었다.

사사오입 개헌으로 경제적 자유와 사유재산권을 부여받은 국민들에게 경제재건이란 곧 자기 재산 만들기였다. 굶주리면서도 신바람이 났던 1950년대 후반기는 훗날의 '새마을 운동' 저리 가라 할 정도로 '자립·자조' 열풍이 거셌다. 대학교가 78개나 섰다는 것은 교육열의 상징, 농부가 소 팔아 자식 대학 보낸다 해서 '우골탑牛骨塔'이란 말이 나올 정도였다.

박정희의 경제개발 5개년계획의 원조는 바로 이승만이 기반을 다진 경제부흥계획이다. 산업 기반과 기술인력 등 발전의 토대를 만들어 놓은 위에 1970년대 산업혁명도 가능했던 것임은 새삼 지적할 필요도 없다.

영성靈性의 카리스마

"왜 한국인들은 한국이 낳은 세계적인 지도자를 모르는가?"

미국 시러큐스 대학 교수 로버트 올리버Robert T. Oliver의 한탄이다.

20세에 눈뜬 자유, 반세기 동안 자유독립 투쟁, 건국 후 자유민주 건국 투쟁, 90세 눈감을 때 자유통일을 간구한 기도. 이승만은 자유의 십자가를 지고 하늘로 올라간 자유의 화신이다.

누가 그를 독재자라 하는가.

한국인들 중엔 이승만 박사를 나쁜 인물, 독재자로 비난하는 사람들이 많다.

이 박사는 독재를 한 일이 없다. 오히려 헌법을 더욱 민주적으로 개선하려 애쓴 자유인이다.

장기 집권을 비난한다. 장기 집권은 루스벨트, 처칠, 스탈린, 마오쩌둥, 장제스 등이 더했다.

이승만 박사는 한국인을 5천 년의 가난과 위기에서 구해 낸 위대한 지도자이다. 한국인들은 왜 자신들의 위대한 지도자를 잘 알지도 못하면서 욕만 하는가?

이 글을 쓴 올리버는 1942년 이승만 박사의 고매한 인품과 리더십에 끌려 시러큐스대 교수직을 버리고 이승만의 대미 관계 고문역을 18년간 맡았던 미국 지성인이다.

휴전 직후 이승만 평전을 펴낸 그는 책 제목을 『이승만: 신화에 가린 인물The Man behind the Myth』(황정일 옮김, 건국대 출판부, 2002)이라고 붙일 수밖에 없었다고 한다. 그의 생애가 그렇고 그 인간 자체가 '신화 속의 인물'이라는 것이다.

미국에서 한국에서 이승만과 23년간 날마다 대화와 편지를 주고받으며 이승만의 생각과 전략전술을 나누고 분석하여 이승만의 외교 독립운동을 도운 올리버는 "이승만을 알려고도 하지 않으면서 비난만 하는 사람들은 자신의 존재 이유도 모르는 사람들"이라고 지적한다.

그가 쓴 다른 책 『이승만의 대미투쟁Syngman Rhee and American Involvement in Korea 1942~1960』(한준석 번역, 비봉출판사, 2013)은 이승만과 자신의 편지, 일기, 보고서, 언론 보도 내용 등 18년 동안의 체험기·목격기로서, 이승만의 정치철학과 외교 테크닉과 현장의 진실들을 고스란히 보여 주는 대한민국 독립 건국과 현대사의 생생한 자료와 기록들이다.

국내 이승만 연구의 권위자 이주영(전 건국대 부총장, 전 이승만연구소 소장)은 "대한민국을 대륙문명권에서 해양문명권으로 편입시킨 이승만은 세기의 지도자"라고 정확히 갈파하였다.

이승만은 역대 대통령 가운데 유일하게 지역 문제에 초연한 대통령이다. 영호남 출신 구별은 물론, 자신에게 적대적이던 지방 세력에 대해서도 그러했다. 그의 관심은 오로지 '유능한 인재'를 찾는 일이었으며, 동서 대결의 이념 전쟁에서 국가 수호를 위한 동맹외교에 집중하였다. 그의 눈에는 국내 지역은 안 보이고 세계의 판도만 보였다. 또한 이승만이 진짜 독재자였다면 자신에게 불리한 선거는 전쟁 중이므로 취소하였을 것인데 전쟁 하면서 헌법이 규정한 임기에 맞춰 선거를 강행하였다. 철저한 자유민주주의자 이승만은 공산 세력의 국가 전복 투쟁의 자유를 막았다는 이유로 독재자 소리를 들어야 했다. (이주영, "전쟁중에도 헌정중단 없었다", 인보길 엮음, 『이승만 다시 보기』, 기파랑, 2011)

적과 동지의 협공 속에서도 목표를 포기하지 않는 신념, 세계 3차 대전과도 같은 전쟁 가운데서 불리한 선거를 강행하는 자신감, "콜레라와 협상할 수 없다"며 공산주의를 배척한 자유의 의지, 일찍이 3·1운동을 기획하고 모든 임시정부에서 국가 수장으로 추대되는 카리스마 ― 올리버가 '신화 속의 인물'이라고 명명할 수밖에 없는 이승만의 카리스마는 어디에서 오는 것일까?

이승만 리더십의 핵심 카리스마처럼 그 불멸의 정체성identity의 에너지가 한 인간에 내재되는 과정을 정신분석학자 에릭슨Erik H. Erikson(1902~1994)은 '죽음의 극복'에서 찾고 있다. 생을 포기한 자기부정, 즉 한번 죽었다가 다시 사는 순간 영원한 생명력의 초월적인 성취가 그 인간을 거듭나게 한다는 것이다.

이승만도 한성감옥 사형수로 죽음과 대치하며 죽음을 받아들였다가 다시 사는 과정에서 카리스마가 형성되었다고 보는 이들이 있다. 어느 정도는 맞는 시각이다.

이승만의 경우는 그러나 다르다.

'카리스마charisma'란 '천부적인 능력', '신의 축복이 내린 능력'이란 뜻이다. 이승만은 이 두 가지 모두에 해당한다. 천부적 능력에다

신의 축복이 더했다는 의미다.

유난히 왕성한 호기심을 타고난 이승만은 암기력, 관찰력, 집중력, 실천력이 강렬한 소년이었다. 꽃을 보면 꽃에 취하고 나비를 보면 하루 종일 나비를 쫓아다니며 그림 그려서 별명이 '이 나비'가 되기도 한 그는 노래에 취하고 『삼국지』 등 소설에 빠져 몇 날 밤을 새우고, 연날리기에 매달리고 붓글씨와 당음唐音(한시)에 으뜸이요, 서당 시험에서는 장원을 맡아 놓았다.

배재학당 이후 나생 처음 자유 천국 미국을 발견하고 미국 같은 나라 만들자고 농성과 거리투쟁에 나서고, 신문을 4개씩 만들며 고종황제와 싸우고 러시아·일본 등 외세와 대결하여 이기고, 입헌군주제를 밀어붙여서 고종이 굴복하며 23살에 '왕립국회' 의원(중추원 의관)이 된 급진 개혁가였다.

그러나 이승만의 운명은 "그보다 더 큰 일을 하라"는 역사적 대전환의 기적을 체험하게 된다. 바로 국회의원 한 달 만에 반역자로 투옥된 한성감옥에서 '성령聖靈'을 받은 것이다.

날마다 참혹한 고문을 받으며 사형 집행만 기다리는 죽음의 극한 상황, 차라리 당장 죽여 달라는 고통의 벼랑 끝에서 몸부림치던 어느 날, 감방이 환해지고 가슴이 뜨거워지는 불벼락이 친다. 생명을 포기한 죽음의 생명 위에 성령의 불덩이가 덮치며 불멸의 새 생명으로 재창조되는 신비로운 기독교적 축복을 받은 이승만이다.

"그 순간 나는 온전히 다른 사람이 되었다. 마음에 한량없는 평화가 깃들고, 그때까지 침략의 앞잡이로 보였던 미국 선교사들에 대한 미움도 사라졌다"고 이승만은 회상한다.

그의 '죽음의 극복'은 단순히 '사형 면제'에서 오는 안도감이 아니었다. 당국의 사형 면제 결정 6개월 전에 일어난 일이기 때문이다.

그것은 생사를 뛰어넘는 새로운 정체성의 자기화, 성경이 말하듯이 하나님의 선택을 받은 '택자擇者'의 영육은 영성靈性 입은 새로운 '선지자'로 거듭나는 사건이었다.

선교사가 다시 보였듯이 인간과 세상을 보는 눈이 완전히 달라졌다. 조선왕국이라는 우물을 벗어나 광대한 세계를 조망하는 영적 시각, 영적 통찰력과 판단력과 불굴의 신념을 획득한 '세계 역사 속의 한국인'으로 변신한 것이다.

일찍이 동양 학문을 체화한 위에 미국 자유민주주의로 무장한 천재적 능력자는 이제 기독교적 철학과 사상과 세계관이라는 천리안의 날개를 달고 성령의 카리스마로 새 출발 한다.

△미국 동부 일류 대학들에서 학사-석사-박사 학위까지 5년 만에 따냈다.

△3·1운동을 기획하고 임시정부를 통합시키며 '기독교 국가 건국'을 선언하였다.

△세계가 공산주의에 열광할 때 혼자서 '공산주의 비판' 논문들을 잇달아 발표했다.

△독립운동가들이 자포자기할 때 혼자서 독립운동을 포기하지 않았다.

△진주만 기습 10년 전부터 일본의 미국 공격을 예언하였다.

△"한반도에서 일본이 물러가면 소련이 점령한다"며 동서 대결의 냉전 질서 등장을 예고하였다.

△소련과 미국의 좌우합작 압력을 물리치고 '1인 투쟁'으로 자유 대한민국을 건국해 낸 비전

△유엔의 힘을 이용하여 건국한 덕에 6·25 공산 침략을 유엔 67개국

이 출동하여 막아 주었다.

△최강국 미국의 정책을 바꾸게 하여 '사대주의'가 아닌 '자유의 동
　반자'로 만들었다.

△국민 교육에 집중하여 의무교육 10년 만에 국민국가를 형성하였
　다.

이승만 카리스마가 해낸 투쟁과 승리의 기록들은 한국과 미국, 세계 현대사의 대변화를 아우른다. 유엔이 회원국도 아닌 약소국 방위를 위해 총출동한 역사는 전무후무한 기록이며, 특히 조선을 버렸던 미국이 다시 한국을 버리려 하자 워싱턴의 극동 정책을 변화시켜 한국에 뿌리박게 하고 최강국 군대를 대한민국과 아시아를 지키는 평화의 파수꾼으로 만들고야 말았다.

청년 시절부터 자신의 시대보다 한 시대를 앞서 살았던 탓으로 항상 사면초가의 비난과 고통을 겪으면서도 선구자의 아픔을 새 역사로 응답한 예지의 카리스마!

올리버가 이승만 평전에 기록한 '인간 이승만'의 면모를 일부만 인용해 본다.

그는 아무리 복잡한 사태라도 본질을 꿰뚫어보는 천부적 재능이 있
었다.

그는 조직력과 지도력, 예언자의 비전을 겸비한 위대한 인물이다. 워싱턴이나 제퍼슨, 링컨처럼 격렬한 비난과 찬사를 동시에 받으면서 시대의 중심 인물이 되었다. 그의 실체를 말한다면 그는 세계 여론과 강대국의 정책에 반대하면서 자신의 신념을 양보하지 않는 흔치 않은 인물이다. 이승만은 자신이 옳다고 믿는 것을 저버린 적이

없었다.

인기에 영합하는 인물이 아니기에 '모든 사람들이 주장하는 것'조차 개의치 않았으며 옳다고 판단한 방향을 정하면 자신과도 타협하지 않았고 비판 여론을 무시하였다. 역사의 길이라고 믿으면 주저 없이 나섰으며, 뒤늦게 쫓아오는 사람들을 참을성 있게 기다렸다.

세계적 영향력을 행사한 특출한 그의 능력은 천부적 지적 능력과 최고의 수준까지 자기의 것으로 용해한 동서양의 학문에서 나오는 것이다.

그는 오랜 세월 서방 언론들의 만만한 희생양이었고, 공산주의 언론에서는 독설의 표적이었다. 그는 거듭 비난 받았지만 그의 판단이 옳았음이 거듭 입증되어 반대자들도 침묵하였다.

이승만은 진정한 지도자에게서 볼 수 있는 사람을 끄는 자질을 갖고 있다. 그와 오래 접해 본 사람이라면 누구나 그가 평범한 사람이 다다를 수 없는 높은 경지에 이른 진정 위대한 인물이라는 확신을 갖게 되었다. 그의 존재 자체가 무언중에 그의 리더십을 신뢰하게 하였고, 그는 인정받기를 원하지 않고 자신의 사명에 매진한 아주 드문 겸손한 인물이다.

이승만의 겸손함은 깊은 신앙심에서 우러나온 것이었다. 그는 아무리 거센 공격을 받아도 기도를 통해 자신이 옳다는 확신을 얻으면 최후의 승리를 믿었다. (『이승만: 신화에 가린 인물』)

15

이승만의 원점, 그리고 4·19

위대한 생애 이승만의 치적을 논할 때 기독교(개신교)를 빼놓고선 제대로 평가했다고 말할 수 없다. 기독교적 행적을 부수적으로 끼워 넣는 수준이 아니라, 생애 전체를 기독교의 관점에서 입체적으로 조명하여 분석해야만 거대한 삶의 참모습과 깊은 사상이 보이기 때문이다.

건국 후의 이승만 통치를 '독재'로 낙인찍는 것은 정치적 반대 세력의 일방적 주장이거나 3·15 부정선거와 4·19를 빙자한 역사의 매장 행위일 뿐이다. 학계마저도 좌파 프레임에 갇혀 버린 나머지 정작 당시 이승만의 정치 실상에 대한 심층적 연구는 거의 없는 게 현실이다. 이승만 건국 대통령을 긍정적으로 평가한다는 쪽에서도 "독재는 했지만 공이 더 크다"는 식으로 얼버무리고, 건국 후의 '이승만 현대사'에 대한 접근을 기피하는 경향을 보이는 것은 겉만 보고 속은 안 보는, 또는 손대지 않으려는 기회주의에 불과하다. 왜냐하면 이승만은 '기록의 왕'답게 책들과 논설, 연설, 성명서, 기자회견 등등 수많은 문서 자료들로써 그의 정신세계를 지금도 생생하게 보여 주고 있는데도 이를 방치하고 있기 때문이다.

이승만처럼 모든 정치 행위에서 솔직하게 자기 속내를 드러내 주창한 정치인은 없었다. 물론 소통의 격차나 견해 충돌 등 부작용도 있었지만, 이승만만큼 언행일치, 초지일관 목표 관철을 달성한 정치 지도자는 한국 현대사에서 찾아 내기 어렵다.

그 가장 좋은 본보기 중 하나가 4·19 때 '국민이 원하면 하야한다'는 성명을 내고 자진사퇴한 역사다.

85세 노대통령의 결단, 그것은 이승만에게는 '특별한 결단'도 아니다. 파란만장한 평생을 관통한 자유 헌정의 정치철학과 개신교적 신념이 명하는 그대로, 그 상황에서는 그것이 가장 바람직한 지도자의 선택이었을 뿐이다. 이 자진 사퇴의 선택은 그가 독재자가 아니었음을 웅변하고 있지 아니한가.

그는 어떻게 그럴 수 있었을까? 여기에 바로 이승만 특유의 '위대한 영혼'이 빛나고 있는 것이다.

자유의 발견: 성령·루터·웨슬리와의 만남

이승만의 정치사상은 배재학당에서 '이상국가' 미국을 발견하고 미친 듯이 파고들었을 때 형성되기 시작한 '자유·민주·공화주의'다.

"나는 배재학당에서 영어보다 더 귀중한 것을 배웠는데 그것은 정치적 자유다. 한국의 대중이 무자비한 정치 탄압 속에 살고 있음을 잘 아는 사람으로서 기독교 국가에서는 법에 의해 보호받는다는 사실을 처음 들었을 때, 이 젊은이의 마음속에 어떠한 혁명이 일어났으리라는 것을 쉽게 상상할 수 있지 않은가. (…) 이 나라 정치제도를 변화시키는 데 목숨을 바치겠다.”

이렇게 내면 혁명을 일으킨 청년, 20살까지 동양 학문을 마스터한 성리학의 선비는 그때 글자 그대로 '돌아 버렸다'고 할 만하다.

'정신혁명 당한' 청년은 즉시 자유의 천국 미국의 모든 것을 스펀지처럼 흡수하였고, 무능하고 부패한 왕조 전제주의 막장에서 백성 폭압의 권력 도그마로 전락한 성리학의 노예국가를 어떻게든 일깨워서 자유민주화하려고 인간신문 창간, 만민공동회, 거리 시위·농성 등 목숨을 건 투쟁을 벌이다가 급기야 반역자로 잡혀 투옥된다.

운명의 한성감옥 사형수 신분. 생명을 포기한 극한 상황에서 저절로 기도가 터지며 급격한 '성령의 불'을 체험한다. 이승만은 "그 순간 나는 전혀 다른 사람이 되었다"고 기록해 놓았다.

바로 이것이다. 즉, 24세 젊은이의 모든 가치관과 함께 미국식 헌법국가로 정치 변혁을 이루려는 혁명적 열정 에너지가 벼락 맞은 듯 성령의 용광로에 빠져 기독교의 용암과 융합되어 버리고, 그것은 '하나님이 아니면 분리 해체할 수 없는 한 덩어리 불덩이'로 이승만의 영육에 녹아들었다고 할 수 있다. 그때까지도 선교사들이 '침략의 앞잡이'로 비쳐 불신하던 이승만은 경이로운 세례를 받자 그의 자유민주주의가 기독교 정신, 아니 개신교 정신과 결합되어 불굴의 사명으로 새겨진 것이었다.

이때부터 이승만 천부의 성격대로 감옥에서 밤낮 몰입한 기독교 공부를 통하여 그는 또 하나의 결정적인 '우남만의 깨달음'을 얻는다. 그것은 종교개혁자 마르틴 루터 및 감리교 창시자 웨슬리와의 만남이다.

루터는 결국 개신교를 온전히 세워 사람마다 자유롭게 성경을 공부하고 직접 하나님께 기도할 수 있게 만들었다. 이후 200년간 루터의 개신교가 정치제도를 개혁하기에 이르러 영국, 프랑스, 미국 등 각국의 정치적 대혁명이 일어났고 오늘날 구미각국의 동등한 자유를 누리는 인간 행복이 여기서 시작한 것이다. 그러므로 마르틴 루터를 근대문명의 시조라 칭함이 과연 합당하며, 루터 선생의 능력은 곧 예수의 진리에서 온 것이다. (이승만, 박기봉 교주, 『신학월보』 기고)

자신이 배운 미국의 정치적 자유란 것이 루터의 종교개혁의 결과라는 역사적 사실을 깨달은 것이다. 개신교의 자유 정신이 혁명을 일으킴으로써 기독교 자유국가를 만들어 내고, 구미 각국의 자유 평등 사회를 이루는 출발이 되었고, 곧 예수의 진리가 자유·민주·공화주의의 뿌리였음을 확인한 순간, 자신이 세우고 싶은 독립국가의 그림이 한눈에 들어왔다.

동시에 산업혁명기 영국을 유혈 투쟁 없이 개신교 교육으로 정신 혁명 시킨 감리교 창시자 존 웨슬리의 현실 개조 역정을 연구하였고, 그 길을 따라 독립운동과 대한민국 건국의 순례 길에 나선 이승만이다.

"예수를 따라 목숨을 버리겠다"

그리하여 이승만은 옥중 6년간 수백 편의 논설을 몰래 써서 자신이 창간한 〈제국신문〉과 『신학월보』 등에 게재하며 '예수교가 대한의 장래 기초', '그리스도의 나라 만들기', '백성의 교화' 등 개신교를 통한 국가 개혁과 국민 교육의 시급성을 줄기차게 계몽하고 있다.

감옥 생활 막바지 러일전쟁 발발에 급히 저술한 『독립정신』엔 영국·프랑스·미국의 혁명사를 논하면서 미국 정치제도를 비교 해설하고, 개혁 기회를 여러 번 놓친 조선 역사의 반성과 일본 침략에 대한 대응과, 예수교를 근본 삼아 자유민주공화국을 세우자는 독립운동 실천 강령들을 놀랍도록 실감 나게 설교하고 있다. 이 책은 조선 500년 역사상 유일한 근대 정치사상서이다.

"여야한 애국 동포들을 대신히의 흉악한 식들과 싸우나가 상별히 죽어야 한다. 그런 죽음만이 하나님의 뜻을 저버리지 않는 것이며 그렇게 죽는 것은 죽는 것이 아니라 영원히 사는 것"이라고 강렬한 신심을 서슴없이 드러낸다.

> 예수 그리스도가 목숨을 버리심으로써 세상 사람들을 구원하신 은혜에 감사한다면, 이를 믿고 은혜를 갚고자 한다면, 다른 길은 없고 다만 예수의 뒤를 따라 나의 목숨을 버리기까지 세상 사람들을 위하여 일하는 것뿐이다. 천하에 의롭고 사랑하고 어진 것이 이보다 더한 것이 어디 있겠는가. (『독립정신』, 435쪽)

이처럼 기독교 정치사상가로 거듭난 이승만은 순교자적 경지까지 다다른 신앙을 고백하고 있다. '예수를 따라 목숨 버릴 각오로 일한다'는 것은 개신교의 봉사 정신, 순교자 정신이다. '순교자 신앙'은 '십자가 신앙'이라고도 한다.

투옥 전 정치혁명 운동에 실패한 이승만의 경우, 예수 뒤를 따라 목숨을 버리기까지 해야 할 일이란 망해 가는 나라를 다시 일으켜 미국 같은 선진 자유민주공화국으로 혁명하는 독립운동임은 말할 나위도 없다.

> 지금 우리나라가 쓰러진 데서 일어나려고 하며, 썩은 데서 싹이 나
> 고자 한다면, 이 교(예수교)로써 근본을 삼지 않고는 세계와 상통하여
> 도 참 이익을 얻지 못할 것이고, 신학문을 힘쓰더라도 그 효력을 얻
> 지 못할 것이며, 외교에 힘쓰더라도 다른 나라들과 깊은 정의(情誼)를
> 맺지 못할 것이며, 우리의 국권을 중하게 여기더라도 남들과 참으로
> 동등한 지위에 이르지 못할 것이고, 자유 권리를 중히 하려해도 균
> 등한 자유 권리의 방한(防閑: 한도)를 알지 못할 것이다.
> 우리는 마땅히 이 교로써 만사의 근원을 삼아 각각 나의 몸을 잊어
> 버리고 남을 위하여 일하는 자가 되어야 나라를 한마음으로 받들어
> 영국-미국과 동등하게 될 수 있을 것이다.
> 이후 천국에 가서 다 같이 만납세. (『독립정신』)

"미국과 동등한 나라가 되자"는 말은 이 글을 쓸 때 이미 '미국과
손잡자'고 결심하였다는 결의의 표현이라고 봐야 할 것이다. 러일전
쟁이 한창 벌어진 순간, 한반도 쟁탈전을 벌이는 러시아와 일본, 중
국을 견제하여 대한을 지켜 줄 나라는 기독교 최강국 미국밖에 없음
을 인식하고, 미국과 파트너가 되기 위해서는 우리도 기독교 정신으
로 개화되어 미국과 친교할 수준이 되어야 한다는 말이다. 영국은 왕
정이어서 제외했다고 한다.

누가 이 엄청난 일을 해낼 수 있을 것인가?

남다른 전략가 이승만의 두뇌는 이때 '지미·친미·용미'의 그림을
그린다. 미국을 알아야 미국과 친할 수 있고, 미국과 친해야 미국을
활용할 수 있는 법, 이승만은 배재학당 이후 감옥에서도 미국 공부에

매달렸지만 턱도 없다. 미국 현지에 가서 미국 지도층과 친해져야만 한다. 그리하여 그는 조지 워싱턴 대학, 하버드 대학, 프린스턴 대학 등 미국 엘리트 대학에 유학하였고, '5년 내 박사학위' 목표를 굶어 가며 이루어 낸다. 학업 중에도 학교는 물론 교회·집회 강연 등 독립 운동 겸 미국 지도층 친구 만들기에 동분서주한다. 그러던 와중에 미국인 가정에 맡긴 6대 독자 태산이를 전염병에 잃기까지 하였다.

박사학위 논문 역시 국제관계와 '미국의 힘을 이용한 중립'에 초점을 두고 미국의 영향력이 미친 역사적 사례를 분석 연구하였고, 기대하였던 긍정적 결과가 나오자 "미국 만세"라고 결론에서 만세 부른다. 한국 독립의 필수 조건인 한미동맹에 대한 믿음을 갖게 된 기쁨의 만세였을 것이다.

그는 감옥에서부터 공부한 국제법 관계 연구가 결실하여 박사가 되고, 미국에서도 드물던 국제법 연구 논문이 대학에서 출판된다.

이렇게 하여 지미·친미·용미의 '준비된 국제전략가' 이승만은 마침내 미국을 이용하여 유엔을 통한 대한민국 건국을 이루어 냈고, 미국을 이용하여 6·25 공산 침략을 막아 낸다. 휴전 결사반대, 단독 북진통일의 염원은 미완으로 끝났지만, 미국이 죽이겠다며 반대한 한미 상호방위조약(한미동맹, 1953)을 목숨 걸고 얻어 낸 일은 이승만의 독립정신, 개신교 자유정신과 순교자 신앙이 거둔 '하나님의 승리'였다고 말할 수밖에 없을 것 같다.

같은 시기, 해마다 한 가지씩 성취해 낸 자유민주공화국의 필수 조건, 부산 정치파동의 대통령 직선제 헌법 강행 통과(1952), 이어서 사사오입 파동(1954)을 통해 확립한 자유시장경제 헌법, 그리고 그 중간에 이들 대한민국의 자유 정치·경제의 두 기둥을 튼튼히 지켜 주는 한미동맹이란 방호벽을 구축하여, "이 조약으로 우리 후손 대대로 번

영의 복락을 누릴 것"이라던 이승만 담화는 '민주화된 세계 10대 경제 대국' 신화로 30년 만에 증명되었다.

이 세 가지 사건은 "내 평생의 마지막 소원을 이룬 무혈혁명"이라고 스스로 평가한 이승만의 말 그대로, 불굴의 순교자적 신앙이 목숨 걸고 혼자 완성해 낸 위대한 '자유혁명'이다. 특히 이것은 정치권과 미국과 언론이 독재자로 규탄하고 미국이 "제거하겠다"며 죽이려던 협박에 맞서서 "누가 뭐라고 욕해도 좋다. 죽일 테면 죽여라"며 정면 대결하여 얻어 낸 승리였다.

국제적인 반대와 국내의 고난을 뚫고 50년 전 스스로 맹세했던 '하나님과의 약속'을 끝내 실천해 내고야 만 이승만의 신념. 앞서 말한 자유·민주·공화주의와 뭉쳐진 개신교 신앙이 아니었다면 불가능했을 일이다.

조선 500년 사대주의와 권력 쟁탈의 도그마 성리학의 노예 사회는 이렇게 해서 완벽하게 '자유화' 해방되었다. "백성의 결박을 풀어야 독립된다"며 한국판 노예 해방을 부르짖던 20대 청년의 자유정신은 반세기가 지난 80세에 신생 대한민국의 불안한 독립 장치를 완벽하게 보완하였다.

이승만 기독교 사상에서 특히 주목해야 할 점은, 이승만이 기독교를 국교로 삼으려 하지 않았다는 사실이다.

기도로써 건국 국회를 개원하고 대통령 취임 연설도 '하나님의 은혜'로 시작한 건국자 이승만은 국민들에게 기독교를 강요하는 대통령이 아니라, 개인의 자유를 키우고 지켜 주는 어린 양의 목자, 개신교가 말하는 바 '하나님 은혜에 보답하는 봉사자'가 되어야 하고, 국민의 자유와 민주주의 역량을 길러 주고 인도하는 선지자, 최후의 보호자가 되어야 했던 것이다.

그리하여 건국 후 각종 봉사자와 봉사 시설을 확대해 나갔다. 학교에 교목校牧, 군대에 군목, 형무소에 형목을 배치하고, 기독교 방송, 기독교 신문·잡지 등을 설립 확장하며 미국 유학 보내는 일에 집중하였다. 임정 대통령 취임 이후 미국 기독교 지도자들을 중심으로 조직한 한미친우회 네트워크 2만 3천여 명은 약속대로 '아시아 최초의 기독교 나라'를 세운 이승만을 다방면으로 도와주었다.

4·19는 이승만 최후의 성공작

공산 침략이 초토화시킨 황무지에 세운 '자유의 십자가'. 그렇다. 그것은 이승만 평생의 십자가였다. 40여 년 독립운동에서, 임시정부 공산 세력과의 싸움에서, 해방 후 건국 투쟁에서, 6·25전쟁에서, 국내외 자유의 적들과 싸우고 또 싸워 이겨 낸 순교자 신앙의 승리, 그 마지막 순교는 다름 아닌 '4·19 자진 하야'였다. 자신의 집권당이 저지른 부정선거 실상을 뒤늦게 깨달았을 때 더 머뭇거릴 수가 없었다.

나는 4·19 때 며칠이나 데모에 나서던 대학 2년생이었다. 당시 데모 학생들을 '혁명 영웅'이라 부르며 식당에서 술집에서, 시내버스 요금까지 공짜 대접을 해 주는 풍조가 있었다. 병역 의무 3년도 절반으로 줄여 주어 나도 1년 6개월짜리 군대를 다녀왔다.

'의거', '학생 혁명', '민주 혁명' 등으로 불려 온 4·19, 그것이 정권 교체에 성공한 것만으로 혁명일까? 아니, 과연 '성공'이라고 말할 수 있을 것인가?

학생들은 자유당의 횡포와 부정선거로 민주 체제가 위협받기 때문에 자유민주 헌법을 지키고자 뛰쳐나갔다. 그런데 교체된 민주당은 자유 체제를 더욱 위협하였고, 국가안보를 걱정하는 군부 세력 박정희의 쿠데타를 만나 집권 9개월 만에 전복되고 만다.

나는 4·19를 이승만의 마지막 성공작이라고 본다. 4·19 학생들이 수호하려던 헌정 체제는 이승만이 만든 것이며, 그 자유민주 체제를 수호하고자 이승만 스스로 사퇴하여 지켜 주었기 때문이다.

4·19가 이승만의 성공작이라 함은 크게 두 가지 이유에서다.

첫째, 교육 대통령 이승만의 10년 교육혁명이 성공하여 새로운 국민층 청년 세대가 "불의를 보고 일어서는 똑똑한 국민"(이승만의 표현)으로 성장한 것이 증명되었다.

둘째, 자유 민주 공화주의자로서 '국민의 봉사자'를 자임한 기독교 대통령 이승만의 지체 없는 자진 사퇴 결단이다. 자신이 총지휘하였던 국민교육이 성숙하였음을 확인한 순간 다른 선택은 없었다. 평생 전체주의와 싸워 온 이승만은 건국 후 반反 독재를 주창하여 왔고, 그 주창대로 평화적 정권 교체의 시범을 보여 준 것이다.

23세 청년 개혁운동가 이승만은 무능한 왕을 무척 경멸하였다. 부정부패한 왕조를 당장 바꾸고 싶었다. 자유민주주의 미국을 알고 나서 썩어 빠진 전제주의를 뒤엎고 입헌군주제라도 시행하자며 싸웠으나 좌절하였다. 그의 목표는 '똑똑한 백성'을 만들어 국민의 주체성과 자주독립 능력을 주축으로 하는 현대 국민국가를 건설하는 일이었다.

이승만은 이 국가목표를 1919년 4월 필라델피아 '제1회 한국의회'에서 결의된 「건국종지建國宗旨, The Aims and Aspirations of Koreans」에서 처음 명문화하여 국내외에 발표하였다. 즉, "건국 후 10년간 강력한 중앙집권 통치와 국민교육 집중"이 그것이다. 자유민주 체제에 생소한 국민들을 최소한 10년간은 정부가 교육시켜야 한다는 인식은 독립운동가들의 공감대였다.

대한민국 건국 다음해 1949년부터 실시한 '6년 의무교육'은 6·25전쟁 중에도 중단하지 않았다. 피난 수도 부산에서는 피난 온 각급 학교의 '연합학교'가 운영되었고 교육열은 뜨거웠다.

그렇게 10년이 지난 후 터진 4·19 학생 궐기. 이날 오후 경찰의 발포 직후, 자신이 집권했으나 서서른 부정선거의 실상을 뒤늦게 보고받았을 때 이승만의 반응을 김정렬 당시 국방장관은 회고록에 이렇게 써놓았다.

"뭐? 부정? 부정선거? 아니, 후보자가 나 혼자였는데 무슨 부정선거야?"

민주당 대통령 후보 조병옥은 선거 직전에 신병 치료차 미국 육군병원에 입원했다가 숨졌다. 문제는 부통령 선거. 85세 이승만이 언제 쓰러질지 모르니 양당의 권력 투쟁은 부통령에 집중되었다.

김정렬 장관은 부정선거가 부통령 후보 이기붕의 당선을 위한 자유당의 과잉 충성이라는 설명과 함께, 경찰 발포로 데모대 100여 명이 희생되었음을 보고하며 비상계엄령 선포를 재가해 달라고 요청하였다. 충격을 받은 이승만은 어이없다는 표정으로 호통을 쳤다고 한다.

"자네들, 비상계엄이 뭔지 아나? 아니, 우리 학생들이 적군인가? 계엄령은 그런 데 내는 게 아닐세."

반대하는 대통령과 한 시간쯤 진땀을 빼고서야 재가를 받았다고 김 국방은 회상한다.

이승만 대통령은 서울대 부속병원으로 달려갔다. 병상에 누워 있는 부상 학생들을 둘러보며 손을 잡은 이승만이 말했다.

"학생들이 왜 이렇게 되었어? 부정을 왜 해? 암! 부정을 보고 일어서지 않는 백성은 죽은 백성이지. 이 젊은 학생들은 참으로 장하다."
(이상 김정렬 회고록 『항공의 경종』, 대희, 2010, 233쪽 정리)

86세 노대통령의 실룩실룩 주름진 뺨에 눈물이 흘러내렸다.

"장하고 장하다. 나도 젊을 때 그랬었지…."

중얼거리는 이승만의 눈은 23세 때 경운궁(덕수궁) 앞에서 몇 날 며칠 농성 데모를 하다가 수구파 폭력배들에게 습격당했던 자신의 모습이 거기 병상에 누워 있음을 보았다. 그 순간 그 4·19 학생들이 자신이 그토록 꿈꾸었던 '똑똑한 백성'임을 새삼 깨달았다. 대한민국이라는 거대한 '자유민주 학교'를 세우고 국민을 가르쳐 온 교장선생님! 그 이승만은 자기 제자들이 우등생으로 훌쩍 큰 현장을 확인한 스승처럼 기쁘고 슬프고 아팠다.

'진작 그만두었더라면 100여 명의 우등생들의 목숨을 살릴 것을…. 너무 늦었어…'(자료 6 참고).

1960년 4월 23일, 대통령이 4·19 부상 학생들을 찾아 서울대학교 병원 병실에 들어섰을 때, 부상 학생들이 대통령을 "할아버지!"라고 부르며 손을 잡고 얼싸안으며 눈물을 흘리는 바람에 병실은 온통 눈물바다가 되었다.

병원에서 경무대로 돌아온 대통령은 침통한 음성으로 "내가 맞아야 할 총알을 우리 소중한 아이들이 맞았어…. 이 바보같은 늙은 것이 맞아야 할 그 총알을 말이야…" 하며 비통해 하였다. 그날 밤 대통령은 죄 없는 아이들의 고통을 덜어 주시고 자기를 벌해 주시라고 기도하며, 오직 나라를 위하는 길로 이끌어 주시기를 하나님께 간구하였다.

대통령직을 사임해야겠다는 결심은 이미 벌써부터 서 있었다. (프란체스카 도너 리, 조혜자 옮김, 『프란체스카의 살아온 이야기』, 촛불, 2007, 100쪽)

회한의 눈물을 훔친 이승만은 떠나야 할 시간이 늦었지만 떠날 준비를 서두른다. 그 길로 부정선거 내각을 철폐하고 새 정부를 구성한다. '친자식처럼 여겼던' 독립운동 후배 허정을 불러 수석각료 외무장관(과도내각 수반)을 맡기며 국가 수호를 신신당부한다.

"대한민국을 지켜야 한다. 자유민주공화제 헌법을 살려야 하고, 공산주의를 막아야 한다."

나는 (4월) 26일 아침 6시경 경무대로 갔다. 그때 이승만 대통령은 비서에게 "국민이 원하면 대통령직을 사임하겠다"는 성명서를 구술하고 있었다. 이 대통령은 지난밤에도 학생들이 죽거나 다쳤다는 보고를 듣고 "어떻게 국민을 죽일 수가 있어. 내가 물러나야지" 결심을 굳혔다는 것이다. 훗날 그에게 하야를 권고한 것은 매카나기 미국 대사라는 말이 있었지만 내가 알기로는 이 대통령 자신이 "불의를 보고도 궐기하지 않는 민족은 죽은 민족"이라며 독자적인 결단을 내린 것이다. (허정, 『내일을 위한 증언』)

그렇게 헌정에 따른 정권 이양을 마친 이승만은 "국민의 모든 불만을 풀겠다"는 담화도 발표하였다. 하야 후 사태수습을 맡을 과도내각까지 마련한 이승만은 안도의 한숨을 내쉰다.

"내가 그만두면 한 사람도 더 안 다치겠지?"

혼잣말을 몇 번 되뇐 이승만은 수행하는 김 국방에게 확인하듯 물었다.

"내가 그만두면 한 사람도 더 안 다치겠지?"

김 국방은 울음을 터트렸다.

그 자리에서 이승만은 사퇴 성명서를 구술한다. 국무회의실에서 먹고 자고 이승만을 밀착 보필하며 계엄 사태를 관리하는 김 국방은 '위대한 민족 지도자의 고별사'를 받아 적어야 했다.

1960년 4월 26일 아침, 전파를 타고 흘러나오는 이승만의 '하야 선면'은 선거 재실시 등 4개 항으로 되어 있는데, 그중 첫 번째가 유명한 "국민이 원하면 사퇴한다"였다.

4월 28일 첫새벽에 이기붕 국회의장 가족이 집단 자살하고, 그날 오후 이승만과 프란체스카 부처는 경무대를 나왔다.

"저 차를 치워라. 나는 일개 시민이다. 걸어서 가겠다."

대통령직을 사퇴하였으므로 관용차는 탈 수 없다며 이화장까지 걸어가겠노라 버티는 이승만. 허정까지 달려와 노부부를 억지로 관용차에 태우는 그 장면을 어떻게 설명해야 할까?

"걸어서 가겠노라."

86세 순교자의 마지막 순례 길. 이승만은 한성감옥에서 목에 걸었던 형틀 이래로 평생 걸머졌던 십자가를 지고 경무대를 떠났다. 세상 모든 사람들의 죄를 대신 지고 골고다 언덕 십자가에 매달린 예수처럼, "예수의 뒤를 따라 목숨을 버리겠다"는 하나님과의 약속에 따라, 건국 10여 년 대한민국 정치판의 죄를 대신 짊어지고 오랜 구국救國의 고행 길에 구국의 작별을 고한 것이다.

이화장에 날아온 대만 장제스 총통의 위로 편지에 이승만은 이렇게 답장을 보냈다.

"나를 위로하지 마시오. 나는 위로받을 이유가 한 가지도 없소. 불의를 보고 일어서는 똑똑한 젊은이들과 국민을 얻었으니 이제 죽어도 한이 없소.”

즉, 4·19는 이승만 자신이 일으킨 것이나 마찬가지요, 자기 목표가 이뤄졌으니 후회가 없다는 말이다.

4·19로 물러난 이승만에 대하여 '자기 성공의 실패자'라는 평이 있다. 자신이 키워 놓은 호랑이에 '쫓겨났다'는 식의 표현은 그러나 너무나 피상적이고 그 역사성을 몰각한 말이다. ㄱ가 진정 두개기있디면 그때 이떤 생농으로 나왔을지는 뻔한 이야기다.

건국 후 전쟁을 치르며 수구적 정치 세력과 피곤한 씨름을 이어 온 이승만에게 젊은 애국 세력의 등장이 얼마나 반가웠겠는가. 피 흘려 싸운 청년 세대를 새로운 국가 주역으로 만들어야 한다는 인식능력, 감투싸움에 함몰된 전통 세력을 대체할 후계 세대의 투쟁 목표를 이승만 자신이 실현시켜야 한다는 스승의 사명감을 절감한 순간적 판단력. 그의 '하야 결단'은 학생들을 살리고, 민주 헌법을 살리고, 나라의 미래를 살리는 순교자의 헌신이었다. '국민이 원하면 사퇴'한다는 민주주의 원칙을 새롭게 가르쳐 주고, 자기 몸을 자유민주의 제단에 바쳐 새 전통을 세워 주는 민주주의 스승 이승만의 마지막 민주화 혁명이다.

'건국의 아버지' 이승만의 위대한 역사가 생매장되고 파괴되어 자유의 황무지로 변해 가는 오늘의 대한민국. 특히 기독교 자유인들은 모두 나와서 짓밟힌 자유의 십자가를 둘러메고 자유의 적들을 무찔러야 할 것이다. 자유통일 그 훗날까지, 아니 대한민국의 영원한 생명을 지키려면 우리 국민 모두가 짊어져야 할 '영원의 십자가' 아닌가.

마지막 유언을 들어 보자.

가진 것 없이 된장국 콩나물국 김칫국이 그리워 노래로 지어 불렀던 말년 하와이의 5년, 박정희 정권이 귀국을 막자 쓰러질 때까지 "통일은 어찌 되어 가느냐?"고 날마다 묻던 90세 '통일 병자' 이승만 건국 대통령은 젊어서 달달 외웠던 신약성경 가운데 이 말씀을 눈감는 순간까지도 되뇌며 기도하였다고 한다. 사도 바울이 기록하고 마르틴 루터가 깨우치고 이승만이 궐기하였던 그리스도인의 자유의 불꽃!

그리스도께서 우리로 자유케 하려고 자유를 주셨으니 그러므로 굳세게 서서 다시는 종의 멍에를 메지 말라. (갈라디아서 5장 1절)

(Stand fast therefore in the liberty wherewith Christ hath made us free, and be not entangled again with the yoke of bondage.) (Gal. 5.1)

4·19 일주일 전 이승만이 자진 사퇴를 제시한 국무회의록

4·19 사위가 일어나기 꼭 일주일 전인 1960년 4월 12일 경무대(대통령 관저)에서 열린 정기 국무회의록은 이승만 대통령의 '자진 하야'에 관한 중요한 기록이다. 당시 각의에 배석한 국무원 사무국장 신두영(申斗泳)(후일 감사원장)이 기록한 회의 내용을 참고로 읽어 본다.

당시 상황을 요약하면, 3·15 부정선거로 마산에서 먼저 대규모 시위가 일어나고 경찰 발포로 사상자가 발생한다. 현지 시위가 진정되던 중 4월 10일 마산 앞바다에서 고교생 시신이 떠올랐고 눈에 커다란 최루탄피가 박혀 있음이 확인되었다. 최루탄피의 크기로 보아 발사에 의해 눈에 박힌 것은 아니었고 누군가가 박아 놓았을 가능성이 높았으나 경찰 조사로는 밝혀내지 못하였다. 이 시신 발견으로 시위가 다시 확산되면서 4월 12일 서울 경무대 국무회의에서는 이승만 대통령이 직접 주재하여 전국에 확산되는 소요 사태의 안정책에 대하여 집중 논의한다.

이 각의에서 이승만 대통령은 "선거에는 잘못이 없었느냐"고 추궁하고, 학생 데모와 발포 사건의 해결책으로서 '대통령 사퇴'를 치음으로 제시한다.

"어린 아이들을 죽여 놓고서 무슨 딴소리들이냐? 가장 긴급한 해결책은 이 이승만이 사퇴하는 것으로 생각한다. 그러니 대통령 사퇴를 전제로 대책을 강구하라."

이것이 이승만 대통령의 지시였다.

"어린 아이들을 죽여 놓고 무슨… 긴급한 안정책은 내가 사퇴하는 것"

(1960. 4. 12, 제36회 국무회의록)

이승만 대통령　　"정부가 잘못하는 것인지 민간에서 잘못하는 것인지 몰라도 아직도 그대로 싸우고 있으니 본래 선거가 잘못된 것인가" 하는 하문(下問).

홍진기 내무장관　(마산 사건의 진상과 경찰의 대비 조치를 보고하고) "사건의 배후는 다음과 같이 추측하고 있다"고 보고.

(1) 민주당이 타 지방의 데모는 선동하고 있으나 금반 마산 사건의 직접 배후라는 확증을 잡지 못하고 있으며

(2) 6·25사변 당시 좌익 분자가 노출 정리되지 않은 지역이니만큼 공산 계열의 책동 가능성이 많다고 보며 따라서 군·경·검의 합동수사반을 파견하여 두려고 한다.

이승만 대통령　　"학생들을 동원하였다고 하는데 사실 여하?" 하는 하문.

김정렬 국방　　"학생들이 주동하고 있는 것은 아니라"고 보고.

최재유 문교　　"배후에 공산당이 있어서 조종하고 있는 것이 아닌가 하며 학교에서 이 같은 일을 단속하는 조례를 만들도록 추진 중"이라는 보고.

이승만 대통령　　"그것은 누가 하는 운동인가?" 하시는 하문에

홍진기 내무　　"민주당 신파가 극한 투쟁이니 하며 하고 있는 일이라"는 보고.

이승만 대통령　　"그것이 정당 싸움이라고 할 수 있는가?" 하는 하문에

홍진기 내무　　"소요가 거기에 있다고 본다"는 견해.

이승만 대통령	"이번 선거 때문에 그런 일이 생겼다. 즉, 선거가 없었으면 일이 잘되어 갔으리라고 생각할 수가 있을 것인가?" 하는 하문에
김정렬 국방	"민주당의 극렬 분자의 장난이지만 민주주의 발전 과정에 있는 우리나라 실정으로는 완전한 페어 플레이(FAIR PLAY)를 기대하기 어렵다"는 의견.
이승만 대통령	"나로서 말하기 부끄러운 말이지만 우리 국민은 아직 민주주의를 하여 나가기까지 한참 더 있어야 될 것이며 정낭을 하여 갈 자격이 없다고 보며 정당을 내버리고 새로 하여 본다는 것도 생각을 할 수 있는 일이지만 무슨 생명이 좀 보여야지 그렇지 않으면 마찬가지가 될 것이며, 어린 아이들을 죽여서 물에 던져 놓고 정당을 말하고 있을 수 없는 것이니만큼 무슨 방법이 있어야 할 것인바 이승만이 대통령을 내놓고 다시 자리를 마련하는 이외는 도리가 없다고 보는데 혹시 선거가 잘못되었다고 들은 일이 없는가?" 하는 하문.
김정렬 국방	"우리 형편은 안정 요소가 불안정 요소보다 많은 만큼 과히 염려하실 것은 없다고 보며 정부가 너무 유화책을 써 온 것이 이같이 될 이유의 하나이기도 하나 이제는 홍 내무가 지혜 있어 처리하여 가고 있으니 잘될 것"이라는 의견.
곽의영 체신	"국회를 열어 놓고 자유당이 손 들어서 하나씩 처리하여 가면 되고 민주당의 데모도 이젠 문제가 안 되며 다만 공산당의 책동을 막는 방책이 필요하다"는 의견.
송인상 재무	"정부로서도 이 이상 더 후퇴할 수 없으니 대책을 강구하여 가야 할 것"이라는 의견.
이승만 대통령	"가기이방(可欺以方)(그럴듯한 말로 남을 속임)…. 할 일이 있어

야 하지. 지금 말들 하는 것을 들어서는 안정책이 못 된다고
보며 이 대통령을 싫다고 한다면 여하히 할 것인가를 생각할
필요가 있는데 나로서는 지금 긴급히 또 좋다고 생각하는 것은
내가 사면(사퇴)하는 것이라고 생각한다"고 말씀하시고 "잘 연
구하여 보라"고 분부.

(이희영 엮음, 『제1공화국 국무회의록』, 시대공론사 2006)

같은 시기 경무대에서 이승만 대통령을 지켜본 우세히의 증언 『경무대 사
계』(『남기고 싶은 이야기들 2』, 중앙일보사, 1973) 가운데서는 이승만의 이런 발언이
눈길을 끈다.
"국민은 물과 같고 대통령과 정부는 물위를 항해하는 배와 같은 것이야. 물
이 잔잔하면 배는 아무 탈 없이 나아갈 수 있지만 격랑이 일면 뒤집어질 수
도 있는 것이야. 배가 난파하기 전에 내가 물러나야겠어."

이승만이 '대통령 사퇴'를 포함한 정국 수습책을 강구하라고 지시했지만 당
시 각료들은 속수무책이었다. 이승만 대통령이 사퇴하면 자유당 정부는 무
너지기 때문이다.
4월 19일 오전 9시 경무대 회의실에서 다시 제38차 국무회의를 주재한 이
승만 대통령은 침통한 얼굴로 말문을 열었다. 경찰의 발포 사건이 발생하기
4시간 전쯤이다.

"오늘은 내가 무슨 난중에 있는 것 같아. 이 사람들이 나더러 나가라고 하는 것 같
아. 그대로 두면 한이 없으니 해결책을 강구해야겠다."
그때서야 홍진기 내무장관이 "대학생들이 3·15 부정선거 다시 하라"고 데
모한다는 것과, 민주당이 선거에 부정이 있다며 무효 선언을 했기 때문이라

고 말하였다. 고려대생 1,500명이 시위하였고 투석하는 시위대를 청년들이 습격하였다는 것, 그리고 우리(여당) 선거도 잘되지 못한 점이 있었다고 짤막하게 덧붙였다.

이승만 대통령은 "마산 사건 같은 것은 조심해야겠어. 군중에게 함부로 하지 말아야지. 서울 시골 할 것 없이 선거를 잘못했다는 소리가 나온다지?"라고 묻는다.

홍 내무가 그렇다고 대답하자 이승만이 말하였다

"국무위원으로서 취할 방법이 없는가? 백성들이 알아들을 만치 해야지…. 백성들이 잘되었다고 하면 그다음에 할 일은 무엇인가? … 이 대책은 당신들하고 상의 못하겠다. (각료들에게) 없는 말을 더 하라고 할 수 없으니 (회의) 그만 하고 수습하고 가야지 이대로 가면 장래가 암담하겠어." (폐회)

이승만 현대사 위대한 3년 1952~1954

초판 1쇄 발행 2020년 6월 6일
초판 6쇄 인쇄 2023년 5월 8일

지은이 | 인보길
펴낸이 | 안병훈

펴낸곳 | 도서출판 기파랑
등   록 | 2004. 12. 27 제300-2004-204호
주   소 | 서울시 종로구 대학로8가길 56 동숭빌딩 301호   우편번호 03086
전   화 | 02-763-8996 편집부 02-3288-0077 영업마케팅부
팩   스 | 02-763-8936

이메일 | info@guiparang.com
홈페이지 | www.guiparang.com

ⓒ인보길, 2020

ISBN 978-89-6523-602-3 03300